FRANCESCO MATTESINI

LA NOTTE DI TARANTO

11 NOVEMBRE 1940

OPERAZIONE "JUDGEMENT" "GIUDIZIO UNIVERSALE"

SPS-061

SOLDIERSHOP PUBLISHING
STORIA

AUTORI

Francesco Mattesini, nato ad Arezzo il 14 aprile 1936, residente a Roma dall'estate 1951, ha prestato servizio, tra il febbraio 1958 e il luglio 1999, presso il IV Reparto dello Stato Maggiore dell'Esercito. Studioso ed esperto di guerra aeronavale, ricercatore abile e meticoloso, membro della Società di Storia Militare e dell'Associazione di Documentazione Marittima e Navale, già attivo collaboratore del Giornale d'Italia per il quale ha curato la rubrica "Verità Storiche", ha scritto, svelando molti retroscena, numerosissimi articoli di carattere politico-militare su quotidiani e stampa specializzata, ed ha pubblicato, con editori privati, i volumi "La battaglia d'Inghilterra"; "Il giallo di Matapan"; "La battaglia aeronavale di mezzo agosto"; e con coautore, soltanto per la parte politica, il Prof. Alberto Santoni, "La partecipazione tedesca alla guerra aeronavale nel Mediterraneo", alla seconda edizione, (2005), di cui ha curato tutta la parte della ricerca, operativa, statistica e grafica. Nel 2019 Mattesini ha pubblicato "Luci e ombre degli aerosiluranti italiani Agosto 1940 -. Settembre 1943 e "La battaglia aeronavale di mezzo-agosto: Il concorso delle forze italo-tedesche all'operazione britannica "Pedestal. 10–15 agosto 1942". È socio da moltissimi anni della Società di Storia Militare (SISM) e della Associazione Italiana Documentazione Marittima Navale (AIDMEN), per le quali ha prodotto diversi saggi.

Francesco Mattesini, *born in Arezzo (Italy) on April 14, 1936. He moved to Rome in July 1951. He served, as civilian employee, at the Italian Army General Staff, 4th Department, from 1959 to 2000. Collaborator of the Historical Offices of the Italian Military Navy and the Air Force Historical Office, for which 20 books and about 60 essays were produced. He is currently retired, always living in Rome.*

NOTE ALLA SEGUENTE EDIZIONE

Gran parte dei Documenti, in particolare quelli più importanti, sono stati stampati nel libro dell'Autore: Francesco Mattesini, "Corrispondenza e Direttive tecnico operative di Supermarina – Scacchiere Mediterraneo", Volume Primo - Tomo Secondo, stampato dell'Ufficio Storico della Marina Militare", Roma, 2000. Precedentemente tutti i documenti importanti, fotocopiati dagli originali, erano stati riportati in Annesso da Francesco Mattesini nel saggio La notte di Taranto. Parte prima: Le misure italiane degli anni 1938-1939 per fronteggiare un eventuale attacco di aerosiluranti contro Taranto, e la pianificazione dell'operazione britannica Judgment. Parte seconda: Lo svolgimento dell'operazione Judgment e le considerazioni dei protagonisti. Stampati nel Bollettino d'Archivio dell'Ufficio Storico della Marina Militare, di Settembre e Dicembre 1998. Questo Saggio è stato postato dall'Autore in academia edu.

LICENSES COMMONS

This book may utilize part of material marked with license creative commons 3.0 or 4.0 (CC BY 4.0), (CC BY-ND 4.0), (CC BY-SA 4.0) or (CC0 1.0). We give appropriate attribution credit and indicate if change were made in the acknowledgments field. Our WTW books series utilize only fonts licensed under the SIL Open Font License or other free use license.

la gran parte parte delle immagini qui riprodotte provengono dagli archivi pubblici italiani di esercito, marina e aviazione, dove l'autore ha prestato servizio per tanti anni, o da fonti di libero utilizzo per raggiunto status di pubblico dominio. Related all the British navy or RAF image of the book the expiry of Crown Copyrights applies worldwide because: It is photograph taken prior to 1 June 1957 and/or It was published prior to 1970 and/or It is an artistic work other than a photograph or engraving (e.g. a painting) which was created prior to 1970

For a complete list of Soldiershop titles please contact Luca Cristini Editore on our website: www.soldiershop.com or www.cristinieditore.com. E-mail: info@soldiershop.com

Titolo: **La notte di Taranto - 11 novembre 1940** Code.: SPS-061 Di Francesco Mattesini.
ISBN code: 9788893275910 prima edizione maggio 2020 (ebook ISBN 9788893275927)
Lingua: Italiano - layout 177,8x254mm Cover & Art Design: Luca S. Cristini

Pubblicato da Luca Cristini Editore, via Orio, 35/4 - 24050 Zanica (BG) ITALY. www.soldiershop.com

LA NOTTE DI TARANTO

LE MISURE DELLA REGIA MARINA DEGLI ANNI 1938-1939 PER FRONTEGGIARE UN ATTACCO DI AEROSILURANTI CONTRO LA PRINCIPALE BASE DELLA FLOTTA

La possibilità che nelle prime ventiquattro ore di un eventuale guerra con l'Inghilterra potesse verificarsi un attacco di aerosiluranti, decollati da una portaerei britannica, diretti contro le navi della flotta italiana all'ancora nel porto di Taranto, era stata per la prima volta considerata in termini concreti, nell'autunno del 1938, all'epoca della grande crisi internazionale derivata dalla questione dei Sudeti (Cecoslovacchia), che portò l'Europa sull'orlo della guerra, poi scongiurata in seguito agli accordi di Monaco.[1]

Sulla base delle direttive emanate dall'Ufficio Piani del Reparto Operazioni di Maristat, con foglio n. 1061/RSP del 26 settembre 1938, che conteneva le disposizioni operative della Direttiva Navale n. 3 (Di.Na. 3) per la difesa dei centri costieri e delle basi navali, il Comandante in Capo del Dipartimento Marittimo dello Ionio e Basso Adriatico (Marina Taranto), ammiraglio di squadra Riccardo Paladini, il 16 ottobre rimetteva all'Alto Comando della Regia Marina, con foglio n° 528 R.P.S., il suo ordine di operazione compilato per l'impiego delle dipendenti unità navali di superficie nelle prime ventiquattrore del conflitto.

Tale ordine generale di operazione, contenente esclusivamente disposizioni di massima, affrontava l'eventualità che all'inizio del conflitto i britannici potessero realizzare un attacco aereo contro la piazza di Taranto, usufruendo di condizioni di luna e meteorologiche favorevoli. Data la distanza della base di Taranto dal possedimento britannico dell'Egitto, che era di oltre 800 chilometri, e considerando l'insufficiente autonomia degli aerei britannici, una simile azione avrebbe potuto realizzarsi soltanto per mezzo di una nave portaerei. Quest'unità, per evitare gli attacchi degli aerei e dei sommergibili italiani e allo scopo di realizzare la sorpresa, aveva la possibilità di avvicinarsi "*al Golfo di Taranto per quanto possibile in ore notturne*", per poi attaccare nelle tre ore che procedevano l'alba. L'azione si sarebbe quindi svolta con luce lunare, scegliendo pertanto un periodo di "*plenilunio o i giorni che seguono fino all'ultimo quarto*".[2]

Considerando l'autonomia degli aerosiluranti britannici del tipo Swordfish, fu ritenuto possibile che la nave portaerei impiegata nell'operazione avrebbe raggiunto

---

[1] Per un'esaustiva consultazione, anche dal punto di vista dei documenti originale fotografati e inseriti in Annessi, vedi: Francesco Mattesini, *La notte di Taranto*, Parte prima, *Le misure italiane degli anni 1938-1939 per fronteggiare un eventuale attacco di aerosiluranti contro Taranto, e la pianificazione dell'operazione britannica Judgment.* Parte seconda, *Lo svolgimento dell'operazione Judgment e le considerazioni dei protagonisti.* In Bollettino d'Archivio dell'Ufficio Storico della Marina Militare, settembre, dicembre 1998.

[2] Archivio Ufficio Storico Marina Militare (da ora in poi AUSMM), *Di.Na. 3*, busta unica.

un punto situato al largo della costa della Grecia nord-occidentale, per poi allontanarsi rapidamente appena catapultati gli aerei, e quindi recuperarli dopo l'alba, il più lontano possibile dalle basi aeree italiane.

Una formzione di aerosiluranti Fairey Swordfish pronta per il decollo sul ponte di volo della portaerei *Ark Royal*.

L'ammiraglio Paladini ritenne di poter contrastare quella possibile e temuta iniziativa britannica in un tratto di mare che, in un grafico allegato all'Ordine Generale di Operazione (vedi cartina sottostante), era considerato come zona compresa fra i punti A.B.C.D., delimitata della seguenti coordinate geografiche:

A - lat. 38°50' N, long. 17°49' E;
B - lat. 39°05' N, long. 18°29' E;
C - lat. 38°42' N, long. 18°52' E;
D - lat. 38°22' N, long. 18°00' E.

Il piano era di svolgere una crociera, affidata a due gruppi di unità di superficie, comprendenti l'incrociatore *Bari*, i cacciatorpediniere della 5ª Squadriglia *Mirabello* e *Riboty*, le torpediniere della 4ª e 6ª Squadriglia, e vari avvisi scorta. Tutte queste navi avrebbero dovuto raggiungere nella notte la zona A.B.C.D., per poi rastrellare accuratamente fino all'alba quel settore marittimo, in cui avrebbe potuto manovrare la nave portaerei britannica, *"mantenendosi sempre in contatto visivo tra loro"*.

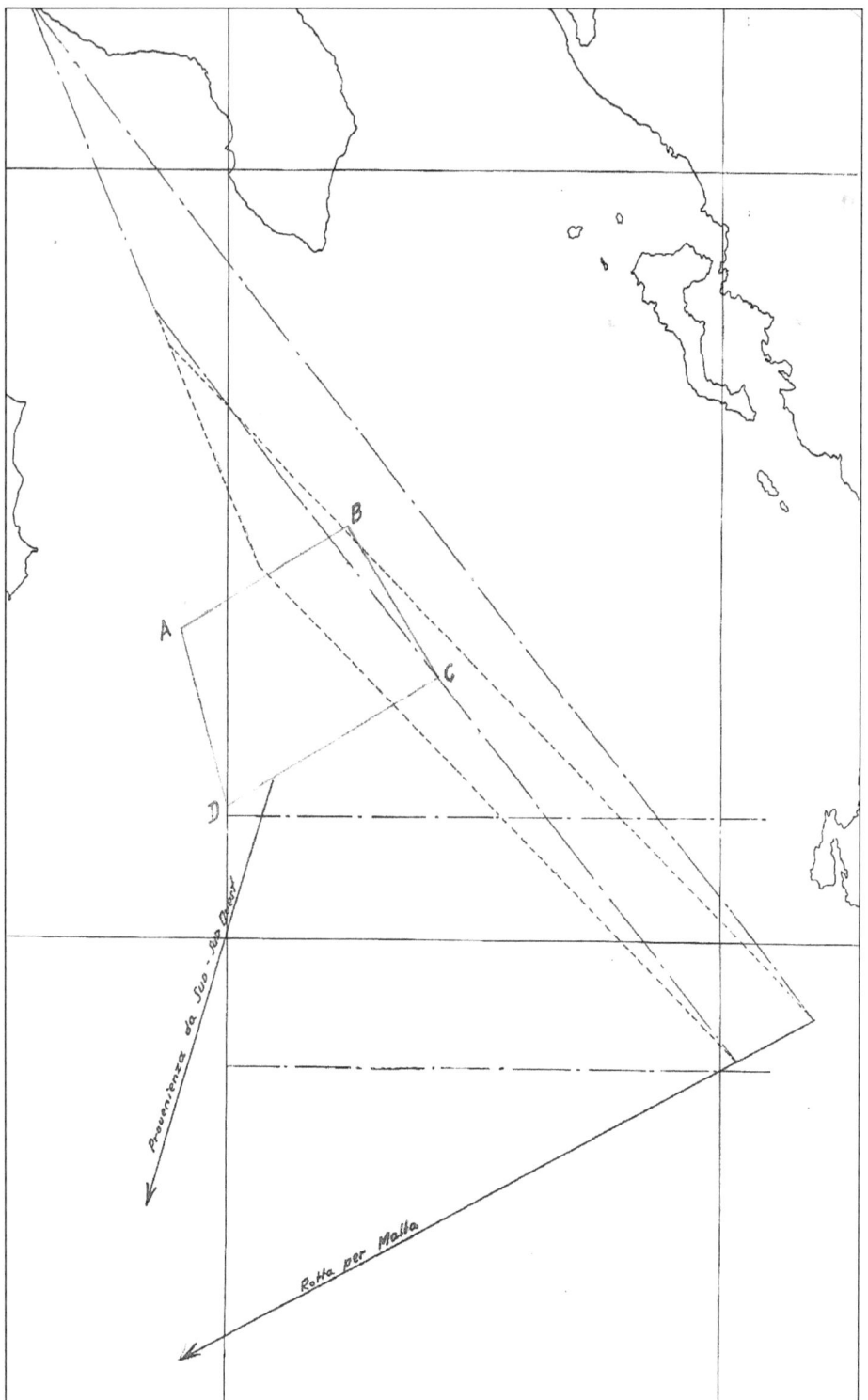

Sopra, il vecchio incrociatore *Bari*, ex tedesco *Pillau*, attraversa il canale di Taranto dopo le seconde modifiche degli anni '30. Sotto il cacciatorpediniere *Carlo Mirabello*.

Questo piano non dovette entusiasmare molto l'Alto Comando della Regia Marina, poiché di una siffatta azione di ricerca, per constatare l'eventuale presenza di una nave portaerei nemica nelle prime ore di conflitto, non era fatto alcun cenno nella nuova edizione della Di.Na. 3, diramata in 16 esemplari il 3 maggio 1939, con protocollo n. 999 R.P. Nel documento, che recava la firma del Capo di Stato Maggiore della Marina, ammiraglio di armata Domenico Cavagnari, erano soltanto riportati nel "*Capitolo G*", dall'oggetto "*Graduazione delle operazioni*" locali, da sviluppare dai Comandi dei Dipartimenti marittimi in concorso alle operazioni delle Squadre Navali, i seguenti compiti:[3]

Dare in primo tempo la precedenza alla protezione delle operazioni di posa dei campi di mine (se ordinata), ed alle operazioni contro il traffico nemico.
Successivamente provvedere alla protezione del nostro traffico, ed alla vigilanza sul traffico neutrale sospetto.

Per il Dipartimento dello Ionio e Basso Adriatico era specificato che la protezione del traffico nazionale avrebbe potuto comportare le eventuali operazioni inerenti ai trasporti di truppe in Albania e alla scorta di quelli trasportanti truppe in Africa Settentrionale.

Naturalmente queste nuove direttive, fissate nella Di.Na. 3, costrinsero l'ammiraglio Paladini a sostituire il foglio 582 RPS. del 6 ottobre 1938. Egli emanò un nuovo ordine di operazione, anch'esso dall'oggetto "*Impiego delle forze di superficie nel settore Ionio e Basso Adriatico, nelle prime 24 ore del conflitto*", che fu diramato all'Alto Comando della Regia Marina il 29 luglio 1939, con protocollo n. 1276/ R.P.S. (Riservato Personale Segreto). Ma a Roma, secondo quanto appare sull'originale, il piano non fu preso in seria considerazione, poiché fu annullato.

È importante tuttavia considerare che, ancora una volta, il Comandante del Settore dello Ionio e Basso Adriatico aveva ripreso in esame l'eventualità che il nemico avrebbe potuto attaccare, con favorevole condizioni di tempo e di luna, la base navale di Taranto nelle prime ore di guerra, affidandone l'esecuzione notturna e velivoli decollati da una portaerei, secondo le modalità già previste nell'ordine di operazione del 6 ottobre 1938; ossia partendo da un punto situato al largo dell'Isola Zante, presso la costa nord-occidentale della Grecia, ed a una distanza di circa 200 chilometri dalla base navale italiana.

E specificò:[4]

Ritengo al riguardo opportuno far presente che nell'ordine generale di operazione relativo al caso di attacco aereo probabile ho tenuto conto delle seguenti considerazioni:

---

[3] AUSMM, "Direttive per l'impiego delle Forze assegnate ai Settori Marittimi operativi", *Di.Na. n. 3*, busta unica.

[4] AUSMM, *Di.Na. n. 3*, busta unica.

Non si giudica che un attacco alla base di Taranto possa essere effettuato partendo dalla base di Malta, data la autonomia degli apparecchi Inglesi siluranti e da bombardamento, del Mediterraneo, che dovrebbe superare di poco gli 800 Km. Quindi fino a che non sarà costituita una base aerea Inglese sulle coste Greche, deve prevedersi che l'attacco sia compiuto a mezzo di navi-portaerei.[5]

È logico che per non perdere i vantaggi della sorpresa e per evitare alla nave porta-aerei l'attacco aereo e le insidie dei sommergibili, essa eseguir. la dislocazione di avvicinamento al gruppo di Taranto, per quanto possibile nelle ore notturne.

È da prevedersi inoltre che la nave porta-aerei voglia raggiungere una posizione distante dalla Piazza di Taranto circa 200 Km. Tale posizione infatti può consentire agli aerei di ritornare eventualmente a Malta (al limite di autonomia) o, cosa molto più probabile, di raggiungere la nave porta-aerei che durante l'a. ione si sarà allontanata il più possibile dalle coste italiane.

Perché il ritorno degli aerei sulla nave porta-aerei possa avvenire esso dovrà effettuarsi dopo l'alba. È perciò prevedibile che l'attacco avvenga nelle tre ore che precedono l'alba. Per poter conciliare queste condizioni con l'altra che vi sia sufficiente luce lunare, si pensa che gli attacchi notturni saranno più probabilmente tentati durante il plenilunio o nei giorni che seguono fino all'ultimo quarto.

Si ritiene che la zona probabile di avvicinamento della Nave porta-aerei possa essere quella indicata nel grafico.

Rispetto al precedente ordine di operazione, nel nuovo era stabilito di impiegare nella ricerca a rastrello della portaerei nemica due gruppi navali potenzialmente più robusti. Il primo, costituito dall'incrociatore *Taranto* e dai caccia della 2ª Squadriglia *Mirabello* e *Riboty*; il secondo comprendente l'incrociatore *Bari* e le torpediniere della 7ª Squadriglia (*Missori*), mentre i cacciatorpediniere della 16ª Squadriglia (*Da Recco*) avrebbero agito più a nord, esercitando la vigilanza nel Canale d'Otranto.

---

[5] L'ammiraglio Emilio Brenta, Capo Ufficio Operazioni di Supermarina, apportò a margine del documento la seguente annotazione: *"Caratteristiche moderni aerei inglesi assai superiori. Vedi esercitazioni sul territorio francese. Non si può quindi più escludere la provenienza da Malta distante circa 600 Km e dalla Tunisia distante circa 850 Km. Quindi abbandonerei ricerche portaerei che del resto non sono previste da nuova Di.Na 3".*

LA STRAORDINARIA ATTIVITA' DEGLI AEROSILURANTI BRITANNICI CONTRO I PORTI ITALIANI E FRANCESI NEI PRIMI QUATTRO MESI DI GUERRA

Al contrario di quanto aveva ipotizzato l'ammiraglio Paladini, il primo giorno di guerra, 11 giugno 1940, nulla accadde contro Taranto perché la flotta britannica del Mediterraneo (Mediterranean Fleet), pur essendo salpata dal porto di Alessandria, limitò la sua attività offensiva a nord della Cirenaica.

Essa svolse puntate di incrociatori verso i porti di Bengasi e di Tobruk, affondando fuori di quest'ultima rada, all'alba del 12, la piccola cannoniera *Berta*, ma poi perse nella notte, sulla rotta del ritorno, l'incrociatore leggero *Calypso*, che fu silurato a sud di Creta dal sommergibile *Bagnolini*, comandato dal capitano di corvetta Franco Tosoni Pittoni.

Nessun'altra operazione britannica si svolse verso il Mare Ionio nel restante scorcio del mese; ma il 5 luglio si verificò un avvenimento che finì per allarmare i vertici della Regia Marina, poiché, decollando da una base terrestre avanzata dell'Egitto, nove velivoli Swordfish dell'813° Squadron della portaerei *Eagle*, armati con siluri, effettuarono un attacco contro le navi italiane presenti nel porto di Tobruk. Furono affondati il cacciatorpediniere *Zeffiro* e il piroscafo *Manzoni*, e danneggiati il cacciatorpediniere *Euro*, che ebbe asportato la prora, e il grosso piroscafo da passeggeri *Liguria*.[6]

Successivamente il 7 luglio, mentre la Mediterranean Fleet si preparava a lasciare Alessandria per andare a rilevare un convoglio a Malta (operazione MB 5), movimento da cui sarebbe originato lo scontro di Punta Stilo con la flotta italiana[7] (5), l'Ammiragliato britannico suggerì all'ammiraglio Andrew Browne Cunningham di effettuare attacchi con gli aerosiluranti della portaerei *Eagle* contro le navi presenti nelle rade militari di Taranto e di Augusa.[8]

Il Comandante della Mediterranean Fleet non ravvisò l'opportunità di svolgere un'azione contro Taranto, che indubbiamente presentava notevoli rischi, e ripiegò su Augusta ove, nella notte del 10 luglio, tre aerosiluranti Swordfish dell'813° Squadron riuscirono ad affrontare in rada il cacciatorpediniere *Pancaldo*.

---

[6] Francesco Mattesini, *L'attività dei Sommergibili e dei Cacciatorpediniere Italiani nel Mediterraneo Orientale nel primo anno di guerra*, Prima Parte, *15 – 30 giugno 1940*. *L'attività dei Sommergibili e dei Cacciatorpediniere Italiani nel Mediterraneo Orientale nel primo anno di guerra*, Seconda Parte, *29 giugno – dicembre 1940*. In Bollettino d'Archivio dell'Ufficio Storico della Marina Militare, Marzo 2008, Giugno 2008.

[7] Per l'episodio di Punta Stilo, o Battaglia della Calabria come è chiamato dai britannici, vedi: F. Mattesini, *La battaglia di Punta Stilo*, seconda edizione Ufficio Storico della Marina Militare (da ora in poi USMM), Roma, 1992.

[8] Section Historical Admiralty, *Mediterranean*, vol II, Londra 1952, p. 50.

Lancio del siluro da un velivolo Swordfish durante un'esercitazione.

Il 20 luglio accadde ancora di peggio, poiché nel corso di un'altra incursione svolta nella rada di Tobruk da sei aerosiluranti Swordfish dell'824° Squadron della *Eagle*, decollati dalla base di Sidi el Barrani, furono affondati i cacciatorpediniere *Nembo* e *Ostro*.

È rimarchevole il fatto che nei tre attacchi, svolti da un totale di diciotto velivoli della portaerei, tutti rientrarono indenni alle basi.

Infine, il 22 agosto, altri tre Swordfish dell'823° Squadrone della *Eagle*, decollando da Maaten Bagush e dopo un volo di 250ª miglia, sorpresero alla fonda, nel Golfo di Bomba, il sommergibile *Iride*, adibito al trasporto di mezzi d'assalto, e lo affondarono assieme alla nave ausiliaria *Monte Gargano*.[9]

---

[9] L'*Iride* fu affondato dal siluro sganciato dall'aereo del capitano dei "Marines" O Pateh, la *Monte Gargano* dai siluri sganciati dai velivoli dei sottotenenti di vascello W.G. Wellman e N.A.F. Cheeseman.

Il relitto rovesciato del cacciatorpediniere *Ostro*, affondato dagli aerosiluranti Swordfish dell'824° Squadron della portaerei *Eagle*.

Velivolo Swordfish dell'824° Squadron della portaerei *Eagle*.

Invece, si era concluso con un insuccesso doloroso un secondo attacco svolto il 14 agosto contro la rada di Augusta, da parte di nove Swordfish dell'830° Squadrone. Questo reparto, che era stato distaccato a Malta nel mese di giugno, non conseguì alcun successo e perse tre velivoli, con i loro equipaggi, abbattuti dalla difesa contraerea della Regia Marina, che difendeva l'importante base navale.

In precedenza un episodio sintomatico, che dimostrava la validità degli aerosiluranti britannici come arma strategica di grande effetto per colpire le maggiori navi da guerra anche nei porti più muniti, si era avuto il 3 luglio nella rada di Mers el Kebir (Orano) nell'attacco alla Flotta francese da parte della Forza H di Gibilterra, e nell'occasione gli Swordfish dell'824° Squadron della portaerei *Ark Royal* avevano colpito con un siluro l'incrociatore da battaglia *Strasbourg*, che era uscito dal porto. Poi l'8 luglio nel Sud Atlantico, continuando ad attaccare il naviglio francese perché a Londra si temeva potesse passare ai tedeschi, altri sei Swordfish dell'814° Squadrone, decollati dalla portaerei *Hermes*, attaccarono la corazzata francese *Richelieu*, che si trovava in allestimento nel porto senegalese di Dakar. E impiegando per la prima volta i nuovi siluri dotati con acciarino magnetico e a contatto, chiamato "Duplex", la colpirono determinandone un ampio squarcio e l'allagamento di tre compartimenti.

La Mediterranean Fleet con la portaerei *Eagle* in navigazione nel Mediterraneo nel 1940.

L'incrociatore da battaglia francese *Strasbourg*. Il 3 luglio 1940 fu attaccato da sei Swordfish dell'824° Squadron *Ark Royal* a Mers el Kebir, e colpito da un siluro riportò danni che però non gli impedirono di raggiungere la base di Tolone il giorno 5.

La corazzata francese *Rechelieu* la prima nave da battaglia silurata l'8 luglio dagli Swordish dell'aviazione Navale Britannica (814° Squadron), decollati dalla portaerei *Hermes*.

La *Rechelieu* nel 1943, dopo le riparazioni negli USA e l'incremento dell'armamento antiaereo (anche eliminando la catapulte a poppa) a imitazione delle corazzate statunitensi.

La costatazione che gli aerosiluranti britannici potevano operare con successo contro navi che si trovavano in bassi fondali, finì per convincere Supermarina ad impartire disposizioni, con il dispaccio n. 35901 del 24 agosto 1940, affinché i Comandi in Capo della 1ª e della 2ª Squadra Navale, in accordo con i Comandi in Capo di Dipartimento, studiassero provvedimenti di carattere urgente intese a migliorare la protezione delle unità navali nei porti.

Queste misure si fecero maggiormente urgenti a partire dai primi giorni di settembre, dopo che la Mediterranean Fleet, che fino a quel momento aveva potuto disporre soltanto della vecchia portaerei *Eagle*, in grado di portare soltanto ventidue velivoli, fu rinforzata con la nuovissima *Illustrious*, fornita di radar, dotata di ponte di volo corazzato, di notevole armamento contraereo, capace di sostenere grande velocità, e in grado di portare una dotazione di ben sessanta aerei. Al momento la nave imbarcava quindici caccia Fulmar dell'806° Squadrone e ventidue Swordfish ripartiti tra l'815 e l'819° Squadrone. I Fulmar, armati con ben otto mitragliere, si dimostrarono subito particolarmente efficaci per abbattere i ricognitori e i bombardieri italiani, che fino ad allora erano stati in grado di eludere abbastanza facilmente gli attacchi dei vecchi e poco veloci biplani Gladiator della *Eagle*, e degli Skua dell'*Ark Royal* che, facente parte della Forza H, si trovava dislocata a Gibilterra.

Assieme alla nuova portaerei giunsero ad Alessandria, nel corso dell'operazione "Hats", la corazzata rimodernata *Valiant* e i piccoli incrociatori contraerei *Calcutta* e *Coventry*. Tutte queste unità navali si sarebbero dimostrate particolarmente utili per la Mediterranean Fleet, poiché, al pari della *Illustrious*, erano le prima navi britanniche, fra quelle distaccate nel Mediterraneo orientale, ad essere equipaggiate con apparati radar.

L'*Illustrious* in navigazione nel 1940. Sul ponte di volo a prora quattro velivoli Swordfish.

La prima operazione bellica compiuta congiuntamente dalle due portaerei della Mediterranean Fleet, si svolse il 4 settembre, proprio nelle ultime fasi dell'operazione "Hats", che comportò un vasto movimento navale britannico nell'intero Mediterraneo, senza essere stato contrastato dalla flotta italiana, la quale si era prudentemente mantenuta ad incrociare nello Ionio, con un complesso di ben quattro corazzate e quindici incrociatori. L'obiettivo dei velivoli imbarcati britannici fu costituito dagli aeroporti italiani di Maritza e di Calato, nel Dodecaneso, che furono attaccati, il primo, da tredici Swordfish degli squadroni 813° e 824° della *Eagle*, e il secondo, da otto Swordfish degli squadroni 815° e 819° della *Illustrious*.

La corazzata rimodernata *Valiant* ad Alessandria.

L'incrociatore contraereo britannico *Calcutta*. Sugli alberi le antenne dei radar.

Ma questa volta l'azione si risolse in un vero insuccesso, poiché, a dispetto degli scarsi danni riportati dagli aeroporti che erano stati presi a bersaglio con bombe, gli italiani furono pronti a reagire con grande efficacia. In totale non rientrarono cinque Swordfish, uno della *Illustrios* e ben quattro della *Eagle* (E4C –

E4H – E4K – E4M).[10] Questi ultimi furono abbattuti dai caccia italiani della 162ª squadriglia, che era intervenuta, decollando su allarme, con cinque Cr 42 e tre Cr 32.[11]

31 agosto - 1° Settembre 1940. Con il mare in tempesta la flotta italiana salpata da Taranto si porta nel sud dello Ionio ma senza prendere contatto con un aliquota della Mediterranean Fleet, molto inferiore di forze, impegnata nell'operazione "Hats". Nell'immagine le corazzate della 9ª Divisione Navale, con la *Littorio*, la nave del Comandante Superiore in mare della flotta italiana ammiraglio Inigo Campioni, che é seguita dalla *Vittorio Veneto*.

Su queste severe perdite dell'*Eagle*, l'ammiraglio Andrew Browne Cunningham, Comandante in Capo della Mediterranean Fleet, scrisse nella sua autobiografia:[12]

Con mio grande rammarico, quattro Swordfish furono perduti insieme con i loro valenti equipaggi , quei bravi e valorosi aviatori la cui attività era stata tanto

---

[10] Historical Section Admiralty, *Mediterranean*, vol. II, cit. p. 64; R. Sturtivant, *Fleet Air Arm at war*, Londra, Ian Allan, 1982, p. 25 sg.

[11] Stato Maggiore Aeronautica Ufficio Storico (d'ora in poi SMAUS), *Diario Storico dell'Aviazione dell'Egeo 1940*.

[12] A.B. Cunningham, *L'odissea di un marinaio*, Milano, Garzanti, 1952, p. 101.

grande nelle ultime settimane. A stento la marina poteva sopportare queste perdite: Quegli uomini erano il fiore dell'Aviazione navale.

Le perdite non scoraggiarono l'ammiraglio Cunningham a pianificare altre fruttifere azioni offensive e, circa due settimane dopo che si era verificata l'incursione sugli aeroporti del Dodecaneso, la *Illustrious* si portò nuovamente in mare per attaccare il porto di Bengasi, sul quale affluiva allora la maggior parte del traffico italiano diretto in Libia.

Nella notte del 17 settembre sei Swordfish dell'819° Squadrone posarono altrettante mine all'entrata del porto, ed altri nove Swordfish dell'815° Squadrone attaccarono, in picchiata con le bombe, le navi all'ancora.[13] Il risultato che ottennero può dirsi eccezionale, poiché le loro bombe causarono l'affondamento del cacciatorpediniere *Borea* e dei piroscafi *Gloria Stella e Maria Stella*, e il danneggiamento del rimorchiatore *Salvatore I* e della torpediniera Cigno che, colpita a prora, ebbe a subire la perdita di ben trentatre uomini dell'equipaggio. Le mine causarono invece, sempre nel corso della giornata del 17, l'affondamento del cacciatorpediniere *Aquilone* e il danneggiamento della grossa motonave *Barbaro*.[14]

I fumaioli e il ponte di comando del cacciatorpediniere *Borea* emergenti sulla superficie del mare, dopo il siluramento e affondamento del 17 settembre 1940 a Bengasi.

---

[13] Historical Section Admiralty, *Mediterranean*, vol. II, cit. p. 92.
[14] AUSMM, *Diario di Supermarina*, settembre 1940.

L'ammiraglio Andrew Browne Cunningham, Comandante della Mediterranean Fleet nell'estate 1940. Sullo sfondo l'anziana portaerei *Eagle*, che però con i suoi aerosiluranti Swordfish ebbe una ruolo importante nella guerra in Mediterraneo, affondando, fra il luglio 1940 e l'aprile 1941, molte unità navali italiane, in particolare cacciatorpediniere, nelle rade di Tobruk, Baia di Bomba, Bengasi, Augusta, e nel Mar Rosso.

Tuttavia, per la Mediterranean Fleet che era uscita in mare anche per compiere bombardamenti navali sulle coste della Cirenaica, quella missione si concluse con il grave danneggiamento dell'incrociatore pesante *Kent*. Esso fu colpito da un siluro davanti a Bardia, nel corso di un attacco portato da due velivoli italiani S. 79 della 278ª Squadriglia Aerosiluranti, aventi per capi equipaggi i tenenti piloti Carlo Emanuele Buscaglia e Guido Robone.

Era il primo successo riportato dagli aerosiluranti italiani e non sarebbe stato isolato perché, nella notte del 14 ottobre, il comandante della 278ª Squadriglia, capitano pilota Massimiliano Erasi, colpì, a sud di Creta il grosso incrociatore *Liverpool*, asportandogli l'intera prora.[15] Questa nave partecipava ad una grande

---

[15] La specialità degli aerosiluranti era stata alquanto sottovalutata in Italia, sebbene per molto tempo il siluro aereo fosse stato studiato dalla Marina e sperimentato dall'Aeronautica, ma non fu sviluppato per reciproche incomprensioni, poi proseguite anche nei primi mesi del conflitto. Al 10 giugno 1940 esisteva un solo piccolo reparto di aerosiluranti, che poi, inviati in Libia, costituì la 278ª Squadriglia, che aveva in carico soltanto cinque S. 79. Dopo una prima azione tentata il 15 agosto 1940 con i cinque

operazione, denominata in codice MB. 5 e pianificata per scortare un convoglio a Malta, nel corso della quale, il 12 ottobre, un attacco aereo, portato contro la Mediterranean Fleet da una formazione di dodici bombardieri S. 79 del 30° Stormo dell'Aeronautica della Sicilia, centrò con una salva di bombe la *Eagle*.[16]

Sebbene i danni causati dalle bombe, cadute nelle vicinanze dello scafo della vecchia portaerei, fossero apparsi insignificanti, tanto che alla fine del mese essa poté svolgere un nuovo attacco contro gli aeroporti del Dodecaneso, alcuni giorni dopo si verificarono sulla *Eagle* avarie al sistema di rifornimento della benzina per gli aerei. Questo fatto finì per avere un effetto deleterio perché, come vedremo, essendo stata costretta a effettuare le riparazioni, la *Eagle* non poté poi partecipare all'operazione "Judgment", pianificata per attaccare la flotta italiana nel porto di Taranto.

LA STRATEGIA DI SUPERMARINA E IL CONCETTO DELLA "FLEET IN BEING"

Per spiegare i motivi dello stato di immunità che la flotta italiana aveva concesso alla Mediterranean Fleet, nello svolgimento della sua attività offensiva nei mari controllati dagli italiani e contro le basi aeronavali dell'Italia e dei possedimenti, e per comprendere perché le Regie Navi furono colpite duramente nel porto di Taranto, occorre rifarsi alla strategia impostata da Supermarina prima del conflitto e sviluppata durante i primi cinque mesi di guerra.

La Regia Marina entrò in guerra con norme di impiego che prescrivevano, secondo gli ordini fissati da Benito Mussolini con la direttiva n° 328 del 31 marzo 1940, *"Offensiva in mare su tutta la linea, in Mediterraneo e fuori"*. Questa direttiva aveva però sollevato molte perplessità e l'opposizione dell'ammiraglio Cavagnari, il quale, con promemoria del 14 aprile inviato al Capo del Governo, si esprimeva in termini estremamente prudenti.[17] Egli affermò che agire offensivamente nel

---

azione tentata il 15 agosto 1940 con i cinque velivoli contro la base da Alessandria, e di un'altra azione portata sullo stesso obiettivo da un singolo velivolo il giorno 19 del mese – entrambe fallite per affrettata preparazione – fu poi dimostrato chiaramente il valore degli aerosiluranti come arma distruttiva di grande efficacia, perché, tra il settembre e il dicembre, essi danneggiarono gravemente i tre grossi incrociatori britannici *Kent, Liverpool* e *Glasgow*, quest'ultimo il 3 dicembre con due siluri ad opera degli S. 79 del capitano Erasi e del tenente Buscaglia. Da ora in poi per l'attività degli aerosiluranti della Regia Aeronautica vedi Francesco Mattesini, Luci e ombre degli aerosiluranti italiani e tedeschi nel Mediterraneo – Agosto 1940 . Settembre 1943, RiStampa Edizioni, Santa Rufina di Cittàducale (RI), aprile 2019.

16 Nel corso dell'operazione MB. 5, il 13 ottobre, nove Swordfish dell'815° Squadrone e sei dell'819° Squadrone decollavano dall'*Illustrious* per bombardare capannoni e depositi di carburante della base navale italiana di Portolago di Lero, nel Dodecaneso. Tutti i velivoli compiuta l'operazione tornarono sulla portaerei.

17 Per approfondire la conoscenza sugli ordini e i piani operativi dell'Organo Operativo dell'Alto Comando Navale, si rimanda alla *Corrispondenza e direttive tecnico - operative di Supermarina, Scacchiere Mediterraneo, maggio 1939 – dicembre 1940,* Volume Primo, compilato da Francesco Mattesini ed edito dall'Ufficio Storico della Marina Militare, Roma, 2000; vedi anche *Le direttive tecnico – operative di Superaereo, aprile 1940 dicembre 1941,* Volume Primo, Tomo Primo, edito dallo Stato Maggiore dell'Aeronautica Ufficio Storico, anch'esso compilato da Francesco Mattesini, con la collaborazione di Mario Cermelli, ed edito dall'Ufficio Storico dell'Aeronautica, Roma, 1992.

Mediterraneo, con le superiori flotte britanniche che ne controllavano le estremità, avrebbe significato strangolare l'attività della Marina e *"giungere alle trattative di pace non soltanto senza pegni territoriali"* per l'Italia, *"ma anche senza flotta e forse anche senza aeronautica"*.[18]

Nelle sue fondamentali direttive generali (Di.Na. 0) il comportamento che la Marina italiana avrebbe dovuto mantenere in un conflitto con un avversario dal potensiale superiore come quello della coalizzione franco – britannica, era sintetizzato come segue.[19]

Alto spirito offensivo deve guidare l'azione della Marina che a superiorità complessiva di forze, ma ancor più occorre che da questo spirito sia animata la marina che nel complesso dispone di minori forze.

La difficoltà di rimpiazzare in guerra le unità perdute impone moderazione prima di intraprendere un'azione. Ma la possibilità di perdita non è elemento sufficiente per indurre a rinunciare a un azione o a interromperla se iniziata.

Come si comprende da queste due frasi lo spirito della seconda attenuava molto la portata etica della prima.

Occorre ricordare che tutte le marine belligeranti, in ogni periodo della Storia, hanno sempre operato per assicurare la protezione delle loro linee di rifornimento, non trascurando, tuttavia, di attaccare nel contempo quelle avversarie.

Anche le direttive di Supermarina, fissate nella Di.Na. 0 (Zero), prevedevano di attenersi a tale logico sistema di impiego.[20] Purtroppo i compiti di natura completamente offensiva sarebbero stati abbandonati dopo alcuni iniziali sfortunati tentativi a favore di un deleterio impiego difensivo dal quale fu poi impossibile districarsi, perché ritenuto l'unico possibile per assicurare le rotte di rifornimento dell'Albania e dell'Africa settentrionale.

---

[18] Nel documento di guerra Di.Na. 1 (*Direttive Navali*) del 19 agosto 1939, era previsto che, in caso di conflitto con la Gran Bretagna e la Francia, la Regia Marina doveva attenersi al seguente concetto operativo: *Guerra di logoramento con atteggiamento difensivo ad occidente ed a oriente, ed atteggiamento offensivo e controffensivo al centro*. Cfr., AUSMM, *Direttive Navali*, busta unica.

[19] AUSMM, *Direttive Navali*, busta unica.

[20] Esponendo nella Di.Na. 0, edizione 29 maggio 1940, i concetti d'azione da attuare nel Mediterraneo, Supermarina escluse la possibilità di iniziare le ostilità di sorpresa *"per conseguire un iniziale vantaggio sull'avversario"*. Prevedendo al contrario che si sarebbero verificate *"intense ed immediate azioni franco – britanniche dirette ad intaccare la capacità di resistenza italiana"*, l'Organo Operativo dell'Alto Comando Navale ritenne che il nemico avrebbe esercitato una forte pressione nei due bacini del Mediterraneo, mentre al centro avrebbe impiegato l'isola di Malta soltanto come base *"per le poche unità sottili e subacquee"*.

I molti piani elaborati nel corso del 1940 danno una chiara idea dello stato di indecisione e di ripensamenti, non sempre di natura logica, esistenti nei responsabili di Supermarina. Essi, dopo aver messo a punto, su proprie esigenze o su richieste provenienti dal Comando Supremo e dagli stati maggiori delle altre Forze Armate, i più disparati progetti operativi – consistenti in puntate offensive della flotta, bombardamenti costieri, sbarchi, etc. – quasi mai riuscirono a tradurli in interventi risolutori. E ciò perché la preoccupazione di Supermarina, soprattutto nei suoi vertici, fu sempre rivolta in ogni occasione, anche la più favorevole, a schivare una eventuale insuccesso tattico e ad evitare perdite.

In questo comportamento rinunciatario vi influì, almeno in parte, e con il passare dei mesi, la consapevolezza di un'errata scelta del materiale navale, che ebbe negativi riflessi soprattutto nell'indecisione del tiro, in parte derivante dalle cattive cariche di lancio, mal dosate, e dalla difficile messa a punto delle maggiori artiglierie delle nuove corazzate tipo "Littorio", in cui particolarmente deficienti si dimostrarono i calcatoi, che nell'ottobre del 1940 dovettero essere sostituiti.

Genova, Molo Giano, 6 maggio 1940. La cerimonia della consegna alla Regia Marina della corazzata *Littorio* da parte dei Cantieri Ansaldo. A poppa, dove è riunito gran parte dell'equipaggio e dove furono accolte le Autorità, mancava ancora la catapulta per gli aerei.

La corazzata *Vittorio Veneto*, gemella della *Littorio*. Entrambe le due navi da battaglia appartenmevano alla 9ª Divisione Navale dell'ammiraglio Carlo Bergamini. Il loro armamento principale comprendeva nove cannoni da 381 mm mentre la velocità operativa era di 28 nodi, aumentabile a 30 nodi mmettendo in funzione la extra potenza delle macchine che raggiungevano i 160.000 cavalli. Perfettamente corrispondenti a quella delle più moderne corazzate delle altre marine, incluso il tonnellaggio superiore alle 41.000 tonnellate, fatta eccezione per il tipo "Yamato", giapponese, e Iowa", statunitense, che erano supercorazzate.

L'incerta e cauta linea di condotta della Marina derivava anche in gran parte da una tacita superiorità della Royal Navy – ampiamente dimostrata dai primi insuccessi italiani negli scontro dei primi quaranta giorni di guerra – e che derivava da quattrocento anni di esperienze navali espresse dalla Marina britannica ad alto livello in tutti i mari del globo.

Vi era poi la consapevolezza che mentre i britannici avevano la possibilità di sostituire in Mediterraneo le unità perdute o gravemente danneggiate, prelevandole da altri scacchieri, le perdite navali italiane non potevano essere sostituite. Mancava infatti un iniziale programma di costruzione, che peraltro sarebbe stato reso precario nel suo sviluppo dall'insufficienza di potenzialità industriale, e dalla lacuna di materie prime; motivo quest'ultimo che avrebbe di fatto impedito il completamento della corazzata *Impero*, la trasformazione del piroscafo *Roma* in nave portaerei (*Aquila*), e l'impostazione di nuovi incrociatori.

In questa situazione i responsabili di Supermarina mantennero una linea intransigente a mantenere un combattimento risolutivo, che ritenevano fosse solo nell'interesse della Marina britannica, anche quando le navi di quest'ultima dirigevano verso il Mediterraneo centrale in condizioni di inferiorità potenziale e numerica chiaramente individuata.

Ne sarebbe conseguita anche una limitazione nella condotta tattica dei Comandi delle Squadre Navali, poiché la decisione di *"intervenire o non intervenire; e in caso positivo, fino a che momento, fino a che punto e in qual modo intervenire?"* era stabilita esclusivamente da Supermarina.[21] Questo Alto Comando, oltre ad impartire ordini e direttive, interveniva nelle competenze degli ammiragli della flotta, diramando consigli, anche quelli di minor valore, raccomandando prudenza.

Le direttive erano state fissate dall'ammiraglio Cavagnari il 19 agosto 1939 nel *"Memorandum per il Comando in Capo delle Squadre e Comando Superiore in mare"*, diramato con protocollo n. 1749/SRP.

Ma andiamo per ordine e vediamo come si svolsero gli avvenimenti.

* * *

Il 10 giugno 1940 il potenziale riunito nella prima e nella seconda squadra navale - rispettivamente al comando degli ammiragli Inigo Campioni e Carlo Paladini - era di consistenza nettamente inferiore a quello della coalizione franco - britannica che poteva schierare ben dieci corazzate e una nave portaerei. La Regia Marina disponeva efficienti di due sole corazzate (*Giulio Cesare* e *Conte di Cavour*), risalenti alla prima guerra mondiale e rimodernate nel 1937. Ad esse si aggiungevano altre due navi da battaglia di costruzione modernissima (*Littorio* e *Vittorio Veneto*), che però si trovavano ancora in fase di addestramento e a lavori per una difficile messa a punto delle artiglierie. Altre due corazzate (*Caio Duilio* e *Andrea Doria*), anch'esse rimodernate sarebbero entrate in servizio rispettivamente nell'agosto e nel novembre 1940.[22]

---

[21] USMM, *L'organizzazione della Marina durante il conflitto*, Tomo I, (compilatore Ammiraglio di Squadra Giuseppe Fioravanzo), Roma, 1972, p. 60 sg.

[22] Alquanto equilibrata tra i due avversari era invece la situazione del naviglio leggero e subacqueo. Da parte italiana erano disponibili diciannove incrociatori, dei quali ben sette pesanti, quarantotto cacciatorpediniere, settanta torpediniere e centocinque sommergibili. Altri sette cacciatorpediniere due torpediniere e otto sommergibili erano dislocati a Massaua, in Mar Rosso. Da parte anglo-francese erano concentrati in Mediterraneo sette incrociatori dei quali sette pesanti, settantasei cacciatorpediniere, sedici tra torpediniere a avvisi e cinquantaquattro sommergibili.

La corazzata *Caio Duilio* all'ancora alla Spezia.

Estate 1940. La corazzata *Andrea Doria*, terminati i lavori di rimodernamento, a Pola durante la fase di addestramento. Come la *Cesare* e la *Cavour*, anche le due "Doria" avevano un armamento principale di dieci cannoni da 320 mm e una velocità poco inferiore, di 27 nodi.

La iniziale inferiorità potenziale in navi da battaglia rappresentava un deterrente sfavorevole che non poteva permettere alla flotta italiana di uscire dalle proprie basi per affrontare il nemico con probabilità di successo. Ne conseguì che durante i tredici giorni di guerra con la Francia, Supermarina limitò l'attività bellica a qualche missione di vigilanza, assegnata alle divisioni di incrociatori e all'impiego del naviglio sottile e dei sommergibili. Questi ultimi ottennero però risultati modestissimi in parte determinati dalla scarsità di traffico nemico, e consistenti nell'affondamento dell'incrociatore britannico *Calypso* e di due navi mercantili, a cui fece riscontro la perdita di sei sommergibili.[23]

Ma se la Marina italiana non era ancora pronta ad affrontare un duro cimento con la Royal Navy, quest'ultima, con la resa della Francia, si vide constretta a costituire una nuova flotta, con base a Gibilterra, inserendovi le tre navi da battaglia, *Hood*, *Valiant* e *Resolution*, la portaerei *Ark Royal*, tre incrociatori e una dozzina di cacciatorpediniere. I compiti iniziali di questa squadra navale, denominata forza H, furono quelli di neutralizzare la flotta francese. Per impedire che essa cadesse sotto il controllo tedesco la Forza H la attaccò il 3 luglio 1940 nella base di Mers el Kebir- presso Orano – affondando tre corazzate sulle quattro presenti in rada.

La corazzata *Warspite*, ammiraglia della Mediterranean Fleet, veterana della battaglia dello Jutland dopo il rimodernamento degli anni 1934-1937, ripresa mentre entra nel Grand Harbour di Malta nel periodo della guerra civile in Spagna, 1936-1939. Aveva un armamento principale di otto cannoni da 381 mm e una velocità massima di 24 nodi e mezzo.

---

[23] Per conoscere i successi conseguiti dai sommergibili italiani nella seconda guerra mondiale: F. Mattesini, *Betasom. Guerra negli oceani*, USMM, Roma, 1993, p. 670 - 678.

Una volta raggiunto questo obbiettivo, la Forza H ebbe il compito di esercitare il controllo del Mediterraneo occidentale per dividere l'attenzione degli italiani dal bacino orientale che si trovava sotto il controllo della Mediterranean Fleet, la quale disponeva delle quattro navi da battaglia *Warspite*, *Malaya*, *Royal Sovereign* e *Ramilies*, la portaerei *Eagle*, otto incrociatori e ventisette cacciatorpediniere.

Il primo impatto fra la Mediterranean Fleet, salpata da Alessandria con le corazzate *Warspite*, *Malaya* e *Royal Sovereign*, la portaerei *Eagle*, cinque incrociatori e diciassette cacciatorpediniere, e la flotta italiana che disponeva delle corazzate *Cesare* e *Cavour*, di quattordici incrociatori e ventiquattro cacciatorpediniere, si verificò il 9 luglio 1940 a largo di Punta Stilo.[24]

La Mediterranean Fleet era salpata da Alessandria per svolgere l'operazione MA 5, pianificata per andare a rilevare due convoglio a Malta, diretti in Egitto, trasportanti personale e civili britannici evacuati dall'isola, che a quell'epoca veniva considerata dai comandi britannici scarsamente difendibile. La flotta italiana, che aveva scortato a Bengasi un grosso convoglio di cinque motonavi, trasportanti settantadue carri armati e mezzi di rinforzo per l'Esercito dislocato in Libia, la sera dell'8 si trovava sulla rotta di rientro alle basi. Ma, in seguito a parziali decrittazioni del Servizio Informazioni della Marina, e soprattutto per le precise informazioni crittografiche arrivate a Supermarina dal Servizio Informazioni della Marina germanica (*B-Dienst*), indicanti che il nemico avrebbe attaccato obiettivi navali della Sicilia, le due squadre navali ricevettero l'ordine di concentrarsi a largo delle coste calabre del Golfo di Squillace, per poi pendolare a partire all'alba del 9, a sud-est del Capo Spartivento.

Ritenendo che la Mediterranean Fleet poteva essere attaccata se ve ne fossero state le condizioni favorevoli, Supermarina costituì davanti alla propria flotta uno sbarramento di cinque sommergibili, e dispose per un ampio servizio di ricognizione aerea con direttrice sud-sudovest, dove riteneva si sarebbe trovata il mattino del 9 la flotta britannica. Nel contempo concordò con la Regia Aeronautica l'intervento in massa dei velivoli da bombardamento dislocati in Sicilia e nelle Puglie, con lo scopo di menomare, con un'offensiva aerea preventiva, le corazzate britanniche, in modo da danneggiarle e permettere alle unità della 1ª e della 2ª Squadra Navale di intervenire in condizioni favorevoli.

---

[24] Per saperne di più: F Mattesini, *La battaglia di Punta Stilo*, USMM, Roma, 1992.

La corazzata *Giulio Cesare*, che nella battaglia di Punta Stilo era la nave comando della 5ª Divisione Navale e della Flotta Italiana.

Purtroppo l'ampio servizio di esplorazione, affidato interamente agli idrovolanti della ricognizione marittima e ai velivoli imbarcati della flotta, non riuscì per molte ore a dare alcuna notizia della Mediterranean Fleet, impedendo di conoscerne le mosse e di sviluppare l'offensiva aerea con i reparti della Regia Aeronautica. La Mediterranean Fleet a differenza di quanto pensavano Supermarina e i Comandi Squadra, messa sull'avviso della presenza della flotta italiana dal sommergibile *Phoenix* che, nel pomeriggio dell'8 aveva segnalato le due corazzate *Cesare* e *Cavour* a nord di Bengasi, nella notte aveva cambiato rotta, dirigendo inavvistata per nordest, con lo scopo di arrivare alle spalle delle navi italiane e tagliar loro la rotta della ritirata verso la base di Taranto.

La manovra dell'ammiraglio Cunningham riuscì perfettamente, e soltanto la segnalazione di un idrovolante Cant Z 501 della Ricognizione Marittima, che stava svolgendo a sud del Golfo di Taranto una normale missione antisommergibili, avvertì l'ammiraglio Campioni, Comandante Superiore in mare della flotta italiana dell'insidia incombente che si profilava alle sue spalle.

Esso fu costretto ad ordinare alla squadra un inversione di rotta ad un tempo (180°), ragion per cui le due corazzate italiane, che dovevano essere precedute dalle divisioni di incrociatori, per molto tempo manovrarono in testa alla formazione, che pertanto, andando verso il nemico, non poté mantenere il dispositivo di battaglia predisposto dall'ammiraglio Campioni.

La *Conte di Cavour*, gemella della *Giulio Cesare*, l'altra corazzata della 5ª Divisione Navale dell'ammiraglio Bruto Brivonesi. Risalenti alla 1ª Guerra mondiale le due navi da battaglia erano state rimodernata alla metà degli anni '30, e le loro caratteristiche erano un armamento principale di dieci cannoni da 320 mm e una velocità di 28 nodi.

Scarsamente appoggiate dai propri incrociatori, le corazzate arrivarono al contatto balistico alla distanza di oltre 26.000 metri. Ma il combattimento ebbe subito esito sfavorevole, poiché una granata da 381 mm, sparata dalla nave ammiraglia britannica *Warspite*, centrò la *Cesare*, su cui si trovava l'ammiraglio Campioni, costringendola a diminuire la velocità e ad uscire di formazione.

In tali condizioni, in cui l'onere di affrontare le tre corazzate britanniche ricadeva sulla sola *Cavour*, il Comandante Superiore in mare si convinse a rompere il contatto e a ordinare la ritirata generale verso lo Stretto di Messina, con inversione di rotta verso sud che fu coperta dalle cortine di nebbia e dal contrattacco col siluro dei cacciatorpediniere. Fu in questa fase che il tiro britannico dimostrò la sua superiorità, poiché tre proiettili da 152 mm, raggiunsero l'incrociatore *Bolzano*, e un altro proiettile colpì di striscio il cacciatorpediniere *Alfieri*. I quattro colpi furono sparati dall'incrociatore Orion, come potrà essere controllato nel mio nuovo libro Punta Stilo 1940. 80° anniversario della prima battaglia aeronavale della storia, non ancora distribuito alle librerie a causa della chiusura della tipografia per il coronavirus.

L'ammiraglio di squadra Inigo Campioni, Comandante della 1ª Squadra Navale e Comandante Superiore in mare della flotta italiana, ripreso in Plancia Ammiraglio della corazzata *Giulio Cesare* durante i movimenti che portarono alla Battaglia di Punta Stilo.

Anche l'intervento dell'Aeronautica, verificatosi dopo la rottura del contatto balistico con l'impiego di centoventotto bombardieri S. 81 e S. 79, non conseguì i risultati positivi che erano attesi dall'ammiraglio Campioni; ed anzi esso risultò deleterio, perché non meno di cinquanta aerei sganciarono contro le navi italiane senza colpirle, così come non furono colpite quelle britanniche.

Lo scontro di Punta Stilo, l'unico nella storia fra corazzate italiane e britanniche, rappresentò la prima occasione per controllare la validità degli studi e gli schemi tattici sperimentati nelle esercitazioni nel tempo di pace, elaborati dalla Regia Marina. Da quest'episodio, fu ricavato il convincimento di un comportamento soddisfacente, mentre in realtà venivano denunciate grosse lacune, particolarmente nei collegamenti, nella precisione del tiro, negli schemi di combattimento, in parte dovuto allo scarso affiatamento esistente fra le due squadre navali italiane, che praticamente operavano insieme per la prima volta.

A ciò si aggiungeva la mancanza di una nave portaerei, la cui costruzione era stata sacrificata negli anni trenta dai vertici della Marina per la precedenza da accordare, in sede di bilancio, agli incrociatori della classe "Trento", e poi alle grandi corazzate della classe "Littorio", ma che cominciò ad essere rimpianta dopo l'episodio di Punta Stilo, come lamentò in una sua relazione l'ammiraglio Campioni.

Ma quello che soprattutto costituì una grossa e sgradevole sorpresa fu determinato dalla inaspettata carenza operativa nella collaborazione aeronavale italiana, per mancanza di coordinamento tra i reparti della Marina e quelli dell'Aeronautica. Quest'ultima dimostrò di non possedere unità aeree addestrate per agire sul mare in appoggio alle unità della flotta; fallimento a cui andarono incontro anche gli idrovolanti della Ricognizione Marittima nel servizio di esplorazione.

Tuttavia, fu in particolare l'incidente del bombardamento delle navi italiane a generare una spiacevole diatriba tra Marina e Aeronautica, che si sviluppò nell'ambito degli Alti Comandi delle due Forze Armate, con riflessi nella stessa sede del Capo di Stato Maggiore Generale, maresciallo d'Italia Pietro Badoglio.

Bellissima immagine della corazzata *Littorio* in accostata durante un'esercitazione nel Golfo di Taranto nel 1940. Le strisce bianche e rosse a prora sono per il riconoscimento da parte degli aerei nazionali. Notate la disposizione delle artiglieri, con al centro tre torri trinate da 381 mm, e sul fianco, due a prora e una a poppa, sei delle dodici torri trinate da 381 mm, e sei delle dodici torrette singole.

Particolari della *Littorio*. Sopra, il torrione e le due torri trinate di cannoni da 381 mm. Sotto, il fianco sinistro nella parte centrale della corazzata con due cannoni da 120 mm per tiro illuminante, tre dei sei cannoni contraerei da 90 mm in torretta, due mitragliere da 37 mm e una mitragliera binata da 20 mm.

Ciò portò, immediatamente, a studiare e a emanare nuove norme per il riconoscimento delle navi nazionali e per l'impiego della propria aviazione, stabilendo tassativamente che l'intervento dei velivoli, per evitare equivoci di riconoscimento, avrebbe dovuto verificarsi prima o dopo la fase del combattimento navale e soltanto nel caso di bersagli nemici perfettamente riconosciuti.

Fu inoltre provveduto a migliorare i collegamenti fra navi ed aerei, a rinforzare gli organici della Ricognizione Marittima con velivoli Cant Z. 506 ceduti dall'Aeronautica, e a fissare norme di intervento per gli aerei da caccia destinati a scortare le unità navali. Soluzioni che portarono indubbiamente a dei sostanziali miglioramenti di carattere tecnico-operativo, che però non avrebbero mai raggiunto l'efficacia di quelli del nemico, anche a causa della povertà del potenziale tecnico-industriale dell'Italia.

Il 19 luglio gli italiani ebbero un'altra grossa delusione presso Capo Spada, all'estremità nord-occidentale dell'isola di Creta, quando l'incrociatore australiano *Sydney*, appoggiato da cinque cacciatorpediniere britannici, intercettò due incrociatori della 2ª divisione navale, che Supermarina aveva destinato a raggiungere l'Egeo per attaccare il traffico nemico fra la Turchia e l'Egitto. Ne seguì uno scontro violento che portò all'affondamento del *Colleoni* e al danneggiamento del *Bande Nere*.

Esercitazioni dell'estate 1940 nel Golfo di Taranto. Sparano i cannoni di grosso calibro da 381 della *Littorio* **e** *Vittorio Veneto*.

La battaglia di Punta Stilo, e il successivo affondamento del *Colleoni* rappresentarono per la Regia Marina i primi duri impatti con la Royal Navy. I due episodi fecero comprendere che le navi della flotta non erano ancora pronte ad affrontare quelle nemiche in una battaglia di grosse dimensioni e dagli esiti, se non decisivi, strategicamente condizionanti. Ciò rese ancora più cauti Supermarina ed il Comando Supremo nella pianificazione delle operazioni offensive, anche quelle che apparivano di natura favorevole. Nello stesso tempo, allo scopo di diminuire il divario tecnico-tattico nei confronti del nemico, fu data attuazione ad un intenso programma di manovra e di tiro, che però, sulle due corazzate tipo "Littorio", continuò ad essere reso precario dalla difficile messa a punto delle artiglierie.

L'incrociatore *Bartolomeo Colleoni* immobilizzato dal un proietto da 152 mm dell'incrociatore australiano *Sydney*, affondò il 19 luglio al largo di Capo Spada all'estremità nord occidentale di Creta. Era la seconda sconfitta in dieci giorni riportata dalla Regia Marina.

La Marina italiana aveva nel frattempo ricevuto da Mussolini una direttiva che la invitava ad assumere un atteggiamento decisamente più offensivo. Ma tale direttiva, diramata l'11 luglio 1940 dal Comando Supremo anche agli Stati Maggiori delle altre Forze Armate, per la parte di loro competenza, fu evidentemente considerata di carattere troppo impegnativo; ragion per cui fu ritirata e sostituita con altro documento, recante stessa data e stesso numero di protocollo, ma dal contenuto offensivo alquanto mitigato.[25]

Il pensiero strategico che in quel momento esisteva negli alti vertici della Regia Marina, é chiaramente spiegato nella bozza di una nuova versione della Di.Na. 0, datata 14 luglio 1940. In essa, prendendo atto che dall'uscita del conflitto della Francia le basi aeronavali francesi del Mediterraneo occidentale erano da considerare neutralizzare, e che l'Isola di Malta si trovava sotto il controllo aeronavale italiano, si metteva in risalto il rafforzamento delle posizioni nazionali nel bacino centrale ed una "*accresciuta possibilità di movimenti nello scacchiere occidentale*". Da ciò ne derivava la possibilità di controllare agevolmente le rotte con la Libia, e nel contempo, di "*valorizzare*" la manovra delle forze navali nazionali per impedire al nemico di superare lo sbarramento del Canale di Sicilia, e di affrontarlo a fondo, non appena fosse stato possibile, con il grosso delle forze navali (squadra delle corazzate), a patto però che la zona dello scontro fosse prossima alle proprie basi e lontano da quelle nemiche. Era tassativamente da evitare di "*affrontare forze navali avversarie decisamente prevalenti*".[26]

L'incrociatore *Sydney* che affondò il *Bartolomeo Colleoni*.

---

[25] Stato Maggiore Esercito Ufficio Storico (da ora in poi SMEUS), lettera n. 1239/Op, *I - 4*, b. 10; *Diario Storico del Comando Supremo*, b. 1445, allegato n. 444; ASMAUS, *OP. 1*, b. 11.
[26] ASMEUS, lettera 1271/Op, *I - 4*, b. 40.

Circa la difesa ermetica del Canale di Sicilia alquanto più pessimista nelle proprie valutazioni si dimostrò il Comando Supremo che, con promemoria del 21 luglio, affermava che un eventuale tentativo di forzamento di quel tratto di mare da parte del nemico non poteva essere impedito dagli italiani, anche se avessero impiegato, con estrema decisione, le loro forze navali leggere, i sommergibili e l'aviazione da bombardamento.

Invece, dimostrandosi molto fiduciose sulle possibilità della Marina, il maresciallo Badoglio, si convinse fosse giunto il momento di passare all'azione. Ritenendo che la *Mediterranean Fleet* avrebbe potuto contrastare dal mare la pianificata avanzata del Regio Esercito in Egitto, alla fine del mese di luglio il Capo di Stato Maggiore Generale chiese all'ammiraglio Cavagnari di presentare un piano per *"organizzare - in concomitanza con quello terrestre - operazioni aeronavali contro la flotta inglese"*.

L'intenzione di Badoglio era quella *"di impostare una battaglia navale partendo dai porti della Cirenaica verso Alessandria"*, contando di impegnarvi il complesso delle cinque corazzate al momento presenti a Taranto.[27] Dal Comandante in Capo della 1ª Squadra e Comandante Superiore in Mare della flotta, ammiraglio Campioni, e poi dall'ammiraglio Cavagnari, ricevette un quadro della situazione alquanto desolante. Il primo affermò che soltanto la *Littorio* la *Cesare* e la *Cavour* potevano essere pronte per la metà di agosto; e poiché la Mediterranean Fleet comprendeva quattro navi da battaglia, tutte armate con artiglierie da 381 mm, calibro a cui da parte italiana poteva opporsi la sola *Littorio* (le altre due corazzate disponevano di cannoni da 320 mm), Badoglio si convinse non essere *"prudente affrontare una battaglia lontana dalle basi italiane"*.

Cavagnari, da parte sua fu ancora più drastico, affermando che la *Littorio* non poteva essere pronta a sostenere un combattimento perché necessitava ancora di addestramento, la *Vittorio Veneto* era in ritardo di qualche settimana per mettere a punto le artiglierie, mentre sulla *Duilio,* ancora in fase di addestramento, non si poteva contare fino ai primi di settembre. Ragion per cui sconsigliò l'impiego della flotta per fiancheggiare l'avanzata dell'Esercito, anche perché specificò: *"la zona in cui sarebbe prevedibile uno scontro con le Forze principali del nemico risulterebbe strategicamente svantaggioso a noi"*.[28]

Nonostante queste pessimistiche valutazioni, a partire dall'agosto, con le effettive entrate in servizio delle corazzate *Littorio, Vittorio Veneto* e *Doria*, la superiorità potenziale della Regia Marina divenne, su ciascuna delle due squadre britanniche, di natura così marcata, in navi da battaglia e incrociatori pesanti, da rendere evidente la necessità di non mantenersi ancorati del tutto alla teoria del "Fleet in being", ma di assumere anche un certo atteggiamento offensivo, se il nemico ne avesse data l'occasione, anche perché la flotta italiana manteneva una posizione strategica invidiabile.

---

[27] ASMEUS, *I - 4*, b. 40; M. Montanari, *Le operazioni in Africa Settentrionale*, vol I, Stato Maggiore dell'Esercito Ufficio Storico (da ora in poi SMEUS), Roma, 1985, p. 86.

[28] Ibidem, p. 86; ASMEUS, *I - 4*, b. 40.

Infatti, disponendo di basi in posizioni situate al centro del Mediterraneo (Taranto, Augusta, Messina, Palermo, Napoli e Brindisi), essa era praticamente in grado di dominare il Canale di Sicilia, che rappresentava il solo anello di congiunzione tra la *Mediterranean Fleet* e la Forza H, che erano sistemate in porti molto distanti (900 miglia) per permettere la riunione delle due squadre britanniche nel corso di una determinata azione.

Di conseguenza, possedendo con il nucleo delle cinque - sei corazzate un potenziale offensivo più elevato rispetto a ciascuna delle due squadre nemiche, che continuavano a disporre di quattro navi da battaglia ad Alessandria e di altre tre a Gibilterra, la flotta italiana, operando per linee interne, aveva la possibilità di essere impiegata al completo contro l'uno o l'altro dei complessi nemici, scegliendo le occasioni più favorevoli.

Ciò nonostante, le ragioni per superare il concetto del "Fleet in being", particolarmente desiderato da Mussolini, continuarono a non trovare eccessivo accoglimento negli ambienti di Supermarina, e al pessimismo dell'ammiraglio Cavagnari finì per aggiungersi anche quello del Comando Supremo, come dimostra il contenuto dei molti studi e delle direttive operative e lo scambio della corrispondenza intercorsa tra gli Alti Comandi.

Il 13 settembre ebbe inizio, con notevole ritardo sul previsto, l'avanzata in Egitto dell'Esercito del maresciallo Rodolfo Graziani, che si concluse tre giorni più tardi a Sidi el Barrani, a soli 80 chilometri dal confine della Cirenaica. L'indomani 16, in seguito a esplicita richiesta dell'ammiraglio Cavagnari, il maresciallo Badoglio legittimava la tattica del "Fleet in being" con la lettera n. 2529/Op. S.R.P. dall'argomento: *"Direttive al Capo di Stato Maggiore della Marina"*. In tale documento, considerando che la flotta italiana, disponendo di cinque corazzate, non poteva impegnare vantaggiosamente la battaglia con quella di Alessandria, che disponeva di altrettante corazzate (in realtà erano quattro essendo nel frattempo partita per l'Oceano Indiano la vecchia e vulnerabile *Royal Sovereightn*), oltre a due portaerei, si affermava che esisteva la possibilità di affrontare il rischio di uno scontro balistico soltanto contro il nucleo navale di Gibilterra, costituito da tre corazzate e da una portaerei.[29]

Tuttavia, considerando che fino a quel momento la flotta britannica aveva recato soltanto scarso disturbo alle coste libiche, e che quella italiana aveva assolto i suoi compiti di *"garantire al 100% le comunicazioni con la Libia e l'Albania, permettendo un traffico continuo e indisturbato"*, che era il compito principale assegnatole, Badoglio scrisse:[30]

---

[29] ASMEUS, *Diario Storico del Comando Supremo*, settembre 1940; A. Iachino, *Tramonto di una grande marina*, Milano, Mondadori, 1959, p. 216-219.

30 F. Mattesini e M. Cermelli, *Le direttive tecnico – operative di Supermarina*, vol I, Tomo I, cit., documento n. 63, p. 249-251. La linea di condotta fissata per la Marina italiana prevedeva: garantire le comunicazioni fra l'Italia e la Libia e il continente e l'Albania; intervenire con il grosso della flotta da battaglia qualora le coste metropolitane fossero state minacciate da

Le due forze avversarie, pur essendo quella inglese doppia della nostra (sic), *hanno svolto finora le stesse serie di missioni.*

Esaminando i risultati si deve concludere che la bilancia è più favorevole a noi. Le perdite subite e i danni ricevuti dalle due flotte presso a poco si equivalgono.

Chi avrebbe interesse a modificare tale stato di cose? Evidentemente la Marina più potente, ossia l'inglese.

Noi invece dovremmo augurarci che la situazione attuale nella quale, pur essendo i più deboli, possiamo corrispondere in pieno alle missioni affidate alla Marina, si mantenga sempre in questa forma.

Non vedo quindi alcun motivo per cambiare la linea di condotta finora seguita.

Navigazione di guerra di una torpediniera italiana. I due cannoni prodieri da 100 mm sono tenuti pronti a far fuoco alla massima elevazione di 45 gradi.

Pertanto, specificò il Capo di Stato Maggiore Generale, la flotta italiana poteva ricercare la battaglia soltanto nel caso (come a Punta Stilo), che il nemico avesse cercato di insidiare le coste nazionali. Invece la ricerca della flotta avversaria non rientrava nelle *"possibilità italiane"*, perché, affermò Badoglio, *"siamo più*

---

unità navali nemiche; attaccare il traffico marittimo britannico, mercantile e da guerra, con il naviglio leggero e i sommergibili.

deboli. Se lo effettuerà la marina inglese saremo pronti ad affrontare la sorte. Il concepire una battaglia navale come fine a se stessa è un assurdo. Non vale la pena di discuterci sopra. Conclusione: seguire la via finora percorsa".[31]

Sulla base di queste direttive, che praticamente, come ha scritto l'ammiraglio Romeo Bernotti, erano dettate dall'"*incertez.a sull'entità delle forze avversarie*" unita al "*criterio di non rischiare perdite navali anche quando si disponeva di forze superiori*", il 22 settembre l'ammiraglio Cavagnari elaborava un promemoria dal titolo: "*Considerazioni sulla situazione strategica in relazione alle operazioni in Egitto*".[32] In esso ribadiva che il compito principale della Marina era quello di "*garantire le comunicazioni marittime attraverso il Mediterraneo Centrale*". Pertanto doveva essere scartato il concetto di andare a ricercare un combattimento con la flotta di Alessandria, riservandosi di accettarlo "*soltanto quando l'andamento generale della guerra lo imponga*".[33]

Dovendo assicurare la sicurezza delle rotte della Libia, "*possibilmente soltanto con l'esistenza stessa delle nostre forze navali principali il cui atteggiamento potenziale costituisce già un freno all'iniziativa avversaria*" è necessario, specificò Cavagnari, "*che la nostra flotta prenda sempre il mare con tutte le forze riunite*". Ciò allo scopo di metterle "*in grado di poter cogliere ogni favorevole occasione per impegnarle, secondo i criteri dettati dal Capo di Stato Maggiore Generale*".

Non è chiaro se il passivo concetto operativo concordato tra Cavagnari e Badoglio fosse allora condiviso da Mussolini, ma è probabile che il Duce avesse idee radicalmente opposte, e desiderasse da parte della Regia Marina un'attività più vigorosa, almeno nelle proprie acque. Infatti, quello stesso giorno 22 settembre Badoglio diramò a Supermarina e a Superaereo il telescritto n. 2656/Op., in cui affermava:[34] *Duce mi informa che è prevedibile che inglesi tentino inviare Alessandria navi mercantili attraverso Canale di Sicilia. Prendere tutte le disposizioni per una continua vigilanza detto Canale. E' evidente che nessuna nave deve passare.*

Ricevuto contemporaneamente anche il promemoria di Cavagnari, e dopo averlo esaminato, Badoglio rispose il 28 settembre condividendone la linea operativa. Egli infatti specificò: "*Il compito della R. Marina è stato già da me definito ed è contenuto nelle Direttive al Capo di S. M. della Marina in data 16 settembre 1940 – XVIII*". E aggiunse che alla flotta, per "*il suo stato di inferiorità rispetto alla flotta di Alessandria*", non era permesso per il momento "*di intervenire nel Mediterraneo orientale, ove operava la Marina inglese*".[35]

---

[31] F. Mattesini e M. Cermelli, *Le direttive tecnico – operative di Supermarina*, Volume Primo, Tomo I, cit., documento n. 64, p. 252-255; *Ibidem*; SMAUS, OP. 1, b. 11

[32] R. Bernotti, *Storia della guerra nel Mediterraneo*, Roma, Vito Bianco, 1960, p. 93.
[33] SMAUS, *OP. 1*, b. 11.
[34] *Ibidem*.
[35] AUSMM, *Supermarina – cifra in partenza*, registro 8.

Da queste direttive, di carattere tassativo, né conseguì che nell'estate e nell'autunno del 1940 la flotta italiana continuò ad operare in potenza, consumando un quantitativo enorme di preziosa nafta, e non seppe approfittare di un'occasione favorevole presentatasi alla fine di agosto, per impegnare la Mediterranean Fleet che dirigeva verso Malta con due sole corazzate accompagnate dalla portaerei *Eagle* e dal naviglio di scorta. Lo stesso accadde alla fine di settembre, sebbene Mussolini, con altra direttiva trasmessa il 6 ottobre, avesse confermato che nessuna nave nemica avrebbe dovuto attraversare il Canale di Sicilia.

In entrambe le occasioni le due squadre navali, salpate da Taranto e da Augusta con un complesso di quattro-cinque corazzate e sedici incrociatori, ricevettero da Supermarina l'ordine di non superare nello Ionio la congiungente Malta – Corfù, mentre la Mediterranean Fleet, che non aveva alcuna convenienza ad affrontare un nemico di potenza nettamente superiore, percorse rotte evasive più meridionali.

La portaerei *Eagle* riprese da un suo aereo dopo il decollo.

Un episodio forse ancora più discutibile si verificò ai primi di ottobre nel corso dell'operazione C.V., che era stata lungamente preparata da Supermarina, impegnandovi cinque corazzate e dodici incrociatori e disponendo di agguati di sommergibili in Egeo e a sud di Creta. Il solo sospetto che la Mediterranean Fleet, avvistata in mare al largo di Alessandria, potesse intervenire nell'operazione, che consisteva nello scortare un convoglio di due veloci motonavi, dirette a Rodi con rifornimenti per il Dodecaneso, bastò a preordinare il rientro in porto di tutte le navi.

Era ormai evidente che l'atteggiamento più giusto, anche per incoraggiare il morale degli equipaggi della flotta, fosse quello di non rimanere inerti in potenza, come ebbe a riferire l'ammiraglio Iachino, con promemoria consegnato il 10 ottobre a Taranto al Capo di Stato Maggiore della Marina, subito dopo la conclusione dell'abortita operazione C.V. Il Comandante in Capo della 2ª Squadra suggeriva di attaccare il nemico ogni qual volta fosse uscito in mare, ma l'ammiraglio Cavagnari, attenendosi a quanto era stato stabilito con il Comando Supremo, fece capire che non avrebbe cambiato il proprio concetto operativo di grande prudenza, e pertanto non si ebbe allora *"nessun mutamento nei criteri di impiego delle nostre forze navali"*.[36]

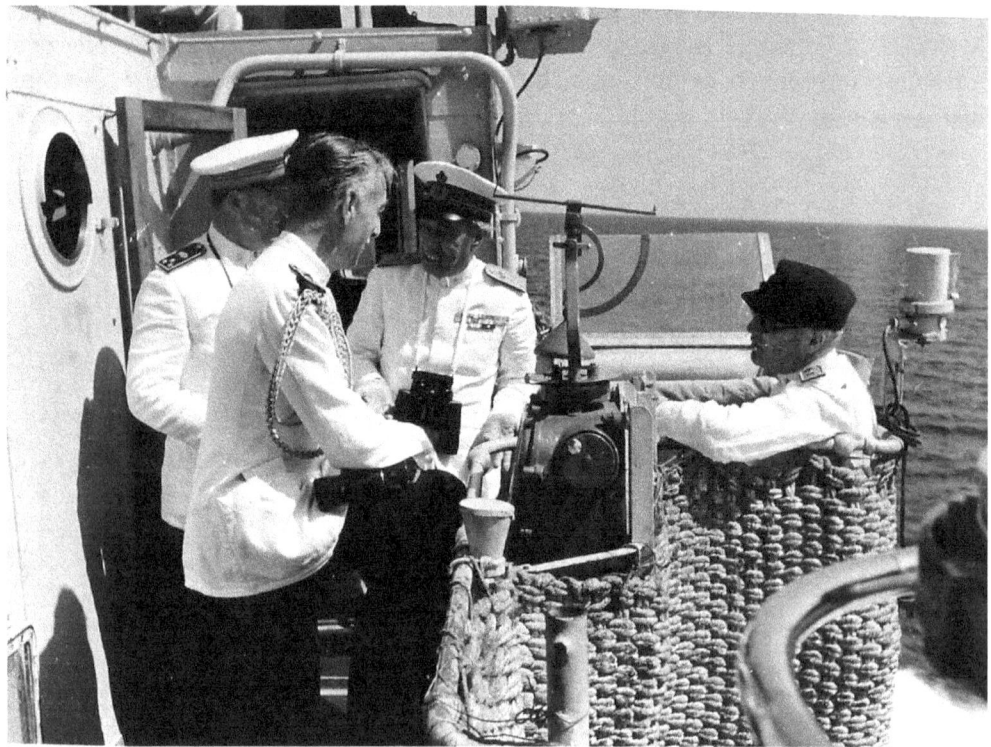

Napoli, estate 1940, L'ammiraglio Iachino (primo da destra), Comandante 2ª Squadra Navale, assiste ad esercitazioni della 15ª Squadriglia Cacciatorpediniere ricostituita dopo lavori delle sue unità, a bordo del *Pigafetta*, presente il comandante della Squadriglia capitano di vascello Carlo Margottini (primo a sinistra), poi deceduto nell'affondamento dell'*Artigliere* l'11 ottobre 1940 e decorato con Medaglia d'Oro alla memoria per l'attacco portato con decisione contro l'incrociatore britannico *Ajax*.

Da questo atteggiamento rinunciatario ne conseguirono i risultati più funesti, perché il naviglio leggero (siluranti e Mas), e la potente armata di sommergibili, ai quali era stato dato il compito primario di menomare la flotta nemica, non riuscirono

---

[36] A. Iachino, *Tramonto di una grande marina*, cit., p. 226-299.

a fare nulla di concreto, riportando per contro perdite elevate. Particolarmente dolorose furono quelle subite dalle siluranti nello scontro di Capo Passero del 12 ottobre 1940, in cui andarono perdute, per opera dell'incrociatore *Ajax*, le torpediniere *Ariel* e *Airone* e il cacciatorpediniere *Artigliere*, che erano andate audacemente all'attacco dell'unità britannica.[37]

Ancora una volta mancò all'appuntamento il grosso della flotta, poiché le navi neppure uscirono dai porti per contrastare la Mediterranean Fleet, il cui compito principale, nell'operazione MB. 5, fu quello di scortare un convoglio a Malta.

Quando poi alla fine di ottobre fu progettato lo sbarco della Divisione dell'Esercito "Bari" sull'isola di Corfù, che avrebbe dovuto realizzarsi il giorno 28, contemporaneamente all'inizio delle operazioni contro la Grecia, l'operazione fu nettamente avversata dall'ammiraglio Cavagnari e dal suo vice ammiraglio Somigli.

Entrambi non approfittarono del momento favorevole per atturla, dapprima, per le giustificate sfavorevoli condizioni del mare che rendevano problematico lo sbarco, e poi, quando la situazione meteorologica migliorò, per evitare un possibile scontro con la Mediterranean Fleet, che risultava in mare con tre corazzate, salpate da Alessandria e segnalate dalla ricognizione aerea italiana nelle acque di Creta.

Riassumendo l'evoluzione della guerra nel Mediterraneo, combattuta tra il giugno e l'ottobre del 1940, appare chiaro che la Regia Marina era venuta a mancare come fattore di forza per contrastare le iniziative della Royal Navy, mentre la Regia Aeronautica non era stata in grado di contribuire a combattere efficacemente le forze navali britanniche.

In questo periodo le lacune di addestramento del personale, riscontrabili soprattutto nei combattimenti notturni, la inefficienza del tiro causato dall'imprecisione dei telemetri e dalla eccessiva dispersione delle salve, la mancanza di navi portaerei, del radar e della nafta, costituirono problemi che soltanto marginalmente avevano condizionato la condotta della flotta. Queste deficienze sarebbero poi sorte tragicamente nel corso dell'anno 1941.

LA POLITICA NAVALE BRITANNICA NEL MEDITERRANEO TRA L'ESTATE E L'AUTUNNO 1940

Mentre da parte italiana la teoria del "Fleet in Being" veniva a fissare una cauta linea di condotta difensiva, a cui doveva attenersi la Regia Marina, per i comandi britannici, a Londra, ogni preoccupazione era stata invece rivolta, fin

---

[37] Nell'azione di sostegno alle unità leggere, che erano state inviate in agguato notturno a levante di Malta, la 3ª Divisione Navale, salpata da Messina con gli incrociatori *Trieste*, *Trento* e *Bolzano*, fu bombardata per errore di riconoscimento da una formazione di dieci S. 79 del 53° Gruppo del 34° Stormo Bombardieri, il cui comandante, tenente colonnello Renato Poli, fu subito esonerato dal Comando. Fortunatamente nessuno degli incrociatori e dei loro cacciatorpediniere di scorta rimase colpito.

dall'agosto del 1940, a trovare il modo più efficace per poter attaccare le linee di comunicazione del nemico e per costringere al combattimento la sua flotta.

La minaccia rappresentata dalla flotta italiana, che inizialmente i britannici avevano considerato un incognita non avendo mai combattuto contro di essa, era stata ridimensionata dopo lo scontro di Punta Stilo, anche se la minaccia delle unità pesanti della Regia Marina non veniva troppo sottovalutata.

Il 9 settembre, subito dopo la conclusione dell'operazione "Hats", che aveva permesso di rinforzare la Mediterranean Fleet con la portaerei *Illustrious* e con la corazzata *Valiant*, l'ammiraglio Cunningham ricevette una lettera dal Primo Ministro, Winstonn Churchill, che fu considerata dal contenuto molto irritante, perché, praticamente, vi si accusava l'ammiraglio di essere *"molto restio nello svolgimento delle operazioni offensive contro la flotta italiana"*.[38]

Il Comandante in Capo della Mediterranean Fleet fece allora notare che le difficoltà maggiori per poter intraprendere con le sue navi una maggiore attività offensiva nel Mediterraneo centrale, risiedevano nella insufficienza della ricognizione aerea. A questa lacuna si aggiungeva la mancanza di un efficiente numero di cacciatorpediniere, che si trovavano inoltre gravati di compiti e piuttosto logorati dall'intenso impiego con la flotta e per la scorta dei convogli verso l'Egeo e nel Mar del Levante. Questa situazione, scrisse Cunningham all'ammiraglio Dudley Pound, Primo Lord del Mare, si verificava in un momento delicato del rafforzamento di Malta, deciso dai Capi di Stato Maggiore britannici, perché ciò avrebbe significato per la sua flotta di scortare verso l'isola due convogli al mese, sviluppando altrettante complesse operazioni, con l'obiettivo di trasportarvi entro l'aprile del 1941 ben 400.000 tonnellate di rifornimenti.

L'ammiraglio Dudley Pound Primo Lord del Mare.

---

[38] A.B. Cunningham, *L'odissea di un marinaio*, cit., p. 106.

In queste condizioni, Cunningham affermò che quello non era quello "*proprio il miglior momento per impegnarsi in battaglia allorché impacciati da un convoglio*", e mostrò grande preoccupazione al pensiero che una delle sue unità maggiori venisse danneggiata; motivo per il quale egli si dichiarò contrario a rischiarle, "*senza un ottimo motivo ... in acque che il nemico poteva aver minato*" con torpedini che potevano essere ancorate fino alla profondità di circa 360 metri.[39]

Subito dopo la conclusione dell'operazione M.B. 6, con la quale, mediante l'appoggio del grosso della Mediterranean Fleet, alla fine di settembre erano stati portati a Malta duemila soldati imbarcati sugli incrociatori *Liverpool* e *Gloucester*, senza che la flotta italiana in mare avesse interferito, Cunningham ricevette una lettera dall'ammiraglio Pound. Con essa il Primo Lord del Mare lo informava che, in seguito alle sue richieste di ricevere rinforzi, prossimamente sarebbero stati inviati ad Alessandria la corazzata *Barham* e quattro cacciatorpediniere.[40]

Quando poi si materializzò l'offensiva Italiana in Egitto, l'importanza di Malta, per insidiare le linee di comunicazione fra l'Italia e la Libia, apparve per la prima volta ben motivata nel dispaccio n. 185 del 2 ottobre 1940, che fu trasmesso dall'Ammiragliato al Comandante in Capo delle Mediterranean Fleet, nella seguente forma:[41]

A. L'intensificazione dell'attacco all'Egitto, eventualmente con l'assistenza della Germania, deve dipendere in larga misura su rifornimenti che via mare giungano in Libia.

B. Ci si rende conto che con la Flotta basata ad Alessandria e con l'eventuale consistenza di tale flotta a livello di esplorazione aerea, è improbabile mantenere nel Mediterraneo Centrala una forza idonea a tagliare permanentemente le linee di comunicazione tra Italia e Libia.

C. I sommergibili in più che stanno per raggiungervi unitamente a quelli che speriamo di mandarvi in futuro possono determinare sospensioni ma non interruzioni permanenti.

D. Potrebbe essere possibile tagliare tali linee di comunicazione se voi aveste quanto segue:

1. Reggere a Malta per consentire il controllo delle linee di comunicazione tra Malta e la Libia.

Ciò richiede non solo ricognizione aerea adeguata per prevenire che tali unità leggere siano colte di sorpresa ma anche sufficienti difese contraeree e aerei da caccia per far mantenere Malta quale base delle unità leggere.

---

[39] *Ibidem*, p. 106 sg.
[40] *Ibidem*, p. 106.
[41] Historical Section Admiralty, *Mediterranean*, cit., p. 113 sg.

2. Ricognizione aerea idonea a prevenire che le unità leggere siano colte di sorpresa quando operanti da Alessandria con l'obiettivo di tagliare le linee italiane di comunicazione verso la parte orientale della Libia.

E. Vi renderete conto che con i molti impegni attuali è impossibile fornire rinforzi sufficienti sia di unità di superficie, sia di aerei e sia di armi contraerei per consentire quanto sopra.

F. Sarebbe tuttavia di grande aiuto se poteste darci una indicazione del minimo, si ripete: minimo, rinforzo che sarebbe richiesto per le seguenti categorie:

(1) Incrociatori.
(2) Cacciatorpediniere.
(3) Aerei da ricognizione a Malta.
(4) Aerei da ricognizione ad Alessandria.
(5) Aerei da caccia a Malta
(6) Armi contraeree a Malta.

G. Ci si rende conto che la risposta finale è di basare a Malta la Flotta da Battaglia, ma ciò richiederebbe per la difesa in grande scala di 112 armi contraerei.

I rinforzi di cui al paragrafo F. sarebbero quelli necessari a tempo indeterminato.

L'ammiraglio Cunningham, rispondendo con il dispaccio n. 705 del 5 ottobre sul minimo rinforzo che avrebbe desiderato, affermò che per fare agire la flotta con relativa sicurezza occorreva, in primo luogo, dare a Malta maggiori possibilità di esercitare la vigilanza, rendendone più efficace il servizio di ricognizione. Questo servizio, svolto fino a quel momento dai grandi idrovolanti Short Sunderland Mk I della RAF (228° e 230° Squadron) e dagli Swordfish dell'aviazione Navale, non solo aveva fallito di avvistare la flotta italiana in mare ma, dall'inizio della guerra, non era riuscito ad avvistare un solo convoglio italiano in rotta per la Libia. Per tale motivo non era stato possibile conoscere le rotte che i convogli stavano percorrendo per raggiungere Tripoli e Bengasi.[42]

A quel momento Malta aveva ricevuto, il 6 settembre con decollo da Portsmouth, sorvolando al Francia, i primi tre ricognitori Glen Martin della 431ª Fligth (matricole AR705 – AR707 – AR712), che però venivano impiegati per tenere sotto controllo i porti italiani, Taranto in particolare. Uno di essi (AR712) andò distrutto a Luqa durante un bombardamento italiano, ma successivamente ne arrivò un altro (AR713). Cunningham propose che quegli aerei venissero rinforzati, per impiegarli anche contro i convogli, e suggerì di concentrare a Malta una forza d'attacco di almeno sedici velivoli veloci e di grande autonomia, possibilmente costituita dai nuovi ed efficaci aerosiluranti Beaufort.

Infine, considerando di dover attaccare con le navi di superficie convogli italiani che potevano essere protetti da divisioni costituite da quattro incrociatori

---

[42] *Ibidem*, p. 114-116.

pesanti con i relativi cacciatorpediniere di scorta, l'ammiraglio Cunningham, allo scopo di poter disporre di una "*forza di scorreria*" in grado di misurarsi con le unità navali italiane, suggerì di posizionare alla Valletta un nucleo navale costituito da quattro grossi incrociatori della classe "Gloucester", da un incrociatore pesante armato con cannoni da 203 mm., e da quattro grossi cacciatorpediniere, possibilmente del tipo "Tribal" o similare. Tutto queste unità dovevano essere trovate al di fuori del Mediterraneo, e ad esse doveva essere concessa a Malta anche un'adeguata protezione contraerea e di velivoli da caccia, arrivando a costituire fino a quattro squadroni per difenderla dagli attacchi dell'aviazione italiana, che poteva essere rinforzata in Sicilia anche da quella tedesca.

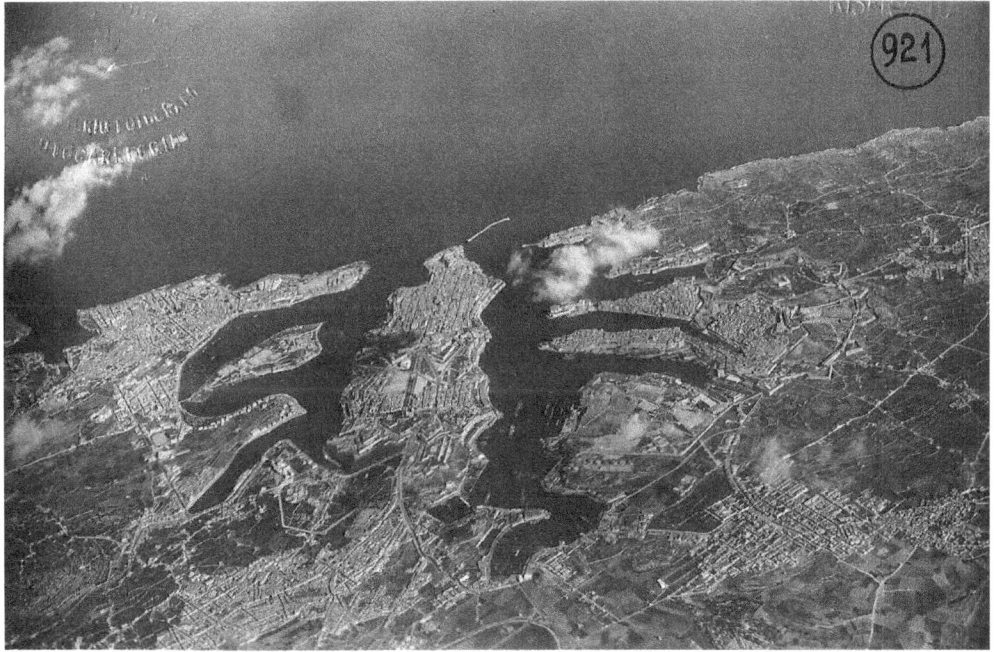

Ripresa aerea del porto della Valletta (Malta) da parte di un velivolo italiano S. 79 del 30° Stormo dell'Aeronautica della Sicilia.

A queste richieste del Comandante in Capo della Mediterranean Fleet, ripetute a Londra con dispaccio delle ore 11.55 dell'8 ottobre, l'Ammiragliato rispose il giorno 24 del mese, con il dispaccio n. 1144, comunicando che avrebbe portato i caccia Hurricane presentati a Malta all'organico di uno squadrone, portato la consistenza dei ricognitori Glen Martin (Maryland) al numero di dodici e, aumentata entro novembre l'assegnazione di armi contraeree.

Per quanto invece riguardava la richiesta di istituire una forza navale di superficie a Malta con le forze minime richieste dall'ammiraglio Cunningham, fu risposto che tutto quello che poteva essere inviato si riduceva a due incrociatori. Essi sarebbero transitati per il Mediterraneo assieme ai rinforzi per la Mediterranean Fleet, costituiti, come detto dalla corazzata *Barham* e da quattro cacciatorpediniere.[43]

Nel complesso si trattava pur sempre di un incremento di forze notevole, che portava a cinque il numero delle corazzate della Mediterranean Fleet, e che manteneva inalterato il numero degli incrociatori, che si era assai ridotto dopo il danneggiamento del *Kent* e del *Liverpool* per opera degli aerosiluranti italiani.[44]

Come vedremo, una volta stabilito che il passaggio dei rinforzi, destinati ad Alessandria, si svolgesse attraverso il Mediterraneo, fu necessario pianificare la grande operazione M.B. 8, nella quale fu inserita l'operazione "Judgment", concernente l'attuazione di un attacco di aerosiluranti contro il porto di Taranto, con l'obiettivo ambizioso, ma purtroppo realizzato, di menomare la flotta italiana.

LE MISURE ITALIANE PER CONTRASTARE UN ATTACCO AEREO CONTRO LA BASE DI TARANTO E LA PIANIFICAZIONE DELL'OPERAZIONE BRITANNICA "JUDGMENT"

La possibilità che la flotta inglese potesse attaccare Taranto, era stata seriamente tenuta in considerazione dal Comandante della prima Squadra Navale, ammiraglio Inigo Campioni, il quale, il 7 ottobre 1940, espose i suoi timori al Comandante di Marina Taranto, ammiraglio Antonio Pasetti, con la lettera n. 0257/S.R.P.

---

[43] *Ibidem*, p. 116 sg. Il 31 ottobre la Mediterranean Fleet comprendeva quattro corazzate, due portaerei, sei incrociatori, due incrociatori leggeri, ventidue cacciatorpediniere e 15 sommergibili. Dalla ricognizione aerea di Malta, il 27 ottobre era stato appurato che la flotta italiana disponeva a Taranto di cinque corazzate, tre incrociatori pesanti, sei incrociatori leggeri e numerosi cacciatorpediniere. Cfr. *Battle Summary n. 10. Operation M.B.8 and F.A.A. Attack on Taranto, November 1940*.

[44] In questo periodo di ottobre, l'ammiraglio Cunningham ebbe l'impressione che la sua situazione nei riguardi delle navi principali, fosse, in paragone a quella degli italiani, buona, disponendo nel Mediterraneo orientale quattro corazzate e due portaerei contro sei navi da battaglia della flotta nemica. Invece, per quanto riguardava gli incrociatori, il vantaggio del numero e di potenzialità era dalla parte italiana, che possedevano nel Mediterraneo centro-orientale sette incrociatori pesanti e undici leggeri, contro un incrociatore pesante e cinque leggeri da parte britannica. A queste forze si aggiungevano, a Gibilterra, soltanto un incrociatore da battaglia e circa dieci cacciatorpediniere, poiché il resto della Forza H era stato distaccato per svolgere operazioni in Atlantico, contro le navi di superficie germaniche che vi stavano svolgendo la guerra di corsa. Ne conseguiva, secondo Cunningham, che il bacino occidentale del Mediterraneo conteneva forze navali insufficienti per costituire una minaccia alle comunicazioni marittime italiane, e che invece stessero aumentando le possibilità per arrivare ad uno scontro navale nel Mediterraneo centrale o orientale. Fu con tale obiettivo, di ricercare un combattimento con la flotta italiana, e nello stesso tempo per scortare un convoglio a Malta, che Cunningham era uscito in mare l'8 ottobre, iniziando l'operazione M.B. 6. Essa portò allo scontro notturno del giorno 12, a sud di Capo Spartivento, in cui l'incrociatore *Ajax* affondò le torpediniere *Ariel* e *Airone* e il cacciatorpediniere *Artigliere*, che con altre quattro siluranti erano state dislocate davanti alla rotta nemica, da Supermarina, che invece mantenne in porto il grosso della flotta.

Taranto 4 novembre 1940. Sopra, il Capo del Governo Benito Mussolini sale a bordo della Littorio per una visita alla Squadra Navale. Sotto, il Duce passa in rassegna gli ufficiali e i marinai della corazzata.

Il motoscafo del Duce defila lungo la *Littorio* con l'equipaggio schierato.

Con essa, sostenendo che le forze navali della flotta inglese di Alessandria Mediterranean Fleat, comprendenti sempre una nave portaerei, si portavano e si mantenevano spesso con *"una certa frequenza"*, nella zona immediatamente a ponente di Cerico e di Creta, sia per copertura del traffico fra l'Egeo e il Mediterraneo orientale sia per eventuale sostegno o protezione di forze o piroscafi sulle rotte Malta-Mediterraneo orientale, l'ammiraglio Campioni arrivava alle seguenti profetiche conclusioni:[45]

a) – la lunghezza delle notti consente già, (e ancor più lo consentirà in seguito) alla nave portaerei, accompagnata da incrociatori e sostenuta a distanza da corazzate, di spingersi nelle ore notturne dalla zona a ponente di Matapan – Cerigo – Candia ad un punto distante un centinaio di miglia da Taranto dal quale gli aerei possono partire in modo da giungere su Taranto alle prime luci dell'alba;

b) – la presenza della nave portaerei ILLUSTRIOUS può consentire al nemico l'impiego di un numero di aerei siluranti e bombardieri molto maggiori di prima (quando disponeva solo dell'EAGLE): conseguentemente l'offesa può avere un carattere di massa che, se accompagnato dalla sorpresa, può portare a risultati molto importanti.

Per evitare di farsi sorprendere da un attacco aereo del nemico diretto contro le forze navali all'ormeggio nel porto di Taranto, eventualità che doveva *"essere considerata con la maggiore attenzione"*, il Comandante Superiore in Mare della flotta italiana chiedeva all'ammiraglio Pasetti di adottare *"provvedimenti particolari intesi a meglio assicurare un tempestivo allarme ed ha garantire un immediata entrata in azione di tutti i mezzi di difesa"* della base.

Ciò avrebbe dovuto comportare, ogni qualvolta fosse stata segnalata a sud del Peloponneso la presenza di navi nemiche, comprendenti una portaerei, di incrementare il servizio di ricognizione e di vigilanza della base, da sviluppare tenendo in volo i velivoli da caccia alle prime luci dell'alba, mentre le unità della flotta avrebbero, contemporaneamente, tenute pronte all'impiego tutte le armi contraeree.

L'ammiraglio Pasetti rispose, con lettera n. 1927/S.R.P. del 9 ottobre, che la situazione prospettatagli era per lui perfettamente *"nota nei suoi termini e sempre stata considerata con la massima attenzione"*. Conseguentemente, i provvedimenti di allarme enunciati in presenza di movimenti di navi nemiche comprendenti navi portaerei, erano sempre stati adottati con la massima tempestività e di comune accordo con il Comando della flotta, sia per ordini diretti ricevuti dall'organo operativo dell'Alto Comando Navale (Supermarina), sia per iniziativa del suo stesso Comando in Capo del Dipartimento Marittimo dello Ionio e del Basso Adriatico.[46]

---

[45] AUSMM, *Supermarina - Ordini di operazione e disposizioni 1939-40*, b. 1.
[46] *Ibidem*.

In questo stato di eccessiva fiducia dell'ammiraglio Pasetti, che il 13 ottobre portò a conoscenza del Comando della 2ª Squadra Aerea un *"Estratto delle norme per il concorso delle unità navali alla difesa contraerea della Piazza di Taranto"*, si svolsero gli eventi che avrebbero condotto al disastro di Taranto.

***

Il 22 ottobre 1940 il maresciallo Badoglio, inviò una lettera al Governatore del possedimento dell'Egeo, generale Cesare De Vecchi di Val Cismon, in cui era detto: [47]

Caro De Vecchi, il 28 ha inizio la spedizione punitiva contro la Grecia. Questi greci avranno il trattamento che si sono meritati. Certamente ci sarà una reazione della flotta e della aviazione inglese. Ben vengano - siamo pronti a riceverli.

Il Capo di Stato Maggiore Generale delle Regie Forze Armate non sarebbe stato tanto ottimista, e arrogante, se avesse saputo che i britannici si stavano preparando a menomare la flotta italiana – che era stata concentrata nel porto di Taranto, proprio per appoggiare l'inizio delle operazioni contro la Grecia - madiante un attacco con aereosiluranti.

I primi studi disposti dal Comando della Mediterranean Fleet per un attacco contro Taranto risalivano all'anno 1935, durante lo stato di tensione politica conseguente alle operazioni italiane contro l'Etiopia. Successivamente, nel settembre del 1938, quando Adolf Hitler invase la Cecoslovacchia (crisi dei Sudeti), l'ammiraglio Dudley P.R. Pound, allora Comandante della Flotta del Mediterraneo, aveva invitato il capitano di vascello Lumley Lyster, comandante della portaerei *Glorious*, a preparare un piano per un eventuale attacco contro la flotta italiana nel porto di Taranto. Lo studio realizzato dall'ufficiale britannico, che conosceva molto bene quella base italiana essendovi stato nel corso della prima guerra mondiale, portò a concludere che il successo poteva essere conseguito soltanto alle condizioni seguenti:[48]

---

[47] E. Canevari, *La guerra italiana. Retroscena della disfatta*, vol. II, Roma, Tosi, 1949, p. 216.

[48] Per i dettagli del piano britannico sono state consultate le seguenti fonti prinpali: Historical Section Admiralty, *Mediterranean*, vol. II, Londra, 1952; Relazione dell'ammiraglio A.B. Cunningham, "Fleet Air Arm operations against Taranto on 11th November 1940", in *Supplement to the London Gazette* del 22 luglio 1947; B.B Schofield, *La notte di Taranto*, Milano, Mursia, 1973; J. Gravrand, "Le combat de Tarante", in *Revue Maritime*, novembre 1951; D. Newton e A. C. Hampshire, *Taranto*, Londra, William Kimber, 1959; A.J. Smithers, *Taranto 1940 – A Glorious Episode*, Londra, Leo Cooper, 1995.

1) Attuare la sorpresa tattica, con attacco notturno di aerei decollati da una nave portaerei, aventi un'autonomia di almeno 150 miglia, per poter essere lanciati ad una distanza di 200 miglia da Taranto, e disponendo di equipaggi perfettamente allenati al volo nell'oscurità.

2) Attuare la sorpresa tecnica, impiegando le armi più efficaci in particolare i siluri, di notte molto più precisi delle bombe.

3) Possedere una visibilità notturna sufficientemente chiara per realizzare l'attacco, che pertanto doveva essere effettuato in una notte lunare, perchè l'esame delle esercitazioni portava a concludere che azioni notturne erano atte a consegure maggiori successi con perdite minime rispetto a quelle diurne.

Per attuare la forma di attacco presentato dal capitano di vascello Lyster occorreva:

4) Che la flotta italiana fosse ancorata nel Mar Grande, per avere spazio di manovra che permettesse agli aerei l'attacco col siluro.

5) Che fosse conosciuta l'esatta posizione di ormeggio delle navi e delle ostruzioni retali.

6) Che la data dell'attacco fosse fissata in funzione del calendario lunare.

Questo piano suscitò allora una certa perplessità nell'ammiraglio Pound, perché, oltre ai rischi da affrontare nel dover attaccare una potente flotta nemica in un ancoraggio ben difeso, l'efficacia del mezzo aereo, quale arma strategica efficace non era stata ancora dimostrata. Quando all'inizio del settembre 1940, Lyster, promosso nel frattempo contrammiraglio, issò la sua insegna di Comandante delle portaerei britanniche del Mediterraneo sulla *Illustrious*, era a conoscenza che le corazzate della flotta italiana si trovavano concentrate a Taranto. Egli, pertanto rispolverò il suo progetto del 1938 e lo presentò all' ammiraglio Cunningham scrivendo:[49]

Gli italiani non appaiono decisi ad avventurarsi fuori del Golfo di Taranto e, dal momento che non è facile indurli a farlo, sono dell'avviso di effettuare un attacco aereo sul porto.

Il Comandante in Capo della Mediterranean Fleet, volendo migliorare la propria situazione strategica, compromessa dall'entrata in servizio delle due poderose corazzate italiane, *Littorio* e *Vittorio Veneto*, approvò il progetto, e le condizioni necessarie per conseguire il successo delle operazioni si realizzavano, poco a poco, con un'accorta programmazione.

---

[49] J. Gravand, "Le combat de Tarante", *Revue Maritime*, novembre 1951; p. 1409.

Febbraio 1943 a Scapa Flow. Al centro il Re d'Inghilterra George VI, che ha alla sua sinistra il Comandante della Home Flett, ammiraglio John Tovey e alla sua destra il vice ammiraglio Lumley Lyster, che nel novembre 1940 era il Comandante delle portaerei del Mediterraneo e ideatore e realizzatore dell'attacco a Taranto.

Potendo disporre ad Alessandria delle due portaerei *Illustrious* e *Eagle* era presente un sufficiente numero di velivoli Swordfish, capaci, grazie all'istallazione di serbatoi supplementari, di portare un siluro fino ad una distanza di 200 miglia dal loro punto di partenza.

L'abilitazione degli equipaggi alla navigazione e alla manovra notturna, forgiata da un notevole addestramento svolto nell'oscurità, fu giudicata sufficiente alla meta di ottobre. La maggior parte dei piloti e degli osservatori che nel 1938 avevano partecipato agli studi dell'operazione, erano ora imbarcati sull'*Illustrious*, che aveva portato dalla Gran Bretagna i nuovi siluri Mark XII. La potenza distruttiva di quest'arma, dal diametro di 450 mm, che era in grado di causare notevoli danni anche a navi fortemente protette come le corazzate, era stata resa più letale dall'adozione dell'acciarino "Duplex", Esso agiva sia per funzionamento a percussione, urtando il bersaglio, sia esplodendo magneticamente, passando sotto lo scafo dell'unità attaccata, determinando con ciò danni ancora maggiori alla carena.

Il siluro era quindi in grado di esplodere anche a notevole profondità, dopo essere passato sotto le reti parasiluri italiane a quell'epoca regolate a meno di 10 metri. Occorreva tuttavia che la quota di lancio dell'ordigno fosse la minima possibile perché i fondali del porto esterno di Taranto (Mar Grande) erano di appena 11 metri. Immergendosi a quella quota prima di mettersi in moto il siluro sarebbe esploso toccando il fondo.

Allo scopo di rendere i bersagli dell'attacco ancora più visibili di quanto fosse possibile ottenere con il vantaggio lunare, fu deciso di creare un'illuminazione artificiale per mezzo di bengala al magnesio.

Occorreva poi svolgere un efficace servizio di ricognizione, per il quale i lenti e troppo pesanti idrovolanti Sunderland, disponibili a Malta dall'inizio della guerra, non erano adatti a raggiungere il cielo di Taranto che era continuamente sorvegliato da aerei da caccia italiani. Questo *handicap* fu risolto, come detto, con l'arrivo a Malta, alla metà di settembre, dei primi tre veloci ricognitori Maryland di costruzione statunitense Glenn Martin, della 431ª Flight (squadriglia) al comando del capitano australiano E.A. Whitley, a cui se ne aggiunse un altro il 9 novembre, che sostituì uno degli altri velivoli andato distrutto a Luqa in un bombardamento italiano.

Con questi velivoli, che furono posti al comando del capitano dei Royal Marines K.L. Ford, fu possibile svolgere un ottimo servizio fotografico dell'ancoraggio di Taranto, in modo da rilevare la presenza di sbarramenti di palloni, fino a quel momento ritenuti dal Comando della Mediterranean Fleet inesistenti, e di localizzare perfettamente la posizione degli sbarramenti retali intorno alle navi da battaglia, la cui posizione venne tenuta d'occhio quasi giornalmente.

Il momento più favorevole per l'attacco, in base al chiarore lunare, cadeva nelle notti del 20 ottobre e del 18 novembre. L'operazione, denominata in codice "Judgment" – e cui dovevano prendere parte entrambe le portaerei della Mediterranean Fleet, la *Illustrious* e la *Eagle*, in modo da poter disporre di un complesso di 30 velivoli – fu fissata per la notte del 21 ottobre. Questa data per curiosa coincidenza, era quella del 135° anniversario della battaglia di Trafalgar, combattuta vittoriosamente dall'ammiraglio Horatio Nelson contro la flotta franco-spagnola, che era stata completamente distrutta. Su questa scelta furono avanzate anche alcune riserve e qualche critica, perché l'anniversario era troppo conosciuto. Esso avrebbe potuto rendere più sospettosi gli italiani, inducendoli ad aumentare i servizi di vigilanza e ad adottare opportune precauzioni.

Tuttavia, a causa di un incendio scoppiato qualche giorno prima che la flotta prendesse in mare in un'aviorimessa dell'*Illustrious* durante l'applicazione agli Swordfish dei serbatoi supplementari – incendio determinato dalla caduta di un marinaio, il cui cacciavite urtando il ponte metallico e causando una scintilla aveva causato un'esplosione in un ambiente saturo di vapori di benzina avio - due velivoli andarono distrutti e altri cinque rimasero danneggiati nell'opera di spengimento delle fiamme effettuato con l'acqua salata.

Il capitano di vascello Denis William Boyd, comandante della *Illustrious* propose di spostare la data dell'attacco al 30 ottobre, approfittando di un'operazione della Mediterranean Fleet sulle coste occidentali della Grecia, determinata dall'inizio dell'ostilità dell'Italia sul fronte dell'Epiro, e per proteggere, da un eventuale intervento della flotta italiana, l'insediamento britannico a Creta, il cui scopo era quello di ottenere il controllo dell'importantissimo ancoraggio della Baia di Suda. Ma la proposta fu scartata perché l'attacco sarebbe coinciso con un periodo di luna fortemente favorevole, ciò che avrebbe costretto gli Swordfish ad effettuarlo alla sola luce dei bengala, nell'uso dei quali i loro equipaggi avevano fatto poca pratica.

Il contrammiraglio Denis Boyd, quando all'Ammiragliato era il 5° Lord del Mare. Con il grado di capitano di vascello nell'operazione Judgment era il comandante della portaerei *Illustrious*.

Non potendo attendere il periodo lunare del 18 novembre, in cui le condizioni di luce potevano essere perfette - naturalmente se agevolate dal tempo buono - perché nel frattempo la Mediterranean Fleet doveva partecipare a una complessa operazione, denominata MB. 8 ("Mike Bravo Eight"), e cui doveva prendere parte, nel Mediterraneo occidentale, anche la Forza H di Gibilterra, fu stabilito di attaccare nella notte dell'11 novembre. Si trattava della data di un altro anniversario importante, quello che ventidue anni prima aveva posto termine alla prima guerra mondiale.

Due giorni prima che la flotta prendesse il mare per l'operazione MB. 8, la *Eagle*, vecchia nave di ventidue anni, dalle macchine alquanto cimentate, accusò gravi disturbi al sistema di rifornimento della nafta con perdite dai depositi che risentivano dei danni causati dallo scoppio di molte bombe cadute in prossimità dello scafo, nel corso dei frequenti attacchi a cui quella portaerei era stata oggetto da parte degli aerei italiani. In particolare durante la battaglia di Punta Stilo del 9 luglio 1940, e poi nel bombardamento del 12 ottobre da parte degli S. 79 del 30° Stormo Bombardieri.[50] Conseguentemente, resosi necessario di mandare la *Eagle* in bacino, per effettuare le riparazioni, la nave restò in porto ad Alessandria.

Tuttavia, sei dei suoi Swordfish e otto equipaggi degli squadron 813° e 824°, che avevano raggiunto un alto grado di efficienza, furono imbarcati sulla *Illustrious*. Questa nave, pertanto, fu in grado di costituire un nucleo d'attacco di ventiquattro velivoli, ognuno dei quali dotato di un serbatoio supplementare di 270 litri di benzina, per fare posto al quale fu necessario sbarcare il terzo membro dell'equipaggio, il mitragliere.[51]

La portaerei britannica *Illustrious* in navigazione di guerra.

Con il passaggio di aerei dei suoi squadroni sulla *Illustrious*, la *Eagle* poté in qualche misura, essere rappresentata nell'attuazione dell'operazione "Judgment".

---

[50] E. Canevari, *La guerra italiana, Retroscena della disfatta*, vol. II, cit., p. 216.

[51] La dotazione di velivoli della portaerei Illustrious era la seguente: 15 caccia Fulmar dell'806° Squadron, 9 Swordfish dell'815°, 9 Swordfish dell'819°, 4 Swordfish e 2 caccia Sea Gladiator dell'813° Squadron e 2 Swordfish dell'824°. Gli 8 velivoli degli Squadron 813° e 824°, 6 aerosiluranti e 2 caccia, furono distaccati sull'*Illustrious* dalla portaerei *Eagle*.

Tuttavia il gruppo d'attacco di ventiquattro Swordfish non poté essere mantenuto, perché a causa della benzina inquinata imbarcata dalla cisterna *Tonoline*, tre velivoli, adibiti a pattugliamenti antisom, precipitarono per incidenti nei giorni precedenti l'avvicinamento a Taranto, riducendo con ciò a ventuno gli aerei disponibili per l'azione.

Occorre dire che il ritardo verificatosi nella data di attacco finì per costituire un grosso vantaggio per i britannici, poiché, come vedremo, soltanto negli ultimi giorni di ottobre i ricognitori Maryland della 431ª Flight furono in grado di scattare fotografie particolarmente buone del porto di Taranto. Esse mostrarono agli esperti due file di palloni di sbarramento in quota, la cui esistenza non era conosciuta, e l'esatta posizione delle reti parasiluri intorno alle corazzate e agli incrociatori ormeggiati nel Mar Grande.

L'ordine di operazione del contrammiraglio Lyster del 28 ottobre 1940 - poi modificato, a causa dei molteplici contrattempi, il 6 novembre – si presentava come segue.

Gli aerosiluranti dovevano attaccare le corazzate italiane, alla fonda nei posti di ormeggio A. B. C. F. del Mar Grande, per poi lanciare ad una distanza la più ridotta possibile, agendo alla luce dei bengala sganciati da altri velivoli, e in coordinamento con alcuni Swordfish che dovevano bombardare le navi nel Mar Piccolo, al duplice scopo di causare danni, e di attirare verso l'alto l'attenzione dei proiettori e delle armi contraeree della difesa.

Poiché gli sbarramenti di palloni riducevano le possibilità d'attacco degli aerosiluranti attraverso i due soli passaggi liberi, quello della Diga della Tarantola, e, quello che, più a nord, si trova davanti al porto commerciale di Taranto, fu ritenuto dannoso attaccare con più di sei - otto velivoli alla volta, venne pertanto deciso di ripartire i ventiquattro Swordfish in due gruppi di dodici, che sarebbero decollati dalla *Illustrious* a un intervallo di un'ora l'uno dall'altro. Ciascun gruppo doveva essere composto da sei velivoli armati con siluri, quattro con sei bombe, e due con bengala e quattro bombe.

Ogni equipaggio aveva ricevuto un determinato obiettivo. I dodici aerosiluranti dovevano decollare di notte, a 200 miglia da Taranto (primo decollo alle ore 21.00), e navigare di conserva attraverso il centro del Golfo di Taranto, per poi raggiungere l'obiettivo e quindi effettuare l'attacco alla luce degli artifizi illuminanti lanciati dai quattro velivoli bengalieri nella zona sud-est del porto. Gli altri otto Swordfish, armati con le bombe, avvicinandosi da nord-ovest, avrebbero attaccato, in leggera picchiata, le navi assegnate presenti nel Mar Piccolo, per distrarre l'attenzione della difesa dagli aerosiluranti, entrati nel Mar Grande attraverso le due entrate centrale e settentrionale.

Non appena conclusa la missione, gli aerei avrebbero diretto per rientrare sulla portaerei, rimasta in attesa nel punto Y, fissato sulla carta a 200 miglia da Taranto.

Era stato esclusa la possibilità che le corazzate italiane avrebbero potuto attaccare le navi britanniche nel corso della notte; ragion per cui fu deciso che la *Illustrious*, accompagnata da quattro incrociatori e da quattro cacciatorpediniere, si sarebbe spinta nello Ionio, fino a portarsi sul punto A, fissato a ovest, sudovest di Cefalonia, per poi iniziare il decollo della prima ondata d'attacco alle ore 21.00, mentre le navi da battaglia della Meditarranean Fleet sarebbero rimaste in attesa a 100 miglia di distanza verso sud.

Nel caso si fosse verificata per la portaerei una minaccia di navi di superficie, sotto forma d'incrociatori e siluranti italiane, essa sarebbe stata fronteggiata dai quattro incrociatori e da due cacciatorpediniere della scorta, mentre la *Illustrious* si sarebbe allontanata protetta dagli altri due cacciatorpediniere.

Come vedremo, all'ultimo momento queste misure furono ritenute eccessive, tanta era la certezza dei britannici che le navi italiane non sarebbero intervenute. Fu allora deciso di ridurre la distanza di lancio degli aerei di 30 miglia, portandola sul punto X – situato 40 miglia ad ovest di Punta Kuppo, il promontorio più occidentale dell'isola di Cefalonia, e a 170 miglia da Taranto – e anticipando il decollo della prima ondata d'attacco alle ore 20.00 dell'11 novembre. Quindi la squadra dell'*Illustrious* si sarebbe trovata per le ore 01.00 del 12 sul punto Y (20 miglia ad ovest di Cefalonia), e avrebbe atteso il rientro degli aerei, per poi raggiungere le corazzate della Mediterranean Fleet alla velocità di 18 nodi. Nel contempo la ricognizione di Malta avrebbe dovuto continuare a fornire tutte quelle informazioni ritenute essenziali per il successo dell'operazione "Judgment", proseguendo le ricognizioni fotografiche su Taranto con i Maryland della 431ª Flight, e la vicinanza in Mar Ionio per tutta la giornata dell'11: in particolare nel Golfo di Taranto, nel Canale d'Otranto e nello Stretto di Messina.

Infine, in conformità con l'attacco, fu deciso che un idrovolante Sunderland del 228° Squadron della Royal Air Force di Malta sarebbe stato in crociera nel Golfo di Taranto fino alle ore 22.30 dell'11, per fornire l'assicurazione che la flotta italiana non potesse uscire dal porto inosservata. Per lo stesso scopo il sommergibile *Regent*, (capitano di corvetta Hugh Christopher Browne), salpato da Malta il 6 novembre, fu dislocato 50 miglia a sud di Taranto, nella zona prossima a Capo Colonne, per poi restarvi di vigilanza tra i giorni 8 e 12.

Nella pianificazione dell'operazione MB. 8 era stato previsto che la Mediterranean Fleet svolgesse l'operazione "Judgment" dopo aver appoggiato il passaggio di due convogli destinati in Grecia (AN.6) e a Malta (MW.3), e dopo aver prelevato, proveniente dalla Valletta, un altro convoglio diretto in Egitto (ME.3). Quindi la flotta, che sarebbe stata costituita dalle quattro corazzate *Warspite*, *Valiant*, *Malaja* e *Ramillies*, dalla portaerei *Ilustrious*, da sei incrociatori e da diciannove cacciatorpediniere, doveva raggiungere il Canale di Sicilia per poi ricongiungersi, a sud-est di Pantelleria, con un gruppo navale proveniente da Gibilterra e destinato a rinforzare la Mediterranean Fleet.

Dirigendo poi con rotta levante, l'intera flotta britannica avrebbe raggiunto nello Ionio la posizione adatta per sferrare l'attacco aereo contro Taranto, e per realizzare con un gruppo navale leggero, costituito da incrociatori e cacciatorpediniere, una puntata offensiva nel Canale d'Otranto, per attaccare la navigazione tra l'Italia e l'Albania.

Quanto al gruppo dei rinforzi proveniente da Gibilterra, denominato Forza F e comprendente la corazzata *Barham*, gli incrociatori *Berwick* e *Glasgow* e tre cacciatorpediniere, fu deciso di farlo accompagnare fino all'estremità occidentale del Canale di Sicilia dalla Forza H del vice ammiraglio James F. Somerville e da otto cacciatorpediniere. Di questi ultimi tre dovevano essere distaccati per rinforzare la scorta della Forza F nel transito del Canale di Sicilia, per poi rientrare a Gibilterra dopo essersi riforniti alla Valletta. Tutto questo movimento navale, integrato nel piano MB. 8, fu chiamato operazione "Coat".[52]

Vediamo ora quali erano i dettagli dell'operazione MB. 8, che si svolse tre il 4 e il 14 novembre e delle operazioni ad esse connesse.

1. Passaggio dall'Egitto in Egeo del convoglio AN. 6, costituito da tre navi mercantili (piroscafo *Adinda*, e petroliere *Pass of Balmaha British Sergeant*) cariche di benzina e materiali vari destinati all'Esercito greco.

2. Passaggio dall'Egitto a Malta, con transito a nord dell'Isola di Creta, del convoglio MW. 3 costituito da sette navi mercantili, cinque delle quali (piroscafi *Devis*, *Rodi*, *Volo*, *Waiwera*, e la petroliera militare *Plunleaf*) destinate a raggiungere La Valletta, e le altre due (il piroscafo *Brisbane Star* e la petroliera di squadra *Brambleleaf*), trasportanti otto cannoni contraerei, benzina e nafta destinati ai reparti dell'Esercito Britannico dislocati nella Baia di Suda. Al Comando del 201° Gruppo della RAF era richiesto di svolgere il servizio di ricognizione a lungo raggio, sulle rotte dei convogli per Malta e il Pireo, nonché nello Ionio.

3. Operazione "Coat", concernente il passaggio da Gibilterra ad Alessandria della Forza F, costituita dalla corazzata *Barham*, dagli incrociatori *Berwick* e *Glasgow* e dai tre cacciatorpediniere *Griffin*, *Greyhound*, *Gallant*. Queste unità dovevano rinforzare la Mediterranean Fleet, e frattanto di trasportare un battaglione di fanteria, cinque batterie d'artiglieria, di cui due contraeree, ed equipaggiamenti da sbarcare a Malta con scalo intermedio durante la rotta. Nella sua navigazione fino a Malta alla scorta della Forza F dovevano partecipare i cacciatorpediniere della Forza H *Faulknor*, *Fortune* e *Fury*, per poi rifornirsi alla Valletta e rientrare a Gibilterra.

4. Operazioni "Coat" e "Crack" : La "Coat" riguardava l'impiego della Forza H da Gibilterra fino al Canale di Sicilia e ritorno a Gibilterra, dopo aver appoggiato il transito della Forza F nel Mediterraneo occidentale. La "Crack" concerneva l'attuazione di attacchi contro l'aeroporto di Cagliari Elmas, da sviluppare nel corso dell'operazione "Coat", con i velivoli della nave portaerei *Ark Royal*, che era

---

[52] Historical Section Admiralty, *Mediterranean*, vol II, cit. p. 10.

scortata dall'incrociatore *Sheffield* e dai cinque cacciatorpediniere *Duncan, Isis, Foxhound, Forester, Firedrake,*

5. Passaggio da Malta in Egitto del convoglio "ME. 3", costituito dai quattro piroscafi veloci in zavorra, *Clan Ferguson, Clan Macaulay, Lanarkshire, Mennon*, e trasferimento da Malta alla Baia di Suda, del monitore *Terror* e del cacciatorpediniere *Vendetta*.

6. Passaggio dall'Egeo in Egitto del convoglio lento "AS. 5", costituito dai sette piroscafi *Mandalay, British Sergeant, Adinda, Hannah, Moller, Odysseus* e *Pass of Balmaha*, scortati da una cannoniera turca.

7. Passaggio degli incrociatori *Ajax* e *Sydney* da Porto Said alla Baia di Suda, trasportando il Comando della 14ª Brigata di fanteria, due batterie controaeree e alcuni reparti di truppa, per poi raggiungere la Mediterranean Fleet impegnata nell'operazione "Coat".

8. Passaggio da Porto Said al Pireo, con scalo intermedio nella Baia di Suda, dell'incrociatore *Orion*, trasportante rifornimenti e personale della Royal Air Force, per poi raggiungere la Mediterranean Fleet che, dopo il ricongiungimento con la Forza F, proveniente da Gibilterra, sarebbe stata impegnata nell'operazione "Judgment", l'attacco contro Taranto.

9. Operazione "Coat" e "Judgment": Impiego della Forza A della Mediterranean Fleet, salpata da Alessandria per scortare a Malta il convoglio MW. 3, e attacco a Taranto dopo il ricongiungimento alla Forza F, proveniente dal Canale di Sicilia, a sud dell'isola maltese di Gozo. La Forza A, il grosso della flotta, comprendeva le tre corazzate *Warspite, Malaya, Valiant*, la portaerei *Illustrious*, gli incrociatori *Gloucester* e *York* e tredici cacciatorpediniere.

10. Crociera offensiva nel Canale d'Otranto di un reparto della Mediterranean Fleet, denominato Forza X, costituito dagli incrociatori *Orion, Ajax, Sydney* e da due cacciatorpediniere, per attaccare le rotte italiane con l'Albania contemporaneamente allo svolgimento dell'operazione "Judgement" ("Giudizio Universale").

Complessivamente, partecipavano all'operazione MB. 8 cinque corazzate, due portaerei, dieci incrociatori, trenta cacciatorpediniere, un monitore e diverse unità ausiliarie e mercantili. Per una migliore comprensione delle forze navali in campo, la loro ripartizione organica era la seguente:[53]

---

[53] *Battle Summary n. 10. Operation M.B.8 and F.A.A. Attack on Taranto, November 1940.*

L'incrociatore *Sheffield* che scortava la portaerei *Ark Royal* nell'operazione Coat.

Forza A – corazzate *Warspite* (ammiraglio Cunningham, Comandante in Capo), *Malaya* (contrammiraglio Rawlings), *Valiant*; portaerei *Illustrious* (contrammiraglio Lyster); 3ª Divisione Incrociatori, *Gloucester* (contrammiraglio Renouf), *York*, cacciatorpediniere *Hyperion, Havock, Hero, Hereward, Hasty, Ilex,* (2ª Flottiglia), *Decoy, Defender* (20ª Divisione), *Nubian, Mohawk, Janus, Juno, Jervis* (14ª Flottiglia).

Forza B – incrociatori *Ajax, Sydney, Ajax.*

Forza C – incrociatore *Orion* (vice ammiraglio Pridham-Wippell).

Forza D – corazzata *Ramillies*; incrociatori contraerei *Calcutta, Coventry*; cacciatorpediniere *Vampire, Voyager, Waterhen* (10ª Flottiglia), *Dainty, Diamond, Wryneck*, trawler *Kingston Coral, Sindonis*; dragamine *Abingdon*.

Forza F – corazzata *Barham*; incrociatori *Berwick, Glasgow*; cacciatorpediniere *Griffin, Greyhound, Gallant, Faulknor, Fortune* e *Fury*.

Forza H – portaerei *Ark Royal* (viceammiraglio James Somerville); incrociatore *Sheffield*; cacciatorpediniere *Duncan, Isis, Foxhound, Forester, Firedrake*.

All'ancora, i cacciatorpediniere **Isis** e **Duncan** della Forza H.

LO SVOLGIMENTO DELLE OPERAZIONI BRITANNICHE "M.B. 8" E "COAT" DAL 4 ALL'8 NOVEMBRE 1940

Il vasto e complesso movimento navale dell'operazione MB. 8 ebbe regolarmente inizio il 4 novembre 1940, con la partenza da Porto Said delle tre navi mercantili del convoglio AN.6, che passando per il Canale di Caso tra Creta e Rodi alla velocità di 8 nodi ½, entrarono in Egeo, per poi raggiungere, con la loro scorta, il Pireo il giorno 7, dove arrivo, con un carico di rifornimenti e personale della RAF, anche l'incrociatore *Orion* del vice ammiraglio Henry Prudham-Wippell, Comandante in seconda della Mediterranean Fleet e Comandante delle Forze leggere.. Il 5 novembre erano partite da Alessandria, le sette navi mercantili del convoglio MW.3, che essendo più veloci (11 nodi) superarono il convoglio AN.6 nello Stretto di Caso, per poi precederlo nella navigazione lungo le coste settentrionali di Creta. Partecipavano alla scorta gli incrociatori contraerei *Coventry* e *Calcutta* e i cacciatorpediniere *Dainty, Vampire, Waterhen* e *Voyager*.

Dal convoglio MW.3 si staccarono, per entrare a Suda, il piroscafo *Brisbane Star* e la petroliera *Brambleaf*, mentre le altre cinque navi (i piroscafi *Devis, Rodi, Volo, Waiwera*, e la petroliera militare *Plunleaf*), assieme alla scorta, meno il cacciatorpediniere *Waterhen*, proseguirono con rotta ovest attraverso il Canale di

Cerigotto, per poi trovarsi alle ore 18.00 del 7 novembre a 40 miglia a sud di Capo Matapan, l'estremità più meridionale della Peloponneso.

Gli incrociatori della 7ª Divisione (Forza B) *Ajax* e *Sydney* uscirono da Alessandria il 5 novembre, e l'indomani raggiunsero anch'essi la Baia di Suda portandovi rifornimenti; quindi raggiunsero in mare la Mediterranean Fleet che, avendo lasciato Alessandria alle 13.00 del 6 novembre con rotta ovest, si trovava ad ovest di Creta per assumere la protezione del convoglio MW. 3, con le seguenti unità: le quattro corazzate del 1° Squadron da Battaglia del contrammiraglio Bernard Rawling, *Warspite* (ammiraglio Cunningham), *Valiant*, *Malaya* e *Ramillies*, la portaerei *Illustrious* (contrammiraglio Lyster), due incrociatori *Gloucester* e *York* della 3ª Divisione, e tredici cacciatorpediniere suddivisi come segue: *Nubian*, *Mohawk*, *Jervis* e *Janus* nella 14ª Flottiglia; *Hyperion*, *Hasty*, *Hero*, *Ereward*, *Havock* e *Ilex* nella 2ª Flottiglia, cui erano stati aggregati anche il *Decoy* e il *Defender* della 10ª Flottiglia.

Lo *York* era l'unico incrociatore della Mediterranean Fleet ad essere armato con cannoni da 203 mm.

Alle ore 18.00 del 7 novembre ebbe inizio nel Mediterraneo occidentale l'operazione "Coat", con la partenza da Gibilterra della Forza H del vice ammiraglio

Somerville, comprendente la portaerei *Ark Royal*, l'incrociatore *Sheffield*, e i cinque cacciatorpediniere della 8ª Flottiglia, *Duncan, Isis, Firedrake, Forester,* e *Foxhound*. Tutte queste navi furono destinate a coprire il movimento verso oriente della Forza F, costituita dalla corazzata *Barham*, dagli incrociatori *Berwick* e *Glasgow* e dai tre cacciatorpediniere della 13ª Flottiglia, *Gallant, Greyhound* e *Griffin*, cui si aggiunsero nel passaggio del Canale di Sicilia i cacciatorpediniere della Forza H *Fury, Fulkner* e *Fortune*, che dovevano poi rientrare a Gibilterra dopo essersi riforniti nel porto della Valletta. Le unità della Forza F, che come detto erano destinate a rinforzare la Mediterranean Fleet, imbarcavano 2.150 soldati da sbarcare a Malta, mentre l'incrociatore *Berwick* trasportava anche otto cannoni destinati a Creta.

All'operazione "Coat" avrebbe dovuto partecipare l'incrociatore da battaglia *Renown*, nave ammiraglia della Forza H, che però non si rese disponibile perché il 6 novembre salpò da Gibilterra per l'Atlantico per essere impegnata nella ricerca della corazzata tascabile tedesca *Admiral Scheer*.[54]

L'incrociatore pesante *Berwick*, la nave più potente dopo la corazzata *Barham* ad essere inviato a rinforzare la Mediterranean Fleet.

---

[54] Historical Section Admiralty, *Mediterranean*, vol. II, cit., p. 5-7; J. Rohwer e G. Hümmelchen, *Chronology of the War at Sea 1939-1945*, vol. II, Londra, Ian Allan, 1972, p. 62 seg.

Anche *Glasgow* era una grande incrociatore, di 9.100 tonnellate e armato con dodici cannoni da 152. Soltanto una nave di questa classe ("Town"), il *Gloucester*, era disponibile, prima del suo arrivo, nella Mediterranean Fleet.

Alle ore 12.00 dell'8 novembre la Mediterranean Fleet si trovò in lat. 35°,27'N, long. 18°40'E, nel tratto di mare tra Creta e Malta, mentre il convoglio MW.3 che essa stava proteggendo navigava più a sud-ovest, alla distanza di 10 miglia. In un secondo tempo era previsto che un nucleo della Mediterranean Fleet, (Forza D), costituito dalla corazzata *Ramillies* e da tre cacciatorpediniere, dovesse essere inviato a rinforzare la scorta diretta dal convoglio MW. 3, mentre il grosso della flotta (Forza A), si sarebbe portato a incrociare a sud di Malta, in attesa di ricongiungersi con la Forza F proveniente da Gibilterra.

Alle 12.30 dell'8 novembre un caccia Gladiator dell'*Illustrious* costrinse un ricognitore italiano, che aveva segnalato il convoglio, ad allontanarsi. Alle 15.20 la flotta si trovava a 180 miglia dalle coste orientali della Sicilia quando apparve un altro ricognitore italiano, e un'ora dopo sette bombardieri S. 79 apparvero nella scena, e furono attaccati da tre caccia Fulmar della portaerei *Illustrious* che abbatterono due velivoli e costrinsero gli altri, sganciate le bombe, ad allontanarsi.

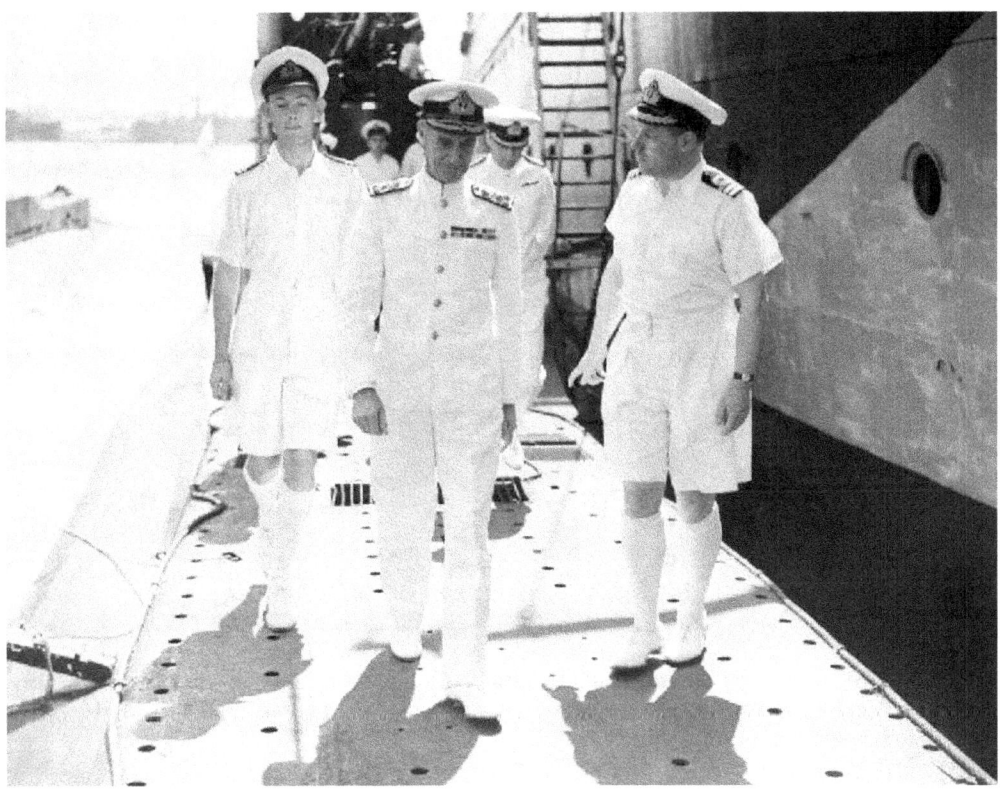

Il vice ammiraglio Pridham-Wippell, Comandante in Seconda della Mediterranean Fleet e Comandante del 1° Squadron da Battaglia, a bordo del sommergibile Torbay. Gli è accanto il comandante del Torbay, capitano di corvetta A.C. Miers.

La rinuncia di Supermarina a impegnare con la Squadra Navale la Mediterranean Fleet

Nella giornata dell'8 novembre l'ammiraglio Cunningham era stato informato che la ricognizione aerea della RAF di Malta, affidata ai veloci velivoli bimotori Maryland della 431ª Fligh, aveva individuato nell'ancoraggio di Taranto cinque corazzate italiane e una sesta nelle vicinanze del porto. Il Comandante della Mediterranean Fleet stimò probabile che il nemico potesse impegnarlo nella giornata del 9 con un complesso navale superiore, costituito da sei corazzate, sei incrociatori pesanti e otto leggeri. A queste forze egli poteva opporre soltanto quattro corazzate, un incrociatore pesante, tre incrociatori leggeri e due contraerei, i quali però, oltre ad essere vincolati alla scorta del convoglio MW. 3, essendo armati con cannoni da 102 mm erano di dubbia utilità in un combattimento balistico. Cunningham si trovava ancora più svantaggiato nel numero dei cacciatorpediniere, che potevano risultare elementi decisivi nel caso di una mischia notturna. Ma i timori dell'ammiraglio britannico si dimostrarono infondati, in quanto a Roma fu deciso che la flotta italiana non dovesse impegnarsi.

Ai complessi contraerei "pom-pom" a otto canne da 40 mm di una corazzata della Mediterranean Fleet i serventi si tengono pronti, al posto di combattimento, a fronteggiare il susseguirsi degli immancabili attacchi aerei.

Per giustificare questo prudente comportamento, nel dopoguerra fu attribuita la responsabilità del mancato intervento navale alla ricognizione aerea, che soltanto il mattino dell'8 novembre sarebbe riuscito a localizzare la Mediterranean Fleet, quando ormai era troppo tardi per intercettarla.[55] La ricognizione aerea nazionale avrebbe inoltre dato *"segnalazioni imprecise e contrastanti"*, in base alle quali solo alle ore 15.00 fu possibile concludere che la flotta britannica doveva trovarsi a circa 300 miglia da Taranto, con rotta verso Alessandria.[56]

Questa deduzione fu però smentita nella notte sul 10 da un avvistamento del sommergibile *Pier Capponi*, verificatosi a 50 miglia a sud-est di Malta, e il mattino seguente dalle stazioni di vedetta delle isole di Pantelleria e di Linosa, che avvistarono alcuni gruppi di unità navali, *"con rotte e composizioni imprecisabili per la distanza"*. Da ciò sarebbero derivati dubbi e incertezze, in base i cui, secondo

---

[55] M. Bragadin, *Che ha fatto la Marina? (1940-45)*, Milano, Garzanti, 1949, p. 82, March'Antonio Bragadin, *Il dramma della Marina italiana 1940-45*, Milano, Mondadori, 1982, p. 53.

[56] *Ibidem*.

quanto scritto dal comandante Bragadin, *"non si poteva concludere da parte nostra una consapevole ed efficace azione navale"*:[57]

Le inesatte affermazioni furono poi convalidate anche a livello ufficiale, poiché l'ammiraglio Fioravanzo scrisse quanto segue:[58]

Dei movimenti delle Forze Navali inglesi Supermarina ebbe in quei giorni notizie non sufficienti a dare un'esatta idea di ciò che l'avversario stava facendo, soprattutto perché le condizioni meteorologiche non furono sempre favorevoli ad una efficace ricognizione aerea.

Inoltre, spiegò Fioravanzo, l'Alto Comando Navale non poté disporre l'uscita della Flotta, tenuta pronta a muovere in tre ore, perché non era *"stato possibile farsi un quadro attendibile della situazione in mare"* e *"farsi un'idea sufficientemente approssimata delle intenzioni dell'avversario"*. Infine, era sfuggito *"che un gruppo di unità importanti era transitato nella notte sul 10 nelle acque tra la Sicilia e la Tunisia per unirsi alla Mediterranean Fleet, rafforzandone la compagine"*.[59]

Invece, come appare chiaro dalla documentazione del Comando Supremo, di Supermarina e di Superaereo, le intenzioni e i movimenti dei principali gruppi navali britannici non furono poi tanto misteriosi per i Comandi italiani, anche se indubbiamente essi mostrarono di non aspettarsi che i britannici avrebbero colpito nel porto di Taranto. Lo stesso ammiraglio Angelo Iachino, che all'epoca era il Comandante in Capo della 2ª Squadra Navale, smentisce le tesi esposte dai suoi colleghi, avendo affermato in una sua famosa opera che la Mediterranean Fleet, di scorta ad un convoglio diretto a Malta, fu avvistata e segnalata dalla ricognizione aerea italiana nella giusta composizione, ma Supermarina *"non ritenne opportuno far uscire la flotta da Taranto per cercare di intercettarla"*. E specificò:[60]

Quando giunsero queste informazioni era troppo tardi perché le nostre navi potessero arrivare ad intercettare il convoglio prima del suo arrivo a Malta. Tuttavia, se la nostra flotta fosse stata fatta uscire e inviata ad alta velocità verso quella base, essa avrebbe potuto impegnare ugualmente la flotta inglese in condizioni favorevoli, mentre cioè incrociava a Sud di Malta e in attesa della corazzata BARHAM che era arrivo da ponente e della RAMILLIES, che era entrata a La Valletta per rifornirsi. Ma bisognava creare e accettare gli inevitabili rischi dell'impresa; lasciando invece le nostre forze navali in porto, si dava piena libertà d'azione al nemico, e si veniva a rinunciare a priori a ogni possibilità di successo.

---

[57] M. Bragadin, *Che ha fatto la Marina?*, P. 83.
[58] USMM, *Le azioni navali in Mediterraneo*, vol. IV, (compilatore Ammiraglio di Squadra (c.a.) Giuseppe Fioravanzo), Roma 1970, p. 222.
[59] *Ibidem*, p. 224.
[60] A. Iachino, *Tramonto di una grande Marina*, Milano, Mondadori, 1959, p. 241 seg.

Vediamo ora come in realtà si svolsero gli avvenimenti.

La partenza da Gibilterra della Forza H e della Forza F, avvenuta la sera del 7 novembre, fu regolarmente segnalata a Roma dagli informatori dell'Asse stanziati sulle coste spagnole dello Stretto. Le notizie pervennero a Supermarina il mattino dell'8, come dimostrano i due seguenti messaggi diramati dal Servizio Informazioni Estere di Maristat, che le aveva a sua volta ricevute dal Servizio Informazioni Militari (SIM) e dal Servizio d'Informazioni tedesco a Berlino:[61]

1°) N. 4662 – ore 0830 dell'8 Novembre: "GIBILTERRA. Oggi 7 ore 19.45 – corazzata BARHAM – un incrociatore tipo CUMBERLAND et due incrociatori tipo BIRMINGAM et 11 cc.tt partiti da Gibilterra con rotta verso Mediterraneo".

2°) N. 4672 – ore 1045 dell'8 Novembre: "Il 7 novembre alle 1945 sono partiti da Gibilterra con direzione levante: ARK ROYAL – n.b. BARHAM – 2 incrociatori classe BIRMINGHAM – un incrociatore classe CUMBERLAND e i cc.tt. FORTUNE – GREYHOUND – FORESTER – FOXHOUND – FURY – GALLANT – FIREDRAKE – GRIFFIN – I 67 – I 99 e 1 tipo EXMOUTH".

Ugualmente non sfuggì, nel pomeriggio del 7 novembre la tempestiva notizia dell'uscita da Alessandria della *Mediterranean Fleet*. La sua assenza dal porto egiziano fu segnalata da un aereo da ricognizione S. 79 dell'Aeronautica della Libia e la presenza in mare delle navi britanniche successivamente rilevata dal traffico radiotelegrafico, in base al quale Supermarina stimò si trovassero in movimento verso occidente due o tre corazzate, sei incrociatori ed una dozzina di cacciatorpediniere.

In base a tali notizie, alle ore 20.00 l'ammiraglio Cavagnari, ordinò alla flotta, con i messaggi n. 71208 e n. 92732 trasmessi da Supermarina, di tenersi pronta a muoversi a iniziare dal mattino dell'8, e ne informò il Comando Supremo con il messaggio n. 1751 delle ore 07.15, in cui era detto:[62]

È stato ordinato alle due squadre navali di tenersi pronte a muovere da questa mattina /./ risultano in mare da almeno 24 ore le forze navali di Alessandria ed essendo uscite ieri sera alle ore 2000 da Gibilterra dirette a levante la corazzata BARHAM la nave portaerei ARK ROYAL con tre incrociatori ed undici cc.tt. /./ Sono state disposte le ricognizioni aeree necessarie per localizzare tutte le forze inglesi /./

---

[61] AUSMM, *Supermarina - Intercettazioni Estere*, registro 13.
[62] AUSMM., *Attacco aereo su Taranto, Attacchi alle Basi*, b. 2, f. 958; SMAUS, *OG.6*, p. 89.

L'incarico di svolgere le ricognizioni aeree nel Mediterraneo Centrale fu assegnato agli idrovolanti dell'83° Gruppo della Ricognizione Marittima della Sicilia, di base ad Augusta.

Alle ore 11.00 dell'8 novembre un Cant Z. 501 della 186ª Squadriglia individuò cinque piroscafi scortati da un incrociatore e da quattro cacciatorpediniere, che procedevano con rotta levante (27°) alla velocità di 12 nodi. Purtroppo, il velivolo, che aveva per pilota il tenente Paolo Primatesta e per osservatore il guardiamarina Paolo Bocchioni, subito dopo aver trasmesso il segnale di scoperta del convoglio MW. 3, fu abbattuto da due caccia Sea Gladiator, pilotati dal tenente di vascello O.J.R. Nicolls e dal sottotenente di vascello A.J. Sewell, che erano stati ceduti dalla portaerei Eagle alla Illustrious per rinforzarne i quindici Fulmar dell'806° Squadron. Dopo che alle ore 14.26 un altro idrovolante della Ricognizione Marittima aveva individuato un incrociatore a 160 miglia a levante di Malta, un aereo civile della linea Tobruk – Siracusa riferì di aver avvistato, in una posizione spostata a oriente rispetto a quelle degli avvistamenti precedenti, una formazione di venticinque unità da guerra con rotta imprecisata. Si trattava della Mediterranean Fleet, che fu poi localizzata, alle ore 15.10, da un Cant Z. 501 della 170ª Squadriglia dell'83° Gruppo Ricognizione Marittima, avente per pilota il sottotenente Luigi Delle Fave e per osservatore il tenente di vascello Agnello Maresca, in una posizione spostata più a nord del convoglio MW. 3, corrispondente a 145 miglia per 120° da Capo Passero. Il velivolo ne segnalò la composizione in una portaerei, due navi da battaglia, un numero imprecisato di incrociatori, e due cacciatorpediniere, che procedevano con rotta sud-sudovest (196°) alla velocità di 16 nodi.

In relazione a questi avvistamenti – in particolare al primo dello sfortunato Cant Z. 501 della 186ª Squadriglia – ed avendo Supermarina comunicato a Superaereo *"si prospetta l'opportunità di una azione di bombardamento"*, il generale Francesco Pricolo, Sottosegretario di Stato e Capo di Stato Maggiore della Regia Aeronautica, ordinò al Comando della 2ª Squadra della Sicilia, di predisporre per le ore 15.00 un'azione offensiva contro il convoglio, con obiettivo principale i piroscafi.

Ne informò contemporaneamente il Comando Supremo, e per conoscenza Supermarina, con il seguente messaggio n° B-02844 delle ore 14.10 dell'8 novembre 1940:[63]

B/0844 – SUPERAEREO. Ordine operazione numero 66. Apparecchio ricognizione marittima habet avvistato ore 11 oggi convoglio 5 piroscafi scortati uno incrociatore 7 mila et 4 cacciatorpediniere 180 miglia da Malta rotta 270 velocità 12. Disporre azione offensiva circa ore 15 attaccando di preferenza piroscafi. Generale Pricolo.

Il Comandante della 2ª Squadra Aerea, generale Gennaro Tedeschini Lalli, incaricò dell'attacco il 34° Stormo Bombardieri, i cui quindici S. 79 decollarono da Catania in due formazioni, la prima, costituita da sei velivoli del 52° Gruppo, era

---

[63] ASMAUS, *GAM 2*, b. 51.

guidata dallo stesso comandante dello Stormo, colonnello pilota Umberto Mazzini.

Precedendo ad una quota di soli 1.000 metri, a causa della presenza di banchi di nubi molto bassi che riducevano la visibilità, gli S. 79 del 52° Gruppo riuscivano ad avvistare la Mediterranean Fleet a sud-est di Malta. Tuttavia lo sgancio delle bombe fu impedito dalla vigilanza esercitata dai caccia della portaerei *Illustrious*. Tre Fulmar dell'806° Squadron diressero contro i bombardieri italiani, in avvicinamento alla flotta in formazione serrata, e li costrinsero ad invertire la rotta, dopo averne colpiti tre, due dei quali furono costretti a rientrare alla base con un motore fuori uso.

La seconda formazione del 34° Stormo Bombardieri, costituita da nove S. 79 del 53° Gruppo al comando del capitano pilota Bruno Brambilla, giunta nella zona in cui si trovava la Mediterranean Fleet, navigando ad una quota di 500 metri a causa dei piovaschi e delle nubi temporalesche, non avendo avvistato le navi nemiche ricevette l'ordine di sospendere la missione per le sfavorevoli condizioni atmosferiche.[64]

Una formazione di velivoli S. 79 decollasti dalla Sicilia dirigono verso le navi britanniche.

---

[64] ASMAUS, *Diario Storico del 34° Stormo Bombardieri*, e *Diario Storico del 52° e 53° Gruppo Bombardieri*; C. Shores - B. Cull - N. Malizia, *Malta: The Hurricane years 1940-1941*, Londra, Grub Street, 1987, p. 82.

In relazione agli avvistamenti degli aerei, denuncianti senza ombra di dubbio la presenza della Mediterranean Fleet e di un convoglio diretto a Malta, l'ammiraglio Cavagnari chiese al suo collega della Regia Aeronautica di predisporre per l'indomani le ricognizioni tra la Sardegna e le Isole Baleari, allo scopo di localizzare la Forza H salpata da Gibilterra e accertarne gli intendimenti. Chiese poi al generale Pricolo di voler partecipare, al controllo dello Ionio e del Mediterraneo centrale con i suoi aerei terrestri della Sicilia.

Secondo da sinistra il generale Francesco Pricolo, Sottosegretario di Stato e Capo di Stato Maggiore della Regia Aeronautica.

Nel contempo il Capo di Stato Maggiore della Regia Marina, con il messaggio urgentissimo 1756 di seguito riportato, ordinava al Comando in Capo della Squadra Sommergibili (Maricosom) di predisporre agguati a sud-est di Malta.[65]

SUPERMARINA 1756 – 4 sommergibili pronti di Augusta e Messina si dislochino subito su linea in irregolare sbarramento at partire da 40 miglia at sud est di Malta et a distanza di circa 20 miglia fra loro in fondali superiori a m. 200 (alt) Orientamento zona di sbarramento circa nord ovest sud est (alt) Libertà di spostamento su normale alla direttrice anzidetta per circa 40 miglia (alt) Scopo attaccare forze navali et convogli nemici in movimento nelle acque a levante et a

---

[65] AUSMM, *Supermarina – Cifra in partenza*, registro 8.

sud Malta (alt) Agguato profondo idrofonico diurno et agguato in superficie notturno con due tubi pronti per ogni estremità (alt) Trasferimento da parallelo Capo Passero at zone agguato et viceversa da effettuarsi fra meridiani 15° 20' et 16° (alt) Prima partenza unità siano messe a conoscenza a cura delle autorità locali delle posizioni degli sbarramenti offensivi di torpedini esistenti nella zona di Malta et nel Canale di Sicilia (alt) Unità rientreranno all'ordine (alt) Assicurate – Cavagnari

Agli agguati furono destinati i sommergibili *Topazio*, *Bandiera*, *Capponi* e *Santarosa*, il primo dei quali salpò in serata da Augusta e gli altri due da Messina. Purtroppo il *Santarosa* (capitano di corvetta Guido Coscia), trovandosi a passare nella notte sul 9 novembre in vicinanza di Augusta, entrò in collisione con il motoveliero nazionale *Giuseppe e Maria*, che esercitava una missione di pattugliamento di vigilanza foranea. Per i danni riportati al falso scafo di prora, il sommergibile fu costretto a rientrare a Messina con a bordo i naufraghi del motoveliero che, in seguito alla collisione, era affondato a 5 miglia per 176° da Capo Passero. Gli altri tre sommergibili raggiunsero invece regolarmente le zone di agguato assegnate.[66]

Una squadriglia di Mas fu destinata ad agire nel corso delle ore notturne nelle acque prossime alle coste di Malta, ma il loro impiego non si realizzò perché sconsigliato a Supermarina dall'ammiraglio di divisione Pietro Barone, Comandante di Marina Messina, per le condizioni del *"tempo molto cattivo e in peggioramento"*.[67]

GLI INTENDIMENTI DI SUPERAEREO E DI SUPERMARINA

Nel corso della mattina dell'8 novembre le Forze H ed F furono avvistate in due occasioni da aerei da ricognizione francesi, e l'informazione fu trasmessa in serata, dalla Delegazione Aeronautica della Commissione Italiana di Armistizio con la Francia (CIAF), distaccata in Algeria, al Comando Supremo, che poi nelle prime ore del 9 diramò la notizia a Superaereo e a Supermarina nella seguente forma:[68]

Ore 08008 1 portaerei, 2 incrociatori pesanti, 2 incrociatori leggeri, 12 cacciatorpediniere a 30 miglia nord di Orano (La Senia) rotta 80°, velocità 20 miglia.

Ore 110008 stessa formazione navale a 30 miglia per 340° da Capo Kramis.

---

[66] AUSMM, *Diario di Supermarina* novembre 1940; USMM, *I sommergibili in Mediterraneo*, vol. XIII (compilatore capitano di vascello Marcello Bertini), Roma 1967, p. 104.

[67] AUSMM, *Supermarina - Avvisi*, registro 6; *Supermarina - Comunicazioni telefoniche*, registro 11.

[68] AUSMM, *Supermarina, Arrivo Cifra*, registro 28.

Nel frattempo la Forza navale britannica era stata in due occasioni avvistata nel pomeriggio, rispettivamente alle ore 16.05 e alle ore 16.25, a 60-70 chilometri a sud di Palma di Maiorca, da aerei da ricognizione spagnoli, decollati da quella base delle Isole Baleari. Uno dei velivoli, del tipo S. 79, fu abbattuto intorno alle 18.00, senza troppi riguardi per i suoi distintivi di neutralità, da un velivolo da caccia Fulmar dell'808° Squadron della portaerei *Ark Royal*, pilotato dal tenente di vascello Rupert Tillard.

Caccia Fulmar sorvolano un convoglio durante una missione di scorta. Il velivolo a due uomini d'equipaggi, il pilota e il navigatore.

L'azione dell'aereo britannico fu perfettamente legittimo poiché gli S. 79 iberici effettuavano il loro servizio di ricognizione per conto dell'Italia, in base ad accordi segreti stabiliti, fin dall'inizio della guerra, tra il Governo di Roma e quello di Madrid.

La segnalazione dell'avvistamento arrivò a Supermarina nelle prime ore della notte del 9 novembre, tramite l'Addetto Navale italiano a Palma di Maiorca, e fu portata alla conoscenza di Superaereo con l'Avviso n. 1766, trasmesso per telescrivente alle ore 03.45, compilato come segue:[69]

Addetto Navale a Palma comunica:

---

[69] AUSMM, *Supermarina - Avvisi*, registro 6.

Alle ore 16.05 dell'8 novembre avvistati 2 gruppi unità inglesi così costituiti:
1° gruppo due navi da battaglia e cinque cacciatorpediniere, il latitudine 37°10' longitudine 1°50'.
2° gruppo una nave portaerei, due incrociatori, otto cacciatorpediniere, in latitudine 37°25' e longitudine 2° Est.
Un aereo da ricognizione è stato abbattuto dal secondo gruppo. Velocità delle forze navali circa 20 nodi, direttrice di moto per levante. Cavagnari.

Nel frattempo, Superaereo aveva telefonato al Comando dell'Aeronautica della Sardegna, ordinando di tenere in allarme gli stormi da bombardamento e i reparti da caccia, e di eseguire, con partenza alle prime luci dell'alba del 9, le ricognizioni S. 10 Nord e S. 10 Sud, con l'impiego di quattro idrovolanti Cant. Z. 506 del 93° Gruppo Bombardamento Marittimo dislocato nell'idroscalo di Elmas, nel Golfo di Cagliari.

In quel momento, secondo la situazione riferita alle ore 20.00 dell'8 novembre, si trovavano disponibili sull'isola sessantuno bombardieri, ventisei caccia e trentanove idrovolanti, dei quali però soltanto quarantotto bombardieri, venti caccia e ventisette idrovolanti erano completamente efficienti.

L'organico dei reparti e la loro dislocazione era la seguente:[70]

10ª   Brigata "Marte" Cagliari

			aerei	in carico	efficienti
8°	Stormo B.T.	Alghero			
	27° Gruppo	Alghero	S. 79	12	8
	28° Gruppo	Alghero	S. 79	16	12
32°	Stormo B.T.	Decimomannu			
	38° Gruppo	Decimomannu	S. 79	17	14
	89° Gruppo	Decimomannu	S. 79	16	14
31°	Stormo B.M.	Elmas			
	93° Gruppo	Elmas	Cant Z. 506	11	6
	94° Gruppo	Elmas	Cant Z. 506	-	-
3°	Gruppo Aut. C.T.	Monserrato	Cr. 42	8	7
			Cr. 32	18	13

Aviazione Marittima

---

[70] ASMAUS, *Superaereo - Situazione giornaliera efficienza velivoli ed equipaggi*, novembre 1940.

85°	Gruppo R. M.	Elmas	Cant Z. 501	18	14
			Cant Z. 506	6	4
	5ª Sezione	Olbia	Cant Z. 506	4	3

Occorre rilevare che soltanto i due gruppi di bombardieri del 32° Stormo, con un totale di ventotto S. 79 efficienti, si trovavano dislocati in posizione adatta per poter intervenire contro le navi britanniche, in transito a sud della Sardegna. Per permettere di costituire una forza d'attacco più efficace, il Comandante dell'Aeronautica della Sardegna, generale Ottorino Vespignani, ordinò al Comando dell'8 Stormo Bombardieri di trasferire il 28° gruppo di Alghero a Decimomannu per riunirlo al 32° Stormo; ma il reparto non fece in tempo ad arrivare nella nuova base per partecipare all'azione che si svolse il mattino del 9.

La situazione era invece particolarmente criticata nella specialità della caccia, Poiché nessun conto poteva essere fatto sui vecchi e decrepiti Cr. 32; per cui rimanevano disponibili per la difesa dell'intera Sardegna e, eventualmente, per la scorta alle formazioni dei bombardieri, soltanto sette biplani Cr. 42, che erano in grado di misurarsi con i Fulmar dell'*Ark Royal* soltanto per le doti di agilità, ma non certo per l'armamento, limitato a due sole mitragliatrici da 12,7 mm contro le otto da 7,7 mm dei velivoli britannici.

Alquanto migliore era la situazione della 2ª Squadra Aerea della Sicilia, che disponeva di ottantuno bombardieri S. 79, dei quali sessantanove perfettamente efficienti, e di ben centodue velivoli da caccia, inclusi cinquantotto Mc. 200, dalle caratteristiche di velocità nettamente superiori a quelle dei velivoli intercettori imbarcati sulle portaerei britanniche. La dislocazione dei reparti della 2ª Squadra Aerea, sempre riferita alle ore 20.00 dell'8 novembre, era la seguente:[71]

11ª	*Brigata "Nibbio"*	Castelvetrano			
			aerei	in carico	efficienti
30°	Stormo B.T.	Castelvetrano			
	87° Gruppo	Sciacca	S. 79	15	14
	90° Gruppo	Sciacca	S. 79	15	12
36°	Stormo B.T.	Castelvetrano			
	108° Gruppo	Castelvetrano	S. 79	11	10
	109° Gruppo	Castelvetrano	S. 79	11	10
3ª Divisione "Centauro"		Catania			
34°	Stormo B.T.	Catania			
	52° Gruppo	Catania	S. 79	15	12

---

[71] *Ibidem.*

53° Gruppo	Gerbini	S. 79	14	11
Comando Caccia Sicilia	Comiso			
1° Stormo C.T.	Trapani			
6° Gruppo	Catania	Mc. 200	29	20
		Cr. 32	1	1
17° Gruppo	Palermo	Mc. 200	29	26
		Cr. 42	9	7
		Cr. 42	4	4
23° Gruppo Aut. C.T.	Comiso	Cr. 42	30	27
Aviazione Marittima				
83° Gruppo R.M.	Augusta	Cant. Z. 501	14	7
		Cant. Z. 506	7	2

Mentre i Comandi della Regia Aeronautica mettevano a punto i programmi per le ricognizioni e per l'attività offensiva, che dovevano entrare in attuazione a partire dalle prime luci del giorno 9 novembre, Supermarina portava a conoscenza del Comando Supremo i propri intendimenti operativi, trasmettendo alle ore 06.45, per telescrivente, il messaggio n° 1767, di seguito riportato:[72]

NOTIZIE SULLA SITUAZIONE ALLE ORE 06.00 DEL 9 NOVEMBRE 1940/XIX
Ore 06.00

1°) *Dalle ore 8 di oggi tutte le unità della 1ª e della 2ª Squadra sono pronte a muovere. La 4ª Divisione e la 14ª Squadriglia cacciatorpediniere sono pronte a muovere dalle ore 6. Apprestamenti difensivi delle basi navali, in stato di allarme.*
2°) *La 14ª Squadriglia cacciatorpediniere (VIVALDI) si è trasferita durante la notte da Messina ad Augusta.*
3°) *E' in corso il trasferimento a Trapani della torpediniera VEGA da Cagliari e delle torpediniere CALLIOPE e CALIPSO da Napoli.*
4°) *Una squadriglia Mas uscita da Augusta per agguato notturno nelle acque di Malta è dovuta rientrare causa mare.*
5°) *Sono stati temporaneamente sospesi il traffico in partenza dalla Libia per le acque metropolitane ed il traffico dei fosfati con la Tunisia.*
6°) *Sono state disposte ricognizioni intese a localizzare reparti nemici segnalati in mare.*

---

[72] AUSMM, *Supermarina - Avvisi*, registro 6.

13/47£4 ore 06,45 del 12/11/940/XIX

Segreto

COMANDO SUPREMO
STATO MAGGIORE GENERALE - UFF. OPERAZIONI

In Arrivo a mezzo di ~~telecifrax~~ telescrivente alle ore .... del ....
~~telefono~~

DA SUPERMARINA
A: STAMAGE

N.1805 - Notizie sulla situazione alle ore 0600 del 12 novembre 1940 XIX. -

1°) - Poco prima di mezzanotte ha avuto inizio un attacco aereo contro la base navale di Taranto che si è sviluppato in tre ondate successive con l'impiego complessivo di almeno 15 aerei bombardieri o siluranti /./ Questi ultimi bimotori e di tipo diverso da quello finora usato dagli inglesi contro di noi /./ Sono state prese di mira le corazzate ed i grandi incrociatori /./ Nelle tre successive ondate l'attacco è cominciato con l'impiego di bombe e grandi razzi illuminanti che avevano per scopo di distrarre l'attenzione e di formare uno schermo luminoso sul quale si proiettavano nettamente le sagome delle navi /./

2°) - Sono state colpite la Littorio con tre siluri /,/ la Cavour ed il Duilio con un siluro ciascuno /./ Il Trento ha ricevuto una bomba da 50 chili che ha perforato due ponti senza esplodere /./ Altra bomba ha perforato lo scudo del pezzo prodiero e due ponti del C.T. Libeccio fuori uscendo senza esplodere /./ La difesa C.A. ha prontamente reagito con fuoco intensissimo /./ Sono stati abbattuti almeno sei apparecchi /,/ alcuni componenti gli equipaggi sono stati catturati /./ Delle tre corazzate colpite quella in più precarie condizioni è la Cavour che ha imbarcato una rilevante quantità di acqua /./ Entro questa mattina si avrà un più preciso orientamento circa la possibilità di immettere la Cavour in bacino e di trasferire Littorio e Duilio rispettivamente a Genova e a Venezia ove esistono gli altri grandi bacini di carenaggio /./

/./.

COMANDO SUPREMO

STATO MAGGIORE GENERALE - UFF. OPERAZIONI

telecifra
In Arrivo a mezzo di **telescrivente** alle ore .... del ....
telefono

DA _____

- 2 -

3°)- Sono state prese le seguenti disposizioni /:/ dalle prime luci dell'alba intensa esplorazione aerea sullo Jonio /./ Appena questa avrà assicurato l'assenza di importanti reparti inglesi la 2ª squadra e successivamente le tre corazzate indenni della 1ª squadra partiranno da Taranto dirigendo a Messina e a Napoli /./ Questo trasferimento è consigliato dalla probabilità che nella prossima notte si rinnovino attacchi idrosiluranti a Taranto /./ Si provvederà intanto ad intensificare i mezzi di protezione già esistenti per le poche navi che rimarranno in quella base/./ Saranno quindi studiate tutte le possibili provvidenze per consentire il ritorno delle forze principali a Taranto /./

4°)- Durante la notte fra Durazzo e Valona sono stati attaccati da aerei e forze leggere nemiche alcuni piroscafi scarichi in transito da ponente verso levante /./ Saseno ha rilevato dei natanti in fiamme al largo /./ Sono uscite da Valona torpediniere per soccorso ai piroscafi /./

- Cavagnari -

7°) *Sono in corso le operazioni di salvataggio da parte della torpediniera ORSA, di un Cant. Z. 506 di Armera ammarato per avaria presso Camerota (Capo Palinuro).*

8°) *Idro Cant. Z. n. 2 della 186ª Squadriglia partito da Augusta per ricognizione sulle forze nemiche avvistate ieri, non è rientrato alla base.*

CAVAGNARI

La parte centrale dell'armamento contraereo della corazzata *Littorio*, con le armi impiegate durante un'esercitazione. Cannoni singoli da 90 mm in torretta protetta, e mitragliere binate Breda da 37 e 20 mm.

Inoltre, dopo aver inviato i sommergibili *Topazio*, *Bandiera* e *Capponi* in zona di agguato situata a sud-est di Malta, l'ammiraglio Cavagnari, con il messaggio urgentissimo n. 1772, recapitato a mano, aveva ordinato all'ammiraglio Mario

Falangola, Comandante in Capo della Squadra Sommergibili, di costituire una linea di agguato di unità subacquee anche nel Mediterraneo occidentale. Lo scopo era quello di fare operare i sommergibili contro la Forza H, che le segnalazioni della ricognizione aerea francese e spagnola avevano chiaramente fatto comprendere stesse dirigendo verso il Canale di Sicilia.

Il testo dell'ordine era il seguente:[73]

SUPERMARINA 1772 - Disponete che cinque sommergibili pronti Cagliari partono al tramonto di oggi eseguendo durante la notte trasferimento su linea sbarramento orientata da La Galite per nord ovest (alt) Sommergibili a distanza di 30 miglia l'uno dall'altro su linea anzidetta rimarranno in agguato profondo idrofonico durante il giorno et eseguiranno durante ore notturne agguato in superficie spostandosi per parallelo entro limiti linea iniziale et linea parallela spostata 120 miglia verso ponente (alt) Scopo attaccare forze navali nemiche in movimento nelle acque fra la Sardegna e le Baleari (alt) Durante notte siano tenuti pronti 2 tubi lanciasiluri per ogni estremità (alt) Unità rientreranno all'ordine (alt) assicurare (alt) Cavagnari.

In seguito a queste disposizioni, nelle prime ore del mattino del 9 novembre, il Comandante di Maricosom, con il messaggio n. 43846, ordinò al 7° Grupsom di Cagliari di inviare in mare cinque sommergibile.

Furono prescelti il *Mameli*, il *Diaspro*, l'*Aradam*, l'*Axum* e l'*Alagi*, ai quali fu ordinato di disporsi per parallelo a nord-ovest dell'Isola La Galite, distanziati di 30 miglia l'uno dall'altro, per poi spostarsi nel corso delle ore notturne, navigando in superficie, di 120 miglia verso ponente.

Nel frattempo, fin dalla sera dell'8 novembre, era stato predisposto di concentrare a Trapani una squadriglia di torpediniere, facendo affluire nel porto siciliano la *Vega*, che si trovava a Cagliari, e la *Calipso* e la *Calliope*, dislocate a Napoli. Allo scopo di partecipare a una eventuale missione notturna, le tre unità ricevettero l'ordine di rifornirsi rapidamente e di tenersi pronte a salpare da Trapani nel pomeriggio del 9, per portarsi ad incrociare nella zona tra Marettimo e Capo Bon.

Tempo permettendo, dovevano partecipare alla missione anche alcuni Mas. Lo scopo era di intercettare ed attaccare le unità nemiche che avrebbero tentato di transitare in quella zona, in ore variabili, secondo l'apprezzamento di Supermarina, tra le 20.00 e le 24.00 di quel giorno 9. Fu pertanto disposto che le torpediniere si trovassero per le 20.00 al largo di Capo Bon, e di orientarsi con istruzioni sui movimenti delle forze navali nemiche in rotta da occidente verso il Canale di Sicilia, sulla base delle informazioni ricevute da un idrovolante Cant Z. 506 dell'Aeronautica della Sicilia. Questo velivolo, fornito di un ufficiale osservatore

---

[73] *Ibidem.*

della Marina, si sarebbe dovuto spingere da Stagnoni fino alla zona dell'Isola Galite, per poi andare ad ammarare a Cagliari.

Taranto. Le impressionanti artiglierie prodiere da 381 della corazzata *Littorio*. La mimetizzazione indica che l'immagine è stata ripresa nel 1941-1942. Notare in alto i palloni dello sbarramento antiaereo del Mar Grande.

Era anche stato previsto di mantenere il contatto con la navi britanniche, mediante l'impiego di idrovolanti della Ricognizione Marittima, se le condizioni del tempo, non buone per la presenza di nubi basse e di continui piovaschi, lo avesse permesso.[74]

Infine, nella tarda serata del 9 novembre, con il messaggio 84056 compilato alle ore 20.40, Supermarina ordinò ai Comandi della 1ª e della 2ª Squadra, di tenersi pronte a muovere dalle ore 08.00 dell'indomani. Lo stesso ordine fu impartito al Comando della 2ª Divisione Incrociatori, che era alle dirette dipendenze di Supermarina.

---

[74] AUSMM. Comunicazione telefonica n. 2711 tra l'ammiraglio Giuseppe Fioravanzo e il capitano di vascello Antonio Toscano, *Supermarina – Comunicazioni telefoniche*, registro 11.

L'OPERAZIONE "COAT" NEL MEDITERRANEO OCCIDENTALE E L'ATTACCO DEL 32° STORMO BOMBARDIERI DELLA SARDEGNA

Procedendo verso oriente, i due gruppi navali britannici partiti da Gibilterra, rimasero uniti fino alle ore 15.30 dell'8 novembre. A quell'ora il viceammiraglio Somerville, dando inizio l'operazione "Crack", ordinò alle navi della Forza H di aumentare la velocità a 26 nodi, per permettere alla portaerei *Ark Royal* di raggiungere prima dell'alba del 9 una posizione adatta per far decollare i velivoli destinati ad attaccare l'aeroporto di Cagliari Elmas. Furono prescelti per l'azione nove Swordfish degli squadroni 810°, 818° e 820°. Essi decollarono quando ancora era molto buio e poco dopo le ore 06.00 superarono la costa meridionale della Sardegna, per poi sganciare sull'obiettivo prestabilito bombe esplosive ed incendiarie da una quota di circa 500 metri. Tuttavia i danni causati alle strutture di Elmas furono lievissimi, anche perché molte bombe andarono a cadere lontano dal perimetro dell'aeroporto.

Scattato l'allarme, i sette velivoli Cr. 42 efficienti del 3° Gruppo Caccia, che erano stati messi in stato di allerta fin dalla sera dell'8, decollarono prontamente da Monserrato, con alla testa il comandante del reparto, tenente colonnello pilota Innocenzo Monti, che era febbricitante. Essi, inutilmente tentarono di raggiungere gli Swordfish, i quali, agevolati dall'oscurità, si sottrassero all'intercettazione per poi rientrare tutti illesi sull'*Ark Royal* alle ore 07.45.

Monserrato (Cagliari) decollo di velivoli Fiat CR.42 "Falco" del 3° Gruppo Caccia.

Completato il recupero dei velivoli, la Forza H ritornò verso sud e alle ore 09.35 si ricongiunse alla Forza F che, navigando a velocità ridotta, aveva mantenuto la sua rotta verso levante. Poco dopo, in un punto situato a 400 miglia a ponente di Malta, l'Ark Royal fece decollare tre Fulmar, i quali, dopo aver fatto scalo sull'isola per rifornirsi, decollarono per raggiungere l'Illustrious e rinforzarne il reparto da caccia.

Quella stessa mattinata erano decollati da Gibilterra, con destinazione Malta, anche cinque bombardieri medi Wellington del 37° Squadron della RAF. I velivoli, che provenivano direttamente dall'Inghilterra e che erano destinati ad incrementare il numero dei bombardieri da impiegare nelle incursioni aeree contro i porti dell'Italia meridionale, passando a sud della Sardegna furono chiaramente percepiti e seguiti nel loro spostamento verso levante dalle stazioni radiogoniometriche italiane, e poi attaccati intorno alle 10.00 presso l'Isola di Lampedusa, da un Mc. 200 del 17° Gruppo del 1° Gruppo Caccia, decollato su allarme dall'aeroporto di Pantelleria assieme ad un Cr. 42 del medesimo reparto. Il pilota dell'Mc. 200, tenente Clizio Nioi, ritenne di aver abbattuto un Blenheim, mentre in realtà il suo bersaglio fu costituito, ovviamente, da uno dei cinque Wellington che, pur essendo rimasto seriamente colpito, riuscì ugualmente a raggiungere l'aeroporto di Luqa con due feriti a bordo.

La nave portaerei *Ark Royal* che fungeva da nave ammiraglia della Forza H di Gibilterra, sorvolata da una formazione dei suoi velivoli Swordfish.

Formazione di bombardieri Wellington del 37° Squadron della RAF.

Nel frattempo una notevole attività aerea italiana era in corso di svolgimento nel Mediterraneo occidentale.

L'attacco britannico contro l'aeroporto di Elmas si era da poco concluso quando, a partire dalle ore 07.55, decollarono da quella stessa base della Sardegna gli idrovolanti da ricognizione, destinati ad assolvere il compito di localizzare la flotta britannica. Sulla base di quanto aveva richiesto Supermarina, fu attuata una ricerca a rastrello a grande raggio, estesa tra i meridiani 08°00' - 02°30' Est e i paralleli 37°20' – 39°00' Nord, e che fu affidata a quattro Cant Z. 506 del 93° Gruppo del 31° Stormo Bombardamento Marittimo dell'Aeronautica della Sardegna.

Il primo avvistamento delle navi nemiche si verificò alle 09.00 da parte di uno dei ricognitori che, dopo aver trasmesso il segnale di scoperta di una portaerei, sei cacciatorpediniere e due unità imprecisate a 50 miglia a nord di Cap de Fer, riuscì a sottrarsi all'intercettazione di due velivoli da caccia avvistati alla quota di 4.000 metri.

Successivamente, alle 09.40, un altro Cant Z 506 segnalò di aver avvistato, alle 09.20, una formazione navale di tredici unità imprecisate a 42 miglia a nord di Capo Bougaroni. Subito dopo il velivolo, che apparteneva alla 170ª Squadriglia e che aveva per pilota il tenente Silvano Donda e per osservatore il sottotenente di vascello Oscar Carli, veniva abbattuto da un caccia Fulmar dell'808° Squadron dell'*Ark Royal*, pilotato dal tenente di vascello R.C. Tillard.

Caccia Fulmar dell'808° Squadron della portaerei Ark Royal.

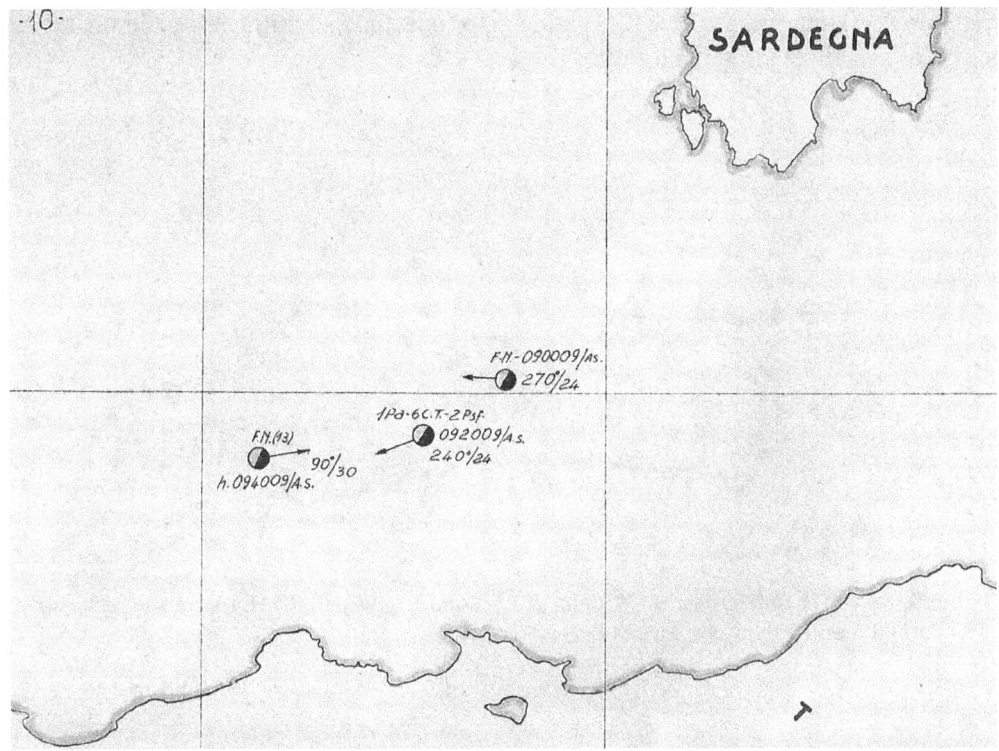

Avvistamenti della Forza H del 9 novembre 1940 da parte degli aerei dell'Aeronautica della Sardegna. Cartina di Superaereo.

Sulla base del primo avvistamento, il Comandante dell'Aeronautica della Sardegna, generale Ottorino Vespignani, ordinò al 32° Stormo Bombardieri di attaccare le navi nemiche con venti S. 79 che, decollarono rapidamente da Decimomannu alle 09.45, ripartiti in quattro pattuglie a cuneo di cinque velivoli ciascuna, per poi assumere in volo una formazione serrata in colonna.

Guidata dal tenente colonnello Oscar Mecozzi, comandante del 38° Gruppo Bombardieri, i cui dieci S. 79 precedevano i dieci velivoli dell'89° Gruppo del tenente colonnello Antonio Fadda, la formazione si avvicinò all'obiettivo seguendo una rotta passante da Capo Spartivento verso sud. Quindi dopo aver aggirato un denso banco di nubi che impediva la visibilità per un buon tratto di mare, alle 10.50 i velivoli italiani arrivarono in vista della flotta britannica, che in quel momento procedeva verso nord-est.

Dopo aver eseguito un'ampia accostata, per mettersi nelle migliori condizioni di luce, il tenente colonnello Mecozzi guidò all'attacco il 32° Stormo, il cui avvicinamento da nord era stato segnalato dai radar delle navi britanniche alle 10.48. Questo preavviso permise alla portaerei *Ark Royal* di poter intercettare la formazione di bombardieri con tre Fulmar dell'808° Squadron e con sei Skua dell'800°

Squadron, il cui intervento fu spalleggiato dal fuoco contraereo sviluppato dai cannoni di tutte le unità della flotta.

Pattuglia di due bombardieri S. 79 della 229^ Squadriglia dell'89° Gruppo del 32° Stormo decollati da Cecimomannu in volo sul mare.

Sei caccia Blackburn Skua dell'800° Squadron pronti al decollo sul ponte della portaerei *Ark Royal*.

I cannoni poppieri del *Foxhound*, uno dei cacciatorpediniere della Forza H.

I serventi di un "pom-pom" a quattro canne da 40 mm di un incrociatore britannico classe "Town" sono pronti a far fuoco.

L'accoglienza fu quindi particolarmente rovente per il 32° Stormo, poiché ben diciotto dei suoi venti S. 79 rimasero colpiti più o meno gravemente, in gran parte per opera dei caccia dell'*Ark Royal*, il cui compito fu agevolato dal fatto che i bombardieri italiani erano stati costretti ad attaccare senza poter disporre di una propria scorta. Alle perdite materiali si aggiunsero quelle umane, costituite dalla morte di tre membri degli equipaggi, mentre altri sette rimasero feriti.

I caccia della portaerei non riuscirono tuttavia ad impedire agli S. 79 di attaccare in formazione compatta; ma le ottanta bombe da 250 chili, sganciate dai velivoli con il sole alle spalle e da una quota di 3.800 metri, non causarono danni alle navi britanniche, sebbene alcune fossero cadute raccolte vicino alla corazzata *Barham*, all'*Ark Royal* e al cacciatorpediniere *Duncan*.[75]

Su questa azione del 32° Stormo il generale Vespignali registrò nel Diario Storico del Comando Aeronautica Sardegna le seguenti favorevolissime considerazioni:

Come sempre il 32° Stormo ha risposto in pieno nell'azione odierna. Alzatosi in volo in brevissimo tempo dall'ordine impartito, in formazione compatta ha attaccato con ottimo tiro di caduta la squadra nemica composta di 16 unità. C'è da considerare inoltre che il bombardamento è stato effettuato mentre lo stormo veniva attaccato violentemente da 10 caccia avversari: duplice azione quindi di bombardamento e di combattimento. La documentazione fotografica dimostra come le salve siano state effettuate da formazioni compatte ed è da ritenersi che per questa motivo anche il combattimento sia stato a noi favorevole. Due aerei nemici abbattuti ed uno probabilmente abbattuto; le unità navali centrate da un ottimo tiro di caduta al quale non si può attribuire, se non ha colpito in pieno, che elementi di poca fortuna, dimostrano nell'insieme che il 32° Stormo nei suoi Gruppi 38° e 89° è una unità di guerra che opera con perizia ed alto valore. Il comportamento degli equipaggi è degno della massima ammirazione per entusiasmo, capacità, alto spezzo del pericolo. Diciotto apparecchi sono stati ripetutamente colpiti, si sono avuti tre morti a bordo e ben sette feriti, ma nemmeno questo è riuscito a piegare la volontà del personale di giungere sull'obiettivo e di riportare alla base di partenza il prezioso materiale ed il glorioso carico di morti.

Ottimo il materiale di volo che pur con gravi avarie ha risposto perfettamente ed in modo sorprendente. Gravi squarci alle ali, elementi resistenti colpiti, serbatoi di benzina forati, un apparecchio coi pneumatici forati, due apparecchi con un pneumatico forato, come si vede avarie gravi che non hanno causato in definitiva nessun grave incidente nemmeno in fase di atterraggio.

---

[75] ASMAUS, *Diario Storico del Comando Aeronautica della Sardegna 1940*, e *Diario Storico del 32° Stormo Bombardieri e dei gruppi 38° e 89°*; C. Shores - B. Cull - N. Malizia, *Malta: The Hurricane years 1940-41*, cit., p. 83 - 84.

Salva di bombe sganciate dagli S. 79 del 32° Stormo B.T. decollati da Decimomannu cadono vicine a poppa della portaerei *Ark Royal*.

9 novembre 1940, una salva di bombe a poppa dell'incrociatore *Berwlck*.

Lo scrivente è fiero ed orgoglioso di aver potuto brevemente raccontare quanto avvenuto nell'azione del 9 novembre, che scrive per i Reparti dell'Aeronautica della Sardegna una nuova pagina di gloria.

Senza voler infirmare il valore dell'azione bellica, che gli equipaggi del 32° Stornmo Bombardieri condussero lodevolmente a termine nonostante la violenza della reazione del nemico, bisogna però sottolineare che nessun aereo inglese risulta sia stato abbattuto o gravemente colpito nel corso di quell'azione dai mitraglieri italiani.

Inoltre, i gravi rischi a cui andò incontro quel reparto, che si era portato all'attacco senza poter disporre di una pur minima scorta di velivoli da caccia, finirono per contrariare il Capo di Stato Maggiore della Regia Aeronautica. Il generale Pricolo, che già in passato aveva dato direttive affinché nelle azioni contro formazioni navali comprendenti navi portaerei i reparti da bombardamento dovevano essere adeguatamente scortati dalla caccia, ribadì subito questo suo principio, inviando ai comandi dell'Aeronautica della Sardegna e della 2ª Squadra Aerea il seguente ordine, che fu diramato per telescrivente alle ore 12.23 del 9 novembre:[76]

B/02895 – SUPERAEREO. Confermasi che eventualità scoperta forze navali nemiche accompagnate da portaerei azione offensiva potrà essere effettuata soltanto se protetta da scorta caccia. Quanto sopra come regola, salvo particolari occasioni che dovranno essermi preventivamente segnalate. Generale Pricolo.

Dopo aver consultato la relazione sull'operato del 32° Stormo compilata dal generale Vespignani, il Sottosegretario di Stato dell'Aeronautica dimostrò apertamente la sua soddisfazione per il comportamento tenuto dagli equipaggi di quel reparto. Infatti, tramite il generale Vespignani, egli fece pervenire al Comandante del 32° Stormo, colonnello pilota Luigi Gallo, il seguente elogio:

Tributate mio fervido elogio agli equipaggi del 32° Stormo per brillante audace attacco del 9 u.s. di cui risultati confermati dalla relazione giuntami ieri (punto) Comportamento detto Reparto est in tutto degno gloriose tradizioni della sua bandiera già insignita dei segnali del valore (punto) Generale Pricolo.

* * *

Subito dopo che si era conclusa l'azione del 32° Stormo Bombardieri, a mezzogiorno del 9 novembre il colonnello Simone Martini, ufficiale dell'Aeronautica distaccato presso Supermarina, invitò il capitano di fregata Eliseo Porta, dell'Ufficio Informazioni Estere di Maristat, ad esprimere un parere sul

---

[76] ASMAUS, *OG.6*, b. 89.

significato dei movimenti delle flotte britanniche di Gibilterra e di Alessandria. Il comandante Porta rispose che, secondo un ipotesi espressa dal Servizio Informazioni Militare (SIM), la nave portaerei della Forza H avrebbe tentato nella notte di forzare il Canale di Sicilia per passare nel Mediterraneo orientale.

Questa supposizione del Servizio Informazioni Militare era però errata, in quanto il transito del Canale di Sicilia riguardava solo la Forza F, che includeva la corazzata *Barham*.

La nave da battaglia *Barham* destinata a rinforzare la Mediterranean Fleet, attraversando il Mediterraneo, da Gibilterra a Alessandria.

Era però necessario saperne di più su quell'ipotesi, prima che le navi britanniche si avvicinassero a quell'importante via d'acqua, e l'ammiraglio Cavagnari, che già la sera dell'8 aveva richiesto a Superaereo, con l'Avviso n. 1764, di incaricare la 2ª Squadra Aerea a partecipare con i propri velivoli terrestri alle ricognizioni marittime, incaricò il colonnello Martini a sollecitare il generale Pricolo per una risposta affermativa. Ma il Capo di Stato Maggiore della Regia Aeronautica, lamentando la mancanza di aerei per assolvere quel servizio dette, con messaggio delle ore 12.23 del 9 novembre, la seguente deludente risposta:[77]

Riferimento 1764 data 8 corrente. Seguito comunicazioni verbali non est possibile aderire richiesta per cattive condizioni atmosferiche et limitato numero velivoli disponibili. Altre inderogabili esigenze operative attualmente in atto et insufficienze riportate ieri nel tentato attacco convoglio nemico riducono forze aeree disponibili in Sicilia at un solo Stormo che ritienesi indispensabile al

---

[77] *Ibidem.*

completo per intervenire su allarme. Su richiesta Marina Messina un apparecchio Cant .Z. 506 presente Stagnoni est stato messo disposizione per esplorazione Canale Sicilia. Generale Pricolo.

Tuttavia, invece di impiegare il Cant Z. 506, per tenere sotto controllo le unità navali britanniche dirette verso il Canale di Sicilia, fu poi ripiegato su un velivolo terrestre S. 79 del 36° Stormo Bombardieri. Questi, partito da Castelvetrano alle ore 23.20 del 9 novembre, e volando con visibilità a quote varianti tra gli 800 e i 1.300 metri, effettuò nella notte una ricognizione sul percorso Biserta, Capo Bon, Pantelleria, Capo Mustafà, per poi rientrare a Castelvetrano, senza aver fatto nessun avvistamento.[78]

Un'altra cocente delusione arrivò dai cinque sommergibili che erano stati inviati in agguato nelle acque dell'Isola Galite, i quali non trasmisero alcun telegramma di scoperta sulla presenza delle forze navali britanniche, che pure traversarono le zone di agguato delle unità subacquee italiane nel pomeriggio del 9.

Alle ore 19.15, avendo raggiunto un punto situato a 165 miglia ad ovest della Sicilia, la Forza H invertì la rotta con l'*Ark Royal*, l'incrociatore *Sheffield* e i cacciatorpediniere *Duncan*, *Firedrake*, *Forester*, *Foxhound*, mentre la Forza F, con la corazzata *Barham*, gli incrociatori *Berwick* e *Glasgow*, e i cacciatorpediniere *Griffin*, *Greyhound*, *Gallant*, *Fury*, *Faulknor* e *Fortune*, diressero per raggiungere al mattino dell'indomani un punto di riunione con la Mediterranean Fleet, fissato a 40 miglia ad ovest dell'isola maltese di Gozo.

Durante la notte sull'8-9 novembre la Forza A della Mediterranean Fleet era rimasta in posizione di copertura a nord del convoglio MW. 3, pronta ad impegnare la flotta italiana se fosse intervenuta, e alle 08.00 del 9 arrivò a 60 miglia a sud di Malta, Alle 09.20, come stabilito, la corazzata *Ramillies* con tre cacciatorpediniere, costituenti la Forza D, furono distaccati per scortare il convoglio diretto a La Valletta, ove quelle navi avrebbero dovuto rifornirsi. Le altre tre corazzate della Forza A, *Warspite*, *Valiant* e *Malaya*, la portaerei *Illustrious* e dieci cacciatorpediniere, rimasero ad incrociare a sud del Banco Medina durante tutta la giornata, mentre i quattro incrociatori della 3ª e della 7ª Divisione *Gloucester*, *York* – *Ajax* e *Sydney* si mantennero di vigilanza verso settentrione.[79]

---

[78] ASMAUS, *Diario Storico Comando 2ª Squadra Aerea*, p. 238; GAM 16, messaggio n. 12/4640 del 10 novembre 1940 diretto al Comando Supremo.
[79] Historical Section Admiralty, *Mediterranean*, vol. II, cit., p. 7-8.

L'Illustrious **in navigazione nel 1940, ripresa da un incrociatore.**

Alle 12.40 un velivolo Swordfish *dell'Illustrious* impiegato con compiti antisom per un guasto fu costretto ad ammarare presso la *Warspite*, ma i due uomini dell'equipaggio, pilota e mitragliere, furono salvati da cacciatorpediniere *Jervis* del capitano di vascello Philip John Mack, comandante della 14ª Flottiglia.

Tra le 18.48 e le 15.50 del 9 novembre, le navi britanniche furono avvistate in quattro occasioni dai velivoli dell'83° Gruppo Ricognizione Marittima di Augusta, inviati a rastrello nelle acque a sud-ovest di Malta. Purtroppo non rientrò alla base uno degli idrovolanti Cant Z. 506 della 170ª Squadriglia, avente per pilota il tenente Toaldo Furia e per ufficiale osservatore il tenente di vascello Emilio Nacher. Intercettato alle 16.40 da un caccia Fulmar dell'806° Squadron della portaerei *Illustrious*, il velivolo italiano subito dopo aver trasmesso il segnale di scoperta di due corazzate, fu crivellato di colpi e precipitò in fiamme, perdendosi in mare con l'intero equipaggio.

Alle 21.00 del 9 la Forza A cambio rotta, dirigendo a nord-ovest (310°) per raggiungere la zona di incontro con la Forza F – che stava superando con navigazione notturna il Canale di Sicilia, appuntamento stabilito in lat. 36°08'N, long. 13°26'E, a 40 miglia ad ovest di Gozo. Poi, alle 00.10 del giorno 10 novembre, mentre le navi dell'ammiraglio Cunningham continuavano a spostarsi verso l'Isola Gozo, per arrivare all'incontro con le unità provenienti da Gibilterra, il sommergibile italiano *Pier Capponi* avvistò a circa 50 miglia a sud-est di Malta, una formazione navale che ritenne costituita da una nave portaerei, due incrociatori e otto cacciatorpediniere.

Il cacciatorpediniere *Jervis* nave comando della 14ª Flottiglia, diventato famosissima durante la guerra nel Mediterraneo.

La *Malaya*, una delle tre corazzate della Forza A.

Il comandante dell'unità subacquea, capitano di corvetta Romeo Romei, effettuò l'attacco in superficie, dopo essersi portato a distanza di lancio, e alle 00.30

del 10 trasmise per radio a Supermarina di aver colpito un incrociatore pesante con due siluri e probabilmente anche con un terzo, mentre in realtà non conseguì alcun risultato.[80] Le navi britanniche non rilevarono l'attacco del *Capponi*; tuttavia furono udite due grosse detonazioni che furono interpretate sulla *Warspite* come esplosioni di siluri a fine corsa, evidentemente lanciati da un sommergibile. Poiché i siluri italiani esplodevano soltanto per contatto, si può ragionevolmente avanzare l'ipotesi che i due siluri fossero esplosi mentre attraversarono la scia dell'unità attaccata. Ciò potrebbe spiegare l'impressione del comandante Romei di aver effettivamente colpito il bersaglio.

Supermarina, non dubitando che il sommergibile avesse effettivamente colpito un incrociatore, chiese a Superaereo di intervenire per dargli il colpo di grazia; ma i ricognitori, arrivati al mattino del 10 nella zona del presunto siluramento, non avvistarono unità danneggiate o relitti, che erano le traccie necessarie per poter convalidare un eventuale affondamento. Fu però individuata a La Valletta, da alcuni Cr. 42 del 23° Gruppo Caccia, la corazzata *Ramilles*, entrata nel porto maltese per rifornirsi, e ciò fu erroneamente interpretato come se quella nave da battaglia fosse stata effettivamente danneggiata dai siluri del comandante Romei che, per la presunta impresa, fu decorato con la Medaglia d'Oro al Valor Militare.[81]

Il sommergibile *Pier Capponi* dopo il presunto siluramento della corazzata *Ramillies*e, e il suo comandante, capitano di corvetta Romeo Romei.

---

[80] AUSMM, *Supermarina – Arrivo Cifra, registro 28. Il testo del messaggio era il seguente: "NAVE CAPPONI –97632 – Destinatario Supermarina alt Lanciato 3 siluri contro incrociatore pesante nemico colpendolo sicuramente con due (semialt) terzo probabile (alt) Avariato (semialt) Rientro alt – 003010".*

[81] ASMAUS, *OG. 6*, b. 89 e *GAM 16*, b. 273; AUSMM, "Attacco aereo su Taranto", *Attacchi alle Basi*, b. 2, f. 958; Historical Section Admiralty, Mediterranean, vol. II, cit., p. 8-9.

La vecchia corazzata *Ramillies*, cui fu assegnato il compito di scortare da Malta ad Alessandria il convoglio ME.3, ripresa in navigazione nel 1939.

Alle 07.00 del 10 novembre, con le prime luci del giorno, alcuni velivoli da ricognizione decollarono dal ponte di volo dell'*Illustrious* per esplorare un settore compreso tra i 350° e i 45° dalla Forza A. Ma, uno degli Swordfish cadde in mare subito dopo il decollo e i due uomini dell'equipaggio furono salvati dal cacciatorpediniere *Nubian* (capitano di fregata Richard William Ravenhill). La Forza A fu poi raggiunta alle 07.15 dai quattro incrociatori *Gloucester*, *York*, *Ajax* *Sydney*, che anche durante la notte avevano continuato a mantenere una posizione avanzata verso nord, e dei cacciatorpediniere nella scorta che nelle ore di oscurità erano entrati nel porto di Malta per rifornirsi.

Alle 15.00 i quattro piroscafi veloci del convoglio ME.3, *Memnon*, *Lanarkshire*, *Clan Macaulay* e *Clan Fewrguson*, che avevano lasciato La Valletta alle 13.30 per Alessandria, scortati dalla corazzata *Ramillies* dall'incrociatore contraereo *Coventry* e dai cacciatorpediniere *Decoy* e *Defender*, furono avvistati verso est dalle unità della Forza A. Il monitore *Terror*, che si trovava a Malta dall'inizio della guerra, e la cui permanenza nell'isola era ritenuta ormai superflua, con il cacciatorpediniere australiano *Vendetta* aveva lasciato La Valletta lo stesso giorno, e le due navi dirigevano con rotta indipendente verso la Baia di Suda. Il convoglio ME.3 fu poi probabilmente attaccato da un sommergibile, poiché alle 03.10 dell'11 novembre, sulla *Ramillies* furono udite tre esplosioni, ma nessuna nave segnalò di essere stata colpita. La *Ramillies* e le altre navi del convoglio ME.3, navigando alla velocità di 14,7 nodi raggiunsero Alessandria senza essere state disturbate.

L'incrociatore contraereo *Coventry*, che dopo aver scortato il convoglio per Malta WS.3 aveva assunto la protezione del convoglio ME.3 diretto ad Alessandria. Notare la disposizione degli otto cannoni da 102 mm su impianti singoli non scudati.

Mentre questi movimenti erano in atto verso levante, alle ore 10.15 la Forza A si era congiunta alla Forza F, in un punto situato a 40 miglia ad ovest dell'Isola di Gozo. La corazzata *Barham* fu aggregata alla Forza A, mentre, invece, gli incrociatori *Berwick* e *Glasgow*, che trasportavano 1.150 soldati, entrarono a Malta per sbarcarli assieme alle truppe che si trovavano a bordo dei cacciatorpediniere *Griffin*, *Greyhound*, *Gallant* e *Faulknor*, quest'ultimo della Forza H.

La Forza F, inizialmente agevolata dal fatto che per il tempo cattivo era venuto a mancare nella notte il necessario controllo esercitato nel Canale di Sicilia dalle unità italiane di vigilanza, poco prima delle 08.30 era stata individuata dalla stazione di vedetta di Pantelleria. Questa segnalò tre grandi navi e tre minori, che Supermarina interpretò come trattarsi di tre piroscafi e tre cacciatorpediniere di scorta, con rotta di allontanamento verso sud. Mezz'ora dopo, alle 08.55, la stazione di vedetta di Linosa segnalò a nord dell'isola tre corazzate e sei cacciatorpediniere con rotta nord-est.

La stazione di Linosa trasmise poi altre importanti notizie sui movimenti di una formazione navale di ventisette unità, comprendente due navi da battaglia e una portaerei, che restò a settentrione dell'isola fino alle 12.30, quando fu vista allontanarsi verso levante.[82]

Alle 13.30 la Mediterranean Fleet fu anche avvistata da un Cant Z. 501 della 144ª Squadriglia Ricognizione Marittima, pilotato dal sottotenente Alfio Ferri e con osservatore il sottotenente di vascello Umberto Gabrielli; ma, proprio mentre stava trasmettendo il segnale di scoperta, l'idrovolante fu abbattuto da due Fulmar dell'806° Squadron dell'*Illustrious*, aventi per piloti il tenente di vascello W.L. LeC. Barnes e il sottotenente di vascello A.J. Sewell.

Il mancato rientro di questo velivolo, il terzo perduto in sole ventiquattro ore dell'83° Gruppo Ricognizione Marittima di Augusta, finì per generare grande preoccupazione all'ammiraglio Cavagnari. Alle 15.25, con il messaggio n. 1790, egli chiese a Superaereo di voler disporre affinché le esplorazioni pomeridiane, pianificate per localizzare le unità navali nemiche avvistate durante la mattinata presso l'Isola di Linosa, fossero effettuate nel pomeriggio con i velivoli terrestri della 2ª Squadra Aerea.[83]

In primo piano un idrovolante Cant. Z. 501 della 185ª Squadriglia. Dietro un velivolo soccorso Cant. Z. 506.

---

[82] ASMAUS, *OG. 6*, b. 89 e *GAM 16*, b. 273. [83] ASMAUS, *SIOS*, b. 206.

Dettagli pittorici di idrovolante Cant. Z. 501 dell'Aviazione della Marina.

Ma il colonnello Martini, rispose, verso le ore 14.00, prospettando la non convenienza a effettuare le missioni, a causa delle condizioni atmosferiche sfavorevoli, che avrebbero costretto gli aerei a navigare a bassa quota, restando quindi particolarmente vulnerabili alla reazione nemica. Il Capo Ufficio Operazioni di Superaereo fece poi notare a Supermarina, che era stato consigliato dal Comando della 2ª Squadra aerea di sospendere per quel giorno le missioni dei reparti da bombardamento. Pertanto Martini suggeriva che, se non fosse stato ritenuto assolutamente indispensabile, occorreva evitare il rischio delle ricognizioni, da riprendere eventualmente l'indomani all'alba.[84]

In precedenza, ritenendo, erroneamente, che i movimenti di unità navali britanniche nella zona di Linosa potessero significare che la Flotta di Alessandria stava per assumere la scorta ad un convoglio proveniente da Gibilterra, il Capo di Stato Maggiore della Regia Marina, con il messaggio n° 81/1784 delle ore 10.00, aveva richiesto a Superaereo di fare intervenire i propri aerei offensivi. Il generale Pricolo impartì l'ordine di attacco al Comando della 2ª Squadra Aerea della Sicilia. Ma questa grande unità aerea, pur possedendo settanta bombardieri efficienti, decise di inviare contro il nemico soltanto un gruppo di dieci S. 79 della 11ª Brigata Nibbio, il cui comandante, generale Giuseppe Barba, dispose fosse prelevato dal 30° Stormo Bombardieri, a cui diramò, per telefono, alle ore 10.10, il seguente ordine operativo n. 52:[85]

Un gruppo di codesto Stormo su due pattuglie di cinque velivoli ciascuna attacchi subito n. 3 navi nemiche da carico che dovranno essere ricercate nella seguente zona: dirigere su Quadratino 1105 poi per Sud Est sino al quadratino di Linosa.

In nessun caso le formazioni dovranno avvicinarsi a Malta a meno di 100 chilometri.

---

84 Ibidem. AUSMM, *Comunicazione telefonica 2748, Supermarina – Comunicazioni telefoniche, registro 11.*

85 ASMAUS , *Diario Storico della 11ª Brigata Aerea 1940* e *Diario Storico del 30° Stormo Bombardamento Terrestre 1940.*

SITUAZIONE FORZA NAVALE NEMICO: Alle ore 0815 le predette tre navi da carico scortate da cacciatorpediniere si trovavano a 18 miglia sul rilevamento 170° da Pantelleria con rotta 170°.

Alle ore 0900 nel punto – latitudine 36° 10' longitudine 12° 45' con rotta 90° si trovavano le seguenti forze: Una nave da battaglia, due incrociatori leggeri e sei cacciatorpediniere.

Munizionamento: Bombe da 250 Kg.

Quota per il tiro di caduta: Non inferiore a m. 2500.

COLLEGAMENTI: Segnali di scoperta previsti dal Codice C.S.A.N. (Tab. 7) per tutte le altre segnalazioni Codice R.T. Aeronautico parte 2ª e codice "Q" secondo le norme in vigore.

IL COMANDANTE
F/to: Generale di B.A. G. Barba

Una formazione a cuneo di cinque velivoli da bombardamento S. 79 della 193ª Squadriglia del 30° Stormo in volo sul mare per attaccare navi britanniche.

Nonostante fosse stato richiesto che all'azione contro la Mediterranean Fleet dovessero partecipare dieci S. 79, fu possibile trovarne efficienti soltanto otto, racimolati tra gli equipaggi del 90° Gruppo, che decollarono da Sciacca al comando del tenente colonnello pilota Eugenio Cannarsa. Alla scorta dei bombardieri avrebbero dovuto provvedere due Mc. 200 e due Cr. 42 del 17° Gruppo Caccia, dislocati a Pantelleria. Essi decollarono regolarmente da quell'aeroporto ma, essendo il cielo molto nuvoloso, soltanto i due Mc. 200 poterono prendere contatto con gli S. 79 quando essi avevano già effettuato l'attacco e si trovavano sulla rotta del rientro.

I bombardieri del 90° Gruppo erano arrivati sulle navi britanniche alle ore 13.30 a 40 miglia ad ovest di Malta, dopo che il loro avvicinamento era stato segnalato dai radar delle navi. Essi attaccarono in due formazioni. Ma lo sgancio di ventiquattro bombe da 250 chili, effettuato dalla quota di 4.000 metri attraverso uno squarcio di sereno tra le nuvole molto dense, non portò a nessun risultato a causa della scarsa precisione del tiro, determinata, in gran parte, dal contrasto esercitato da una sezione di Fulmar dell'806° Squadron dell'*Illustrious*, che colpirono tre degli otto trimotori. Uno di essi fu portato all'ammaraggio dal pilota, tenente Raffaele Brandi, e per ricercarne l'equipaggio decollò dalla base un altro S. 79 della stessa squadriglia (la 195ª), con ai comandi il capitano pilota Erulo Paris, che era appena rientrato dalla missione bellica.

L'attacco dei bombardieri del 90° Gruppo del 30° Stormo, ore 11.40 del 9 novembre 1940. La salva delle bombe, ancora in corso, cade tra due grosse unità senza colpirle.

Alle ore 17.00, trovandosi 30 miglia a sud-ovest di Malta, l'S. 79 del capitano Paris individuò una grossa formazione navale con rotta levante, costituita da una portaerei, cinque grosse navi da guerra, sette cacciatorpediniere e due probabili piroscafi, ed immediatamente trasmise il segnale di avvistamento. Segnale che

Superaereo portò a conoscenza del Comando Supremo con il seguente messaggio n. 12/4665, trasmesso per telefono alle ore 19.34, e siglato dal maresciallo Badoglio.[86]

Comunicasi seguente avvistamento: Ore 1700 in posizione 20 a 30 miglia a Sud-Ovest di Malta con rotta levante una nave portaerei, cinque grosse navi, sette cacciatorpediniere, due piroscafi (questi ultimi non osservati).

Naturalmente si trattava della Mediterranean Fleet, che stava attendendo il rientro delle unità della Forza F (entrate nel porto della Valletta per scaricarvi i soldati imbarcati a Gibilterra) e di alcuni cacciatorpediniere inviati nella base maltese per rifornirsi.

Dopo essersi riunito, l'intero complesso navale britannico diresse con rotta sud-est a raggiungere, alle ore 21.00 del 10 novembre, un punto situato a 45 miglia a sud di Malta. Quindi, mantenendosi a nord del convoglio ME. 3 e navigando alla velocità di 15 nodi, diresse ad ovest per 90°, rotta che poi variò per est-sud-est a mezzanotte.

La notizia dell'avvistamento effettuato dall'S. 79 della 195ª Squadriglia del 90° Gruppo Bombardieri, portato da Superaereo alla conoscenza di Supermarina nella serata del 10 novembre, costituisce la prova inequivocabile che la Mediterranean Fleet, in rotta verso oriente, non era sfuggita all'osservazione della Regia Aeronautica, e che pertanto la flotta italiana, in approntamento a Taranto con un complesso di navi poderoso, rafforzato dalla 3ª Divisione incrociatori pesanti arrivati da Messina e dagli incrociatori leggeri della 7ª e 8ª Divisione a Brindisi, avrebbe potuto salpare nel corso della notte per cercare di intercettare ed impegnare il nemico nella giornata dell'indomani nel basso Ionio. Con tale manovra si sarebbero potuti raggiungere i seguenti due risultati:

1° - impegnare la Mediterranean Fleet nel momento in cui essa era vincolata alla scorta di un convoglio, ed era quindi costretta, per proteggerlo, dividendo le forze;

2° - sconvolgere i piani dei britannici, perché la presenza delle navi italiane in mare avrebbe reso inattuabile l'esecuzione del programma attacco notturno contro la base navale di Taranto.

Attacco che invece, come ha scritto l'ammiraglio Iachino, si realizzò *"in un clima di ideale tranquillità"*, poiché l'ammiraglio Cavagnari, considerati i rischi che si presentavano nel dover affrontare in combattimento una flotta nemica del potenziale elevato, ritenne l'uscita della flotta italiana non conforme alla prudente politica della *"Fleet in being"*.[87]

---

[86] ASMAUS, *SIOS*, b. 206, Nel Diario Storico del 90° Gruppo B.T. 1940, alla data del 10 novembre, è riportato che le cinque grosse navi avvistate dal velivolo del capitano Paris erano tre navi da battaglia e due incrociatori.

[87] A. Iachino, *Tramonto di una grande Marina*, Milano, Mondadori, 1959, p. 243.

Dopo un attacco aereo una pausa per l'equipaggio di un incrociatore classe "Town". Ai piedi degli uomini i bossoli del consumo dei proietti da 40 mm sparati contro gli aerei italiani.

Pertanto, il Capo di Stato Maggiore della Marina, che alle ore 1500 aveva inviato ai comandi della 1ª e della 2ª Squadra Navale l'ordine di tenere le navi pronte a muovere in tre ore si limitò, in serata, a trasmettere il solito, generico, avvertimento di tenersi pronti a muovere alle ore 08.00 dell'indomani 11 novembre. Tale ordine, trasmesso con telescrivente in armonica e numero di protocollo 91156, non avrebbe avuto alcun seguito, poiché la flotta rimase tranquillamente in porto.[88]

Avendo rinunciato a far muovere le due Squadre Navali nella tarda serata, impedendogli pertanto di potersi trovare l'indomani 11 in posizione adatta per fronteggiare la Mediterranean Fleet in una zona che rientrava entro il raggio d'azione degli aerei della Sicilia, della Puglia e della Cirenaica, il Capo di Stato Maggiore della Marina si limitò a predisporre per la notte crociere di Mas e di torpediniere nel Canale di Sicilia e in prossimità di Malta.

In seguito alle disposizioni emanate da Supermarina, e prontamente attuate dal Comando Militare Autonomo della Sicilia, le torpediniere *Vega*, *Calipso*, *Calliope* e *Alcione* costituirono una linea di vigilanza fra l'Isola di Marettimo e la costa tunisina

---

[88] AUSMM, *Attacchi alle Basi*, b. 2, f. 958.

di Capo Bon, per operare contro unità nemiche provenienti dal Mediterraneo centrale e dirette a ponente. Nel contempo i *Mas 531* e *532* si disposero in agguato a sud di Pantelleria, e i *Mas 530* e *550* nella zona del Banco Talbot. Altri tre *Mas*, il *516, 517* e *518* raggiunsero una zona d'agguato situata a nord-est di Malta, valendosi dell'appoggio dei cacciatorpediniere *Vivaldi* e *Malocello*, salpati nella notte da Messina per trovarsi all'alba dell'11 sul parallelo di Capo Passero.

La *Calipso* una delle quattro torpediniere che la notte del 10 novembre furono inviate in agguato nel Canale di Sicilia, per contrastare eventuali movimenti navali nemici in quella importante zona di mare.

Nel contempo Supermarina richiese a Superaereo di voler effettuare il servizio di ricognizione nelle acque a sud della Sicilia, e pertanto in direzione radicalmente opposta a quella in cui dirigevano le navi britanniche nella loro navigazione verso oriente, perché si ritenne che almeno una parte delle unità britanniche avesse l'intenzione di superare il Canale di Sicilia per raggiungere Gibilterra. Questo fatto sta chiaramente a dimostrare che il movimento della Mediterranean Fleet non era stato ben compreso, come d'altronde era già accaduto il mattino del 9 luglio, nelle ore precedenti all'inizio della battaglia di Punta Stilo.

Ciò appare però molto strano, diremo incomprensibile, poiché lo spostamento verso oriente della flotta britannica fu confermato nella notte dal sommergibile *Topazio*, il cui comandante, capitano di corvetta Emilio Berengan, riferì di aver attaccato, alle ore 01.35 dell'11 novembre, un convoglio in lat. 34°32'N, long. 16°17'E, con siluramento apprezzato di due piroscafi.

Al rientro in porto a Messina, il mattino del 13, l'azione del *Topazio* fu descritta per telefono a Supermarina dallo stesso comandante Berengan, che riferì all'ammiraglio Emilio Ferreri di aver avvistato il convoglio con condizioni di luce ottima e luna allo zenit ad una distanza di 8.000 metri. L'attacco si era poi svolto con lancio di due siluri di prora, scagliati in superficie da una distanza di 3.000 metri, prendendo a bersaglio tre dei quattro piroscafi del convoglio, che si trovavano molto raccolti e preceduti da tre cacciatorpediniere e da due incrociatori stimati della classe "Leander". Dopo due minuti e cinquanta secondi dal lancio erano state udite due grosse esplosioni che furono interpretate da Berengan come la prova del successo, di cui egli aveva dato notizia per radio alle ore 03.15, dopo essere tornato tranquillamente in superficie per trasmettere il segnale di scoperta.

Con l'arrivo della corazzata *Barham*, la Mediterranean Fleet poté disporre di cinque navi da battaglia, quattro delle quali della classe "Warspite", e tutte armate con otto cannoni da 381 mm, mentre da parte italiana delle sei corazzate disponibili soltanto le due "Littorio" possedevano lo stesso calibro di artiglieria.

In realtà l'attacco del *Topazio* non conseguì alcun successo, tanto che le navi britanniche neppure si accorsero di essere state prese a bersaglio da un sommergibile italiano. Ragion per cui dobbiamo supporre che le detonazioni udite dal comandante

Berengan avessero avuto origine a noi sconosciuta, ma certamente ben diversa da quella dell'esplosione di siluri.

Naturalmente il convoglio attaccato dal *Topazio* era l'ME. 3, che era scortato dalla corazzata *Ramillies*, mentre le altre quattro navi da battaglia della Mediterranean Fleet (*Warspite*, *Valiant*, *Malaya* e *Barham*), assieme alla portaerei *Illustrious* e a sei incrociatori, si mantenevano in una posizione di copertura più settentrionale.

L'ATTIVITÁ DELLA RICOGNIZIONE AEREA ITALIANA NELLA GIORNATA DELL'11 NOVEMBRE

Vediamo ora come si svolsero le ricognizioni aeree nel corso della giornata dell'11 novembre 1940, il cui incremento, con velivoli della Regia Aeronautica, era stato richiesto da Supermarina e Superaereo con il seguente Avviso n. 1792 delle ore 20.00 del giorno 10: [89]

Pregasi disporre che domani 11 novembre sino eseguite seguenti ricognizioni a completamento di quelle effettuate dalla ricognizione per la Marina; da Aeronautica Sardegna S 10 fino a meridiano 3 Est; da 2ª Squadra Aerea esplorazione su Malta et zone comprese tra meridiani 15° et 12° et paralleli 34° et costa sicula. Si gradirà assicurazione. Cavagnari.

Avendo ricevuto da Superaereo, con il messaggio n. B-03016 delle ore 21.50, l'ordine di effettuare con partenza all'alba l'esplorazione su Malta e nella zona compresa tra i meridiani 15° e 12° Nord e tra il parallelo 34° Est e la costa della Sicilia, il Comandante della 2ª Squadra Aerea, generale Tedeschini Lalli, diramò alla 3ª Divisione Aerea, alla 11ª Brigata Aerea e al Comando Caccia della Sicilia, il seguente ordine operativo:[90]

22432/S Aerosquadra punto Domattina corrente 11 appena possibile in relazione condizioni atmosferiche siano effettuate seguenti ricognizioni at vista scopo riconoscere presenza et consistenza et direzione marcia forze navali nemiche: primo – Caccia: esplorazione zona tra costa Sicilia e Malta raggio 50 Km punto – secondo – Terza Aerodivisione: esplorazione zona compresa fra parallelo 34° et 35°20' et meridiani 12° et 13°20' punto – Forze partecipanti: Comandante Caccia determini numero velivoli da impiegare in relazione disposizioni impartite telefonicamente punto – Per Comandanti Divisione et Brigaereo avverto che la missione dovrà essere eseguita con pattuglie tre S. 79 formazione cuneo serrata perché velivoli possano prestarsi eventuale appoggio reciproco punto – Novità radio: ogni mezz'ora – Servizio M – collegamento diretto con stazione R.T.

---

[89] AUSMM, *Supermarina, Avvisi*, registro 6.
[90] ASMAUS., *Diario Storico del Comando II Squadra Aerea 1940*, allegato 120.

Aerosquadra et seguenti appuntamenti: Aerodivisione 05' et 35 punto et virgola – Brigaereo 15' et 45' punto

Generale Tedeschini Lalli

In conformità con questi ordini, nelle prime ore del mattino dell'11 novembre decollarono due pattuglie di tre S. 79 del 30° e del 34° Stormo Bombardieri, che però, essendo stati diretti in ricognizione a sud-est di Malta, non effettuarono alcun avvistamento. Nel contempo, sei velivoli Cr. 42 del 23° Gruppo Caccia furono inviati sul cielo di Malta per svolgervi l'esplorazione a vista e fotografica della base navale e degli aeroporti. I piloti individuarono un solo incrociatore alla fonda nel porto della Valletta (il *Calcutta*), e poi, alle ore 09.00, un'unità da guerra imprecisata accompagnata da quattro cacciatorpediniere a circa 35 miglia dalle coste orientali dell'isola, con rotta sud-est a forte velocità.

L'attenzione dei Comandi italiani si focalizzò ben presto a levante della Sicilia, ove il compito dell'esplorazione aerea era stato assegnato a cinque idrovolanti dell'83° Gruppo Ricognizione Marittima di Augusta, decollati a brevi intervalli, tra le 07.40 e le 07.50 per una ricerca a rastrello. Uno dei velivoli, un Cant Z. 501 della 189ª Squadriglia, tra le 09.10 e le 10.30 fece i seguenti avvistamenti:[91]

- ore 09.10: due incrociatori da 10 000 t a 95 miglia per 145° da Capo Passero con rotta 90° e velocità 20 nodi;
- ore 09.10: un cacciatorpediniere e un piroscafo a 110 miglia per 155° da Capo Passero con rotta 90° e velocità 14 nodi;
- ore 10.00: un incrociatore da 10.000 tonn, due incrociatori da 7.000 t, sei cacciatorpediniere e due piroscafi da 10-20 000 tonn a 180 miglia per 135° Capo Passero con rotta 90° e velocità 14 nodi;
- ore 10.30: due incrociatori da 7.000 tonn sei cacciatorpediniere, sei piroscafi ed una nave imprecisata (forse nave da battaglia) a 190 miglia per 110° da Capo Passero con rotta 90° e velocità 12 nodi.

Occorre rilevare che i primi due avvistamenti si riferivano al monitore *Terror* e al cacciatorpediniere *Vendetta*, che seguivano una rotta più settentrionale essendo diretti a Suda, mentre il terzo e l'ultimo avvistamento riguardava il convoglio MW. 3 e la sua scorta che, invece, erano spostati più a sud perché destinati a raggiungere Alessandria. La rotta 90° segnalata dai ricognitori italiani in tutti gli avvistamenti indicava chiaramente che le navi britanniche erano dirette a oriente.

Per attaccare le navi avvistate alle ore 09.10 il Comando della 5ª Squadra Aerea fece decollare dalla Cirenaica una formazione di dieci S. 79 del 15° Stormo Bombardieri, guidata dal colonnello pilota Silvio Napoli. Ma i velivoli, che avevano a bordo un carico bellico di novanta bombe da 100 chili, pur spingendo la ricerca fino al limite dell'autonomia, non riuscirono a rintracciare l'obiettivo perché la zona in cui il nemico doveva trovarsi era coperta da nuvole.

---

[91] ASMAUS, *Diario Storico Comando Aviazione R. M. Sicilia 1940*, p. 333.

Nel frattempo si era verificato un altro importante avvistamento da parte di un velivolo da ricognizione strategica della 5ª Squadra Aerea, che alle ore 11.30 aveva individuato una consistente formazione navale comprendente una corazzata, una portaerei, quattro incrociatori e sette piroscafi, la cui rotta ad oriente confermò l'impressione che tutta la flotta britannica si trovasse sulla rotta del rientro ad Alessandria.

A questa valutazione arrivò certamente Superaereo che, nel suo esame della situazione delle ore 12.00, aveva considerato che le corazzate britanniche, non ancora individuate nella loro compattezza, dovessero trovarsi, assieme a una o due portaerei e vario naviglio leggero e sottile, in una zona situata entro un raggio di 200 miglia a sud-est di Capo Passero, con rotta di spostamento verso levante.

Successivamente con altra valutazione delle ore 19.00, il quadro della situazione esposto dal Reparto Operazioni di Superaereo, con messaggio N. 5 diretto al Comando Aerei Speciali, apparve il seguente:[92]

Situazione ore 19 Novembre 11. Mediterraneo centrale mancano avvistamenti. Si presume che le forze navali inglesi abbiano proseguito la navigazione verso levante e che verso le ore 20 si trovino nella zona a Nord di Apollonia (Cirenaica). Mediterraneo orientale nessuna notizia. Colonnello Biani.

Alle stesse conclusioni arrivò anche Supermarina. Infatti, nella tarda serata l'ammiraglio Cavagnari, con l'Avviso n. 1798 delle ore 20.45, informò il generale Pricolo che la ricerca delle unità navali britanniche sarebbe stata effettuata nella giornata dell'indomani dagli idrovolanti della Ricognizione Marittima di Tobruk (143ª Squadriglia), in collaborazione con velivoli terrestri dell'Aeronautica della Libia. Le missioni, da iniziare all'alba, dovevano svolgersi a nord della Cirenaica, in una zona delimitata tra i paralleli 34° e 36° e i meridiani 21° e 24°.[93]

Purtroppo i velivoli della Ricognizione Marittima della Sicilia, che durante la mattinata avevano fornito preziose informazioni sulla direttrice di marcia delle navi britanniche, nel pomeriggio non avvistarono nulla. Ciò anche perché, considerando che il nemico avrebbe diretto verso la Cirenaica, gli idrovolanti furono inviati in una zona più meridionale rispetto a quella effettivamente percorsa dalla Mediterranean Fleet, che alle ore 12.00 dell'11, allontanandosi dal convoglio ME. 3, aveva diretto per nord-est in direzione delle coste occidentali della Grecia.

---

[92] ASMAUS, *GAM 18*, b. 298.
[93] ASMAUS, *OG. 6*, b. 89.

Bella immagine in volo di un velivolo da caccia Fulmar, che assieme agli Skua equipaggiava le portaerei britanniche.

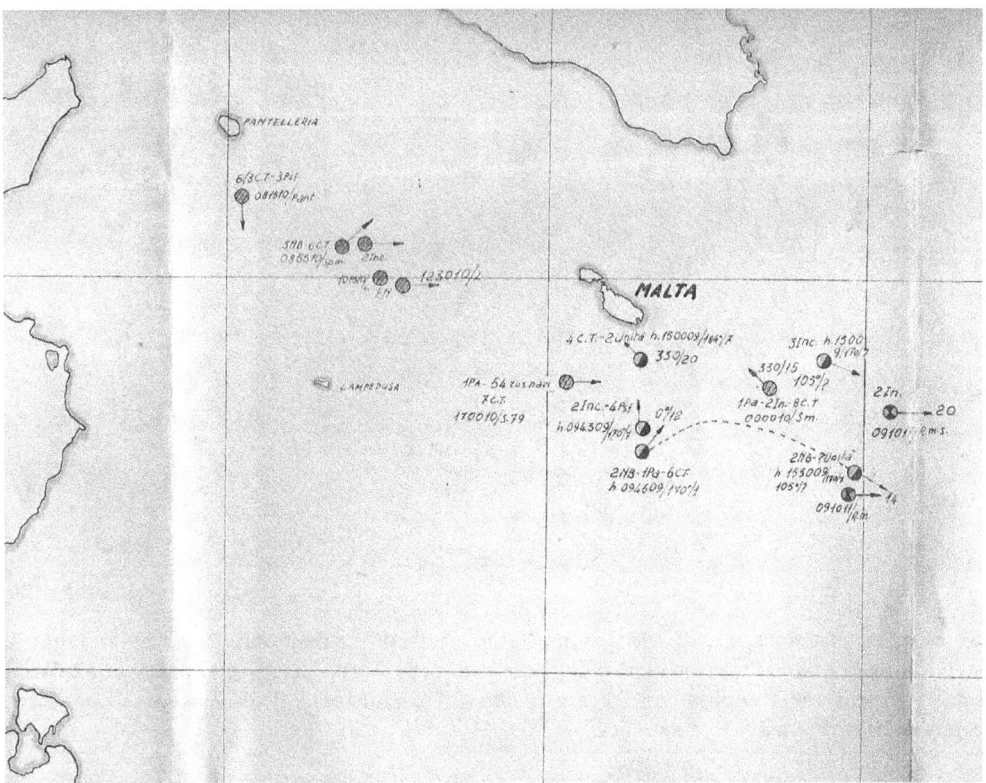
Avvistamenti delle navi britanniche nel Mediterraneo Centrale nei giorni 9, 10 e 11 novembre 1940. Cartina di Superaereo.

Nel frattempo, l'ammiraglio Cunningham aveva diretto con il grosso della flotta verso levante, e a mezzogiorno dell'11 si trovava in lat. 36°10'N, long. 18°30'E, a metà strada tra Malta e Creta. In questo punto fu raggiunto dall'incrociatore *Orion* che alle 16.30 era partito dalla baia di Suda, dove il vice ammiraglio Pridham-Wippell, vice comandante della Mediterranean Fleet e comandante delle forze Leggere, si era recato, dopo aver scaricato truppe e materiali al Pireo, per rendersi conto quale fosse la situazione difensiva in quella nuova e importante base navale dell'isola di Creta. Con l'arrivo dell'*Orion*, si trovavano raggruppate intorno alla portaerei *Illustrious* le quattro corazzate *Warspite* (nave da bandiera dell'ammiraglio Cunningham), *Valiant*, *Barham* e *Malaya*, i sette incrociatori *Gloucester*, *Berwick*, *Glasgow*, *York*, *Orion*, *Sydney* e *Ajax*, e quindici cacciatorpediniere.

Al centro dell'immagine, il vice ammiraglio Andrew Pridam-Wippell, Comandante in seconda della Mediterranean Fleet e Comandante delle Forze Leggere. Gli altri due ufficiali son il suo segretario, capitano di fregata H. Prevett (a sinistra) e il suo aiutante di bandiera, capitano di corvetta J.S.H. Lawrence.

L'INCURSIONE DELLA FORZA X NEL CANALE D'OTRANTO E L'ANNIENTAMENTO DEL CONVOGLIO "LOCATELLI"

Alle ore 13.10 dell'11 novembre una frazione della Mediterranean Fleet al comando del vice ammiraglio Pridham-Wippel, denominata Forza X e costituita dagli incrociatori della 7ª Divisione *Orion*, *Ajax*, *Sydney*, e dai due grossi cacciatorpediniere di squadra *Nubian* e *Mohawk*, ebbe libertà di manovra per operare contro il traffico italiano nel Canale d'Otranto, con obiettivo costituito dai convogli che durante la notte attraversavano l'Adriatico fra Brindisi o Bari e Valona e Durazzo. Successivamente alle 18.00, si staccarono dalla flotta, al comando dell'ammiraglio Syfret, la portaerei *Illustrious*, gli incrociatori della 3ª Divisione *Gloucester*, *Berwick*, *Glasgow* e *York*, per portarsi nella posizione di attaccio contro Taranto a 40 miglia ad ovest di punta Kobbo di Cefalonia, mentre il Comandante in Capo della Mediterranean Fleet rimaneva in una posizione per poi portarsi dopo il tramonto, sulla direttrice Malta – Cerigo, per dare copertura alle due operazioni.

Il *Gloucester* prima della guerra. Era l'incrociatore di maggior peso della Mediterranean Fleet, essendo armato con dodici cannoni da 152 mm. Assieme ad altri tre incrociatori scortò la portaerei *Illustrious* durante il suo attacco al porto di Taranto.

Era previsto che la Forza X raggiungesse la rotta Brindisi Valona poco dopo mezzanotte tra l'11 e il 12 novembre, per poi invertire la rotta e tornare indietro per poi raggiungere la Mediterranean Fleet alle ore 08.00 del 12 a largo di Cefalonia. I tre incrociatori procedettero nella loro rotta di spostamento verso nord in linea di fila, a distanza serrata con i due cacciatorpediniere disposti alla distanza di 2 miglia, uno per ciascun lato. Gli ordini stabilivano che ogni nave oscurata incontrata doveva essere considerata nemica e quindi attaccata con grande determinazione. In presenza di una nave mercantile isolata, l'incrociatore che si trovava di poppa doveva lasciare il gruppo navale e affondarla; se fosse stato incontrato un convoglio, le navi britanniche dovevano mantenere una rigida formazione, e nel contempo manovrare secondo le necessità. Presentandosi la necessità di illuminare i bersagli, le navi avevano l'ordine di impiegare proiettili illuminanti, evitando, per quanto possibile, di accendere i proiettori. Le condizioni atmosferiche erano ideali, poiché vi era mare calmo, vento forza 1, cielo 7/10 coperto e la luna si trovava a 3/4 in direzione sud-ovest.[94]

In queste condizioni favorevoli, la Forza X si trovò alle ore 01.15 del 12 al largo del porto albanese di Valona, ove affondò nella notte, dopo contatto visivo, un'intero convoglio italiano di quattro piroscafi (*Locatelli*, *Capo Vado*, *Premuda* e *Catalani*), salpato da Valona e diretto a Brindisi, e danneggiò una delle due unità di scorta, la torpediniere *Fabrizi* (tenente di vascello Giovanni Barbini), che, come vedremo, era andata audacemente all'attacco delle navi britanniche.

Per rendersi conto della rapidità e dell'efficacia dell'azione delle unita della Forza X, vediamo quale fu la descrizione fornita all'Ufficio Storico della Marina italiana dalla Sezione Storica dell'Ammiragliato:[95]

La formazione passò 10 miglia a ponente dell'isola di Fano e diresse per 340° a 20 nodi nel mezzo del Canale d'Otranto. Nulla fu avvistato durante la corsa verso Nord; alle 01.00 del 12 fu invertita la rotta. Alle 01.15 del 12 furono avvistate delle navi circa 8 miglia di prora a sinistra naviganti in linea di fila verso Brindisi e scortate da un cacciatorpediniere e da una torpediniere, uno per lato.[96]

Il MOHAWK aprì il fuoco alle 01.25 contro il cacciatorpediniere ad una distanza di 3.600 metri; l'ORION iniziò il tiro alle 01.28 con i suoi cannoni da 152 contro la terza nave del convoglio e con i suoi cannoni da 100 contro la torpediniera, che aveva accostato sulla dritta. Alle 01.53 dopo un breve e accanito duello al quale presero parte tutte le navi, il Vice Ammiraglio diede ordine di riprendere la formazione e di proseguire con rotta 166° a 28 nodi. Tutte e quattro le navi del convoglio furono affondate ma le navi di scorta riuscirono a sfuggire.

Il Vice Ammiraglio delle Forze Leggere raggiunse il Comandante in Capo alle 11.00 del 12 novembre.

---

[94] AUSMM, *Scambio notizie con Ammiragliato Britannico*, b. 2.
[95] *Ibidem*.
[96] Alla scorta del convoglio, che era partito da Valona per Brindisi e che fu attaccato a 16 miglia a ponente dell'Isola Saseno, non partecipava alcun cacciatorpediniere italiano. Si trattava, in realtà come vedremo, dell'incrociatore ausiliario Ramb III, che riuscì a sottrarsi alla distruzione assieme alla torpediniere Fabrizi.

L'incrociatore *Orion*, la nave ammiraglia della 7ª Divisione che nel Canale d'Otranto attaccò il convoglio italiano "Locatelli".

L'incrociatore australiano *Sydney* altra unità che partecipò all'attacco e all'annientamento del convoglio "Locatelli".

L'Ajax, **il terzo incrociatore della Forza X, nelle due immagini, fotografica e pittorica, e nella sua mimetizzazione.**

Secondo un'accurata ricostruzione italiana del 9 luglio 1942, compilata dall'Ufficio Addestramento del Reparto Operazioni di Supermarina, che noi abbiamo integrato sulla scorta di documenti britannici, alle ore 01.18 del 12 novembre il convoglio si trovava a 16 miglia per rivelamento 286° da Saseno.[97] Dopo aver superato le ostruzioni del porto di Valona, dalle ore 22.28 alle ore 22.45 dell'11 novembre, il convoglio procedeva, alla velocità di 8 nodi, con le quattro navi

---

[97] AUSMM, "Attacco nemico ad un convoglio nella notte dall'11 al 12/11/40 - XIX", *Scontri navali e operazioni di guerra*, b. 14.

mercantili disposte in linea di fila nel seguente ordine: *Locatelli*, *Premuda*, *Capo Vado* e *Catalani*. Le due unità di scorta, la torpediniera *Fabrizi* e l'incrociatore ausiliario *Ramb III*, erano rispettivamente sulla sinistra avanzata e sulla dritta arretrata della formazione dei piroscafi.

Scrisse il capitano di vascello Romolo Polacchini, comandante Superiore Traffico Albania, con sede a Brindisi.[98]

Erano state scelte le due posizioni di scorta laterali perché la notte di plenilunio, molto chiara, imponeva una protezione dal convoglio come nella navigazione diurna.

Alle 01.18 *"la FABRIZI e successivamente, a breve intervallo anche il RAMB III e i piroscafi, avvistarono sulla sinistra, su rilevamento polare 40° - 50°, ombre scure riconosciute ben presto come unità nemiche"*, anche perché risultava che in quel momento non vi dovevano essere navi nazionali in quella zona. Il comandante della *Fabrizi*, che infatti aveva conoscenza dei movimenti in mare dei convogli italiani, *"fece battere il posto di combattimento generale"* e, nonostante dovesse fronteggiare una notevole sproporzione di forza e di potenza, alle ore 01.20 diresse contro il nemico, accostando *"per portarsi a distanza utile per il lancio dei siluri"*.[99] Due minuti dopo, mentre continuava a manovrare nella rotta di avvicinamento alle unità nemiche, che stavano a loro volta accostando verso il convoglio, la torpediniera cominciò a sparare con i due pezzi prodieri da 102 mm, per rispondere al fuoco, dell'unità britannica che si trovava in posizione laterale sinistra. Si trattava del cacciatorpediniere *Mohawk* (capitano di fregata John William Musgrave Eaton) che, trovandosi a prora a sinistra dell'incrociatore *Orion* e avendo avvistato per primo il convoglio per rilevamento 120° e alla distanza di 8 miglia, aveva fatto il segnale d'allarme e si era diretto verso le navi italiane alla velocità di 25 nodi.

Il *Mohawk* aprì il fuoco alle 01.25 contro la *Fabrizi*, alla distanza di circa 3.600 metri, e dopo aver centrato la torpediniera alla quarta salva la vide allontanarsi facendo fumo.

La *Fabrizi*, inquadrata dalle salve d'artiglieria, e inondata fino alla plancia dalle colonne d'acqua sollevate dai proietti fu, in effetti, colpita da alcune granate che, oltre a ferire con una scheggia il comandante ad una coscia, immobilizzarono gli apparati radiotelegrafici. Tuttavia, alle 01.28, dalla distanza di circa 4.000 metri, tentò ugualmente di lanciare i due siluri dell'impianto di sinistra, non riuscendovi per il mancato funzionamento dei fonici e per l'interruzione del circuito. Il guasto era stato determinato dai danni causati dai colpi ricevuti dal *Mohawk*, e anche

---

[98] AUSMM, Comando Superiore Traffico Albania, "Cronistoria degli avveni-menti. Come furono noti, nella notte dall'11 al 12 novembre", *Scontri navali e operazioni di guerra*, b. 14.

[99] La *Fabrizi* era armata con quattro vecchi cannoni da 102 mm e la *Ramb III* con quattro cannoni da 120 mm. I tre incrociatori e i tre caccia torpediniere britannici potevano invece contare su ventiquattro pezzi da 152 mm, dodici da 120 mm, e ventotto da 100 mm.

dall'incrociatore *Orion* (capitano di vascello Geoffrey Robert Bensly Back) che, avvistate le navi italiane e cambiato rotta per passare a proravia del convoglio, aveva aperto il fuoco alle 01.28 con i pezzi da 152 mm contro il terzo piroscafo del convoglio, incendiandolo, e contemporaneamente preso a bersaglio la torpediniere con i cannoni da 100 mm ad una distanza di circa 5.800 metri.[100]

In mancanza di una foto dell'attacco notturno al convoglio "Catalani", si può immaginare quale dovette essere il tiro delle artiglierie prodiere da 152 mm dell'incrociatore *Orion*, nella fotografia scattata durante uno dei suoi frequenti bombardamenti nella zona del Fiume Garigliano all'inizio del 1944.

Il tenente di vascello Barbini, cui l'ufficiale in seconda Carlo Giannazzi aveva stretto un laccio alla coscia ferita per frenare l'emorragia, perché aveva dichiarato *"di volere e potere rimanere al suo posto"* di comando, continuò a dirigere la manovra della *Fabrizi* anche nella fase di disimpegno.[101] Constatato che la sua

---

[100] B.B. Schofield, *La notte di Taranto*, cit., p. 62; Historical Section Admiralty, *Mediterranean*, vol II, cit., p. 14.

[101] Il tenente di vascello Barbini, era stato prelevato dalla torpediniera *Bassini*, di cui era il comandante perché, essendo la sua nave ai lavori, occorreva sostituire nel comando della *Fabrizi* il 1° tenente di vascello Pier Alberto Frigerio, sbarcato dopo essersi ammalato.

danneggiata torpediniere si trovava pericolosamente esposta al fuoco nemico, senza avere ormai più la possibilità di effettuare il lancio dei siluri, e considerando che l'insistere nell'attacco avrebbe sicuramente portato all'affondamento dell'unità, probabilmente prima ancora di poter effettuare il lancio, Barbini ordinò di accostare sulla dritta, e manovrò facendo fumo per allontanarsi, zigzagando, tra le salve che cadendo molto vicine alla *Fabrizi* continuavano a investirla di schegge. Sebbene fosse stata ancora colpita da un proiettto, che inutilizzò il complesso del pezzo da 102 mm di prora a sinistra, uccidendo tre uomini e ferendone altri due, la torpediniera riuscì ad allontanarsi.

La torpediniera *Nicola Fabrizzi* che assieme all'incrociatore ausiliario *Ramb III* scortava il convoglio "Locatelli". Andò all'attacco ma dovette rinunciare a lanciare i siluri essendo stata colpita e danneggiata dal tiro del cacciatorpediniere *Mohawk*.

Avendo poi constatato che il tiro nemico si era concentrato totalmente sul convoglio, le cui navi mercantili erano bene rischiarate dai proietti illuminanti, il comandante della *Fabrizi*, effettuò un tentativo per salvare almeno parte dei piroscafi. Mostrando molto coraggio e senso di sacrificio, il tenente di vascello Barbini effettuò una nuova accostata sulla dritta, per poi dirigere, ancora una volta verso le navi britanniche allo scopo di frapporsi fra queste e le unità del convoglio. Nel frattempo continuò a sparare, con i complessi n. 3 e n. 4, rispettivamente disposti a centro nave e a poppa.

Si trattava di compiere una manovra quasi disperata, che inoltre non poteva portare nessun aiuto alle navi del convoglio che, subito dopo l'avvistamento delle unità nemiche, avevano accostato di circa 90° a dritta, per poi dirigere verso la costa, per rilevamento 80° - 90, con rotte più o meno parallele, nel tentativo di sottrarsi al tiro delle unità britanniche, che era reso molto preciso dalla luce dei proietti illuminanti.

La nave ausiliaria *Ramb III*, che rispetto alle unità britanniche si trovava inizialmente sul lato opposto del convoglio, manovrò correttamente per allontanarsi insieme alle navi mercantili; e quando fu inquadrata dalle salve nemiche rispose al fuoco alternativamente con i suoi quattro cannoni da 120 mm, disposti sui due lati dello scafo, e sparò complessivamente diciassette granate, facendo punteria sulle vampate delle artiglierie delle unità britanniche.

Nel contempo però, le quattro navi del convoglio venivano colpite e incendiate in rapida successione.

Il *Locatelli* (3.430 tsl), il primo piroscafo del convoglio, che era venuto a trovarsi il più a sinistra nella nuova rotta di fuga, centrato dalle salve dell'ultimo incrociatore della formazione, l'australiano *Sydney*, (capitano di vascello John Collins), fu il primo ad essere colpito. Erano le ore 01.20 e il piroscafo, con la sala macchine piena di vapore a causa dei danni prodotti da un proietto che aveva colpito un condensatore, e in preda delle fiamme che andavano rapidamente estendendosi a prora e al centro, dopo aver erroneamente lanciato il segnale di soccorso prescritto per l'attacco di aerei (sic), cominciò ad appruarsi sulla dritta e alle 01.35 fu abbandonato dall'equipaggio, per ordine dei due comandanti, civile e militare. Affondò esattamente due ore più tardi.

Il piroscafo *Antonio Locatelli* a Venezia. Fu la prima nave del convoglio a essere affondata dai cannoni da 152 mm dell'incrociatore australiano *Sydney*.

Il *Premuda* (4.427 tsl), secondo piroscafo della linea del convoglio, fu colpito subito dopo il *Locatelli*, dai 120 mm del cacciatorpediniere *Mohawk*, il quale, dopo essersi inizialmente impegnato contro la *Fabrizi*, aveva aperto il fuoco sulla nave mercantile. Alle 01.30, il *Premuda* fu poi preso di mira dal *Sydney*, l'ultimo incrociatore della formazione britannica, ed in preda alle fiamme fu abbandonato dall'equipaggio ed affondò alle 03.50 con il suo carico militare, in parte costituito da venti automezzi del Battaglione San Marco, che venivano riportati in italia dall'Albania. Il comandante militare del piroscafo, tenente di vascello C. Preve, decedette sulla nave ospedale *California* in seguito alle gravi ferite riportate.

Il *Capo Vado* (4.390 tsl), terza nave del convoglio, mentre manovrava, accostando a dritta, per dirigere a levante, con l'intenzione di presentare minor bersaglio e di sfuggire all'attacco delle navi nemiche, fu inquadrato dalle salve da 152 mm dell'incrociatore *Orion*, che contemporaneamente, come abbiamo visto, prese a bersaglio anche la *Fabrizi* con i cannoni da 120 mm. Colpito sul ponte di comando, sugli organi di governo, al centro e a poppa – ove si sviluppò un incendio nel deposito di nafta – e infine nella stiva di prora, il *Capo Vado* affondò alle ore 03.30, dopo che era stato impartito l'ordine di abbandonare la nave, e dopo che i due comandanti quello militare (tenente di vascello Aristide Lagorio) e quello civile (capitano Innocenzo Franklin), avevano provveduto a affondare la valigia contenente tutti i documenti segreti.

Il piroscafo **Prenuda**, che immobilizzato dai proietti da 120 mm del cacciatorpediniere *Mohawk* fu poi preso a bersaglio dall'incrociatore australiano *Sydney*.

Il piroscafo *Capo Vado*, quando alla fine degli anni '20 prestava servizio nella Marina statunitense con il nome di *Dochra*. Fu affondato dal tiro dell'incrociatore *Orion*.

Il cacciatorpediniere britannico *Mohawk*.

La motonave *Catalani* (2.430 tsl), che si trovava in coda al convoglio, fu cannoneggiata per ultima dall'incrociatore *Orion*, quando anch'essa si trovava sulla rotta di allontanamento, e procedeva alla massima velocità possibile. Colpita alle 01.40 da proietti che raggiunsero la stazione radiotelegrafica e la stiva n. 2, e successivamente in varie parti dello scafo, la nave si appruò e, sbandando fortemente sulla sinistra, affondò in soli venti minuti. Gli uomini dell'equipaggio fecero appena in tempo ad abbandonarla prendendo posto su tre imbarcazioni illese e su alcune zattere di salvataggio.

È possibile che contro la *Catalani* abbia sparato anche il cacciatorpediniere *Nubian*, che alle 01.31 aveva aperto il fuoco su una nave mercantile per poi spostarlo su un'altra in coda al convoglio. È anche probabile che il piroscafo fosse stato colpito da un siluro lanciato alle 01.48 dal *Sydney* contro l'ultima nave del convoglio.

Brutta immagine della motonave *Catalani*, che fu affondata dall'incrociatore *Orion*. Può darsi che fosse stata colpita anche dal cacciatorpediniere *Nubian* e, trovandosi immobilizzata, anche da un siluro dell'incrociatore *Sydney*.

Nel frattempo, alle ore 01.35, la torpediniera *Fabrizi*, tornando verso il nemico, era stata raggiunta da un proietto, probabilmente sparato dal *Sydney*, l'ultimo incrociatore della formazione britannica, il quale riferì che alle ore 01.40 era stato mancato da un siluro che gli era passato sotto lo scafo. Poiché la *Fabrizi* non era riuscita a lanciare nessun siluro, dovette trattarsi di un'arma britannica, probabilmente lanciata dall'*Orion*, che aveva diretto il suo attacco sul piroscafo *Capo Vado*. Il proietto che raggiunse la torpediniera, centrando il locale della dinamo, pose l'unità al buio, mentre alcuni incendi, che si erano immediatamente illuminati, furono prontamente domati.

Fatta segno anche al lancio di due siluri, da parte dell'incrociatore *Orion*, uno dei quali fu visto passare a circa 30 metri di prora, e ancora colpita, da due granate d'artiglieria, la prima delle quali – alle 01.36 - cadde vicinissimo al pezzo centrale e l'altra – alle 01.39 - nella zona prodiera, la torpediniere, dopo aver prontamente sostituito i due serventi al pezzo n. 3, continuò a rispondere celermente al fuoco con quel cannone e con quello poppiero, mentre manovrava per uscire dalla zona illuminata dai proietti illuminanti e percorsa dalle salve d'artiglieria delle unità britanniche. Nel frattempo, essendo la *Fabrizi* priva di luce, gli uomini dell'equipaggio continuarono a fornire la necessaria illuminazione a tutti i servizi con lampadine a mano.

Il *Nubian*, come il *Mohawk* apparteneva alla classe "Tribal" ed entrambi erano nel 1940 i più grossi cacciatorpediniere della Flotta britannica, armati con sei cannoni da 120 e due cannoni da 102 mm, disposti su quattro torrette binate.

Il comandante Barbini, ormai resosi conto di non poter far più nulla per aiutare le navi del convoglio, riuscì nell'intento di allontanarsi alla massima velocità possibile e, dopo aver avuto l'impressione – alle 01.40 – di vedere un principio di incendio su un incrociatore, diresse verso la costa albanese, contando sulla possibilità che il nemico inseguisse la sua torpediniera verso i vicini sbarramenti minati italiani, posti a difesa della base di Valona. Riuscita la manovra di disimpegno, ed essendo ormai cessato, dopo un'azione conclusasi alle 01.50 e durata ventitre minuti, il tiro delle navi britanniche, che si stavano allontanando su ordine impartito alle 01.53 dall'ammiraglio Pridham-Wippel, la *Fabrizi* diresse verso Valona, navigando parallela alla costa.[102] Essendo stata colpita in pieno da tre proietti, l'unità era talmente menomata da essere costretta a impiegare le pompe di esaurimento, per contenere gli allagamenti e le entrate d'acqua apertesi attraverso lo

---

[102] Historical Section Admiralty, *Mediterranean*, vol II, cit., p. 14.

scafo forato da schegge, che avevano perforato anche la carena dell'unità nella parte poppiera. Inoltre la torpediniera fu costretta a procedere a velocità ridotta, avendo dovuto spegnere due delle quattro caldaie, perché i depositi d'acqua che li alimentavano, essendo stati forati da varie schegge, potevano assicurarne l'alimentazione con acqua fortemente salmastra.

In queste condizioni il comandante Barbini ritenne di dover portare la nave ad arenarsi se nel caso la galleggiabilità fosse venuta a mancare a causa delle vie d'acqua nello scafo, che erano notevoli.

Mentre stava inoltrandosi nel passaggio tra Saseno e Punta Linguetta, la *Fabrizi* assistette ad un incursione di aerei britannici contro Valona. L'attacco fu in effetti portato da un singolo bombardiere bimotore Wellington del 70° Squadron della RAF, con capo equipaggio il capitano R.J. Welles, che avendo sganciato due bombe su Valona, riferì di aver fatto esplodere un automezzo carico di munizioni. Quella stessa notte un altro Wellington con capo equipaggio il maggiore Ldr. Rolfe, comandante del 70° Squadron, bombardò Durazzo.[103]

La *Fabrizi* dopo aver incontrato la torpediniera *Curtatone*, che stava dirigendo verso la zona dello scontro per soccorrere i naufraghi, superò le ostruzioni di Valona alle 04.00. Quindi, alle 07.25, la torpediniera raggiunse la rada, alla velocità di 4 - 5 nodi, per poi accostarsi, rimorchiata dalla motovedetta *Angelini*, alla nave ospedale *California*, sbarcandovi sette salme e sedici feriti, compreso il comandante Barbini.[104] Questi per la perizia dimostrata nella difesa del convoglio e nel portare, menomata, in porto la sua unità, fu decorato con la Medaglia d'Oro al Valor Militare.[105]

---

[103] C. Shores - Brian Cull - Nicola Malizia, *Air war for Yugoslavia, Greece and Crete 1940-41* Londra, Grub Street, 1987, p. 34.

[104] Erano deceduti l'aspirante G.M. Giorgio Pirrone, il sergente Armiere Vittorio Gelsi, i cannonieri Pietro Corrao, Ambrogio Giusto e Enrico Diaspri, il fuochista Stefano Balistreri, e il marinaio Francesco Zizzo. Inoltre risultarono dispersi altri tre uomini della Fabrizi, il sergente meccanico Gastone Ghersinich, il cannoniere Vincenzo Merolla e il marinaio Carmelo Spinella.

[105] Motivazione della Medaglia d'Oro al Valor Militare al tenente di vascello Giovanni Barbini. *"Comandante di torpediniera in servizio di scorta ad un convoglio, avvistate nottetempo soverchianti forze navali nemiche, si lanciava allo attacco con immediata decisione ed audace manovra. Fatto segno ad intenso fuoco nemico, si portava a distanza utile di lancio, che non poteva eseguire per le avarie al materiale prodotte dal tiro avversario; reagiva allora in modo deciso con le artiglierie attirando su di sè l'offesa nemica per dar modo ai piroscafi del convoglio di porsi in salvo. Dopo aver messo in atto ogni mezzo a sua disposizione per infliggere al nemico il massimo danno, e quando ogni azione offensiva era resa impossibile dalle condizioni di galleggiabilità della torpediniera ormai compromessa e dalla menomata efficienza delle artiglierie, manovrata per condurre l'inseguitore lontano dal campo di azione e verso i nostri campi minati. Ferito ad una gamba fin dall'inizio del combattimento, e pur perdendo sangue in abbondanza, si faceva prestare i primi soccorsi sommari solo ad azione ultimata, continuando a tenere il comando della sua unità fino all'ormeggio in una rada nazionale. Magnifico esempio di coraggio sereno, di sprezzo del pericolo e di audacia senza pari. Basso Adriatico, notte sul 12 novembre 1940".*

Mentre la *Fabrizi* andava audacemente all'attacco, la *Ramb III*, l'altra unità di scorta del convoglio, comandata dal capitano di fregata Francesco De Angelini, non si comportò con uguale spirito offensivo. Dopo aver manovrato correttamente per allontanarsi assieme alle navi mercantili, e aver risposto al fuoco dell'incrociatore *Sydney* sfuggendo alle sue salve, successivamente quando i piroscafi del convoglio cominciarono ad essere colpiti la *Ramb III* li abbandonò al loro tragico destino, *"procedendo decisamente a forte velocità verso il porto di Bari"*, che raggiunse, senza aver riportato alcun danno, alle 12.15 del 12 novembre.[106]

La motonave Ramb III alle prove in mare nel 1938. Sotto nella versione incrociatore ausiliario.

[106] *Ibidem.*

Questa inopportuna manovra di ritirata fu poi giustificata dal comandante De Angelini con il fatto, purtroppo innegabile, che *"data l'imponenza della forza nemica attaccante, se gli si fosse mantenuto al contatto del convoglio ne avrebbe sicuramente subita l'identica sorte senza poter efficacemente reagire con le armi a sua disposizione"*.[107]

Tuttavia, il fatto stesso che il comandante della *Ramb III* si fosse disimpegnato, senza sentire il dovere di riportarsi all'alba nella zona dello scontro per rendersi conto della sorte dei piroscafi e dedicarsi al salvataggio degli equipaggi – come prevedeva l'articolo 25 della pubblicazione di guerra "SM 11/S" – fu considerato dal capitano di vascello Romolo Polacchini, Comandante Superiore Traffico Albania, un *"abbandono del convoglio"* e quindi un contegno da punire con il Codice Penale Militare Marittimo.[108]

A sinistra il tenente di vascello Giovanni Barbini, comandante della torpediniera *Fabrizi*, a destra il capitano di vascello e Romolo Polacchini (a destra dell'immagine), Comandante Superiore Traffico Albania.

---

[107] AUSMM, "Attacco nemico ad un convoglio nella notte dell'11 al 12/11/40 - XIX", *Scontri navali e operazioni di guerra*, b. 14.
[108] AUSMM, lettera di MARICOTRAF n. 7646/S.R.P., del 20 dicembre 1940, *Scontri navali e operazioni di guerra*, b. 14.

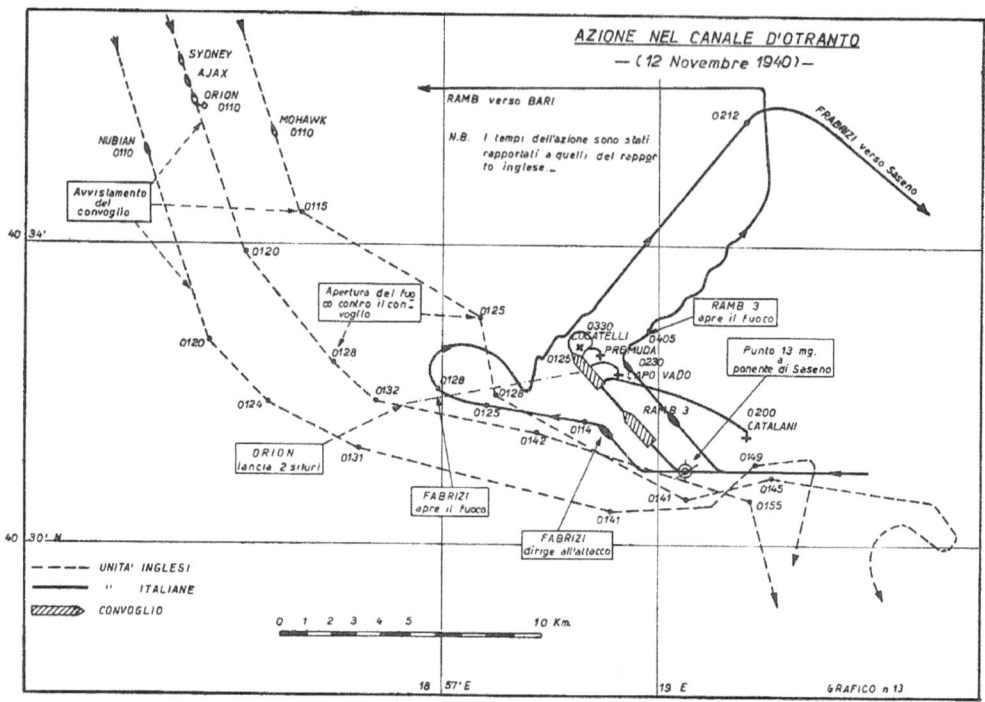

Cartina dell'Ufficio Storico della Marina Militare.

Il provvedimento, contestato dall'ammiraglio di Squadra Antonio Pasetti, nuovo Comandante del Comando Difesa Traffico (MARICOTRAF), fu invece impugnato da Supermarina e venne poi portato avanti dal nuovo Sottosegretario di Stato e Capo di Stato Maggiore della Regia Marina, ammiraglio di armata Arturo Riccardi, che dispose, nei confronti del capitano di fregata De Angelini, *"l'inizio dell'inchiesta formale per l'eventuale deferimento al consiglio di disciplina"*.[109]

Su questo episodio l'ammiraglio Giuseppe Fioravanzo ha scritto che sebbene il comandante della *Ramb III* avesse *"giudicato impossibile e inutile il suo intervento"* per assistere il convoglio, e avesse ritenuto che i naufraghi sarebbero stati prontamente salvati dai mezzi di soccorso provenienti da Valona – che in effetti recuperarono quasi tutti i superstiti dei piroscafi affondati – ciò nonostante il suo

---

[109] L'ammiraglio Pasetti era infatti dell'idea che se il comandante De Angelini si fosse impegnato con la *Ramb III* per difendere i piroscafi, o fosse tornato all'alba nella zona dello scontro, l'avrebbe portato ad ottenere una *"sicura perdita"* della sua nave, trattandosi di *"un'unità assolutamente inidonea"* e *"di scarso valore militare"* per poter contrastare l'attacco delle navi nemiche *"con qualche probabilità di successo"*. lettera di MARICOTRAF n. 7646/S.R.P., del 20 dicembre 1940, *Scontri navali e operazioni di guerra*, b. 14.

comportamento per salvare la sua nave *"non poteva giustificare l'abbandono del suo posto e del suo compito"*.[110]

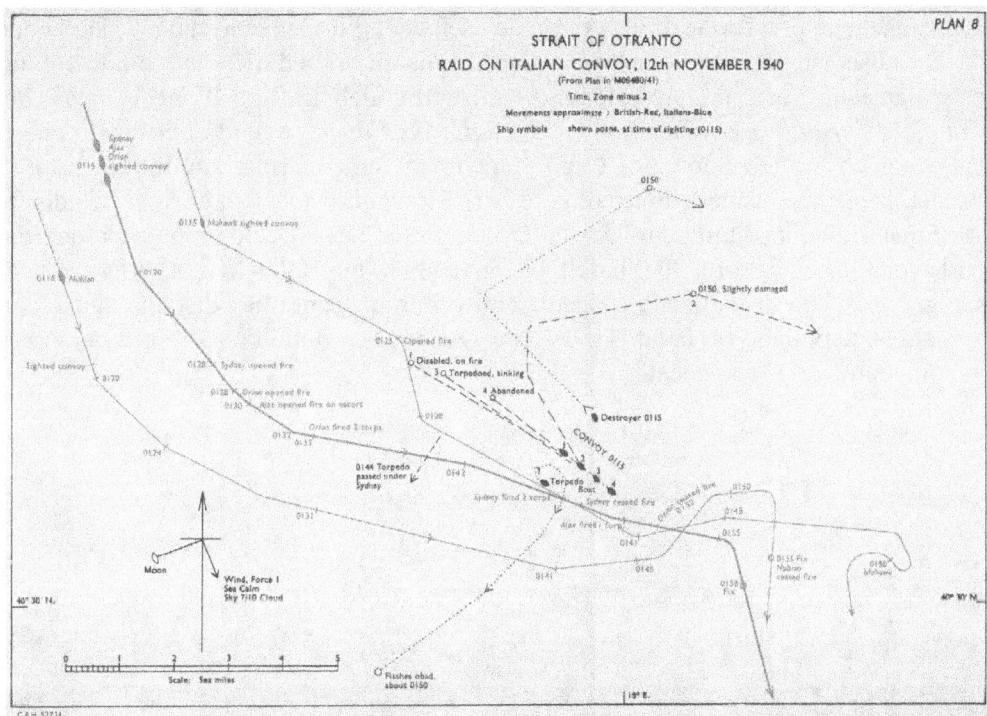

Movimenti delle navi britanniche e italiane in una ricostruzione dell'Ammiragliato britannico.

Il salvataggio dei naufraghi fu portato a compimento il mattino del 12 novembre da due torpediniere, che salpate da Valona alle 04.15, recuperarono centoquaranta superstiti, dei quali sessantacinque dalla *Curtatone* e settantacinque dalla *Solferino*. Complessivamente le perdite umane riportate dalle unità del convoglio "Locatelli" ammontarono a trentasei morti e a quarantadue feriti.[111]

Occorre dire che questo disastro poteva essere evitato con un'efficiente vigilanza del Canale d'Otranto che, purtroppo, in quella notte mancò del tutto per motivi incomprensibili, forze derivanti dalla certezza che la Mediterranean Fleet si stesse allontanando verso la Cirenaica, abbandonando le acque meridionali dello Ionio.

---

[110] USMM, *Le azioni navali in Mediterraneo dal 10 giugno 1940 al 31 marzo 1941* (compilatore ammiraglio Fioravanzo), 3ª Edizione, Roma, 1976, p. 258.

[111] Le perdite umane riportate dai quattro piroscafi furono: *Locatelli*, 4 dispersi e 7 feriti; *Premuda*, 2 morti, 5 dispersi e 11 feriti; *Capo Vado*, 1 morto, 10 dispersi, 7 feriti, *Catalani*, 3 morti. Cfr., USMM, Comando R.Marina – Valona, "Combattimento navale del 12 corrente", USMM, *Scontri navali e operazioni di guerra*, p. 14.

Infatti, mentre nel corso della giornata dell'11 novembre Supermarina si limitò a mantenere la flotta pronta a muovere in tre ore, non fu presa in considerazione la proposta avanzata per telefono dal Comando Superiore del Traffico con l'Albania, il quale, anche in previsione di un'eventuale uscita degli incrociatori della 7ª Divisione da Brindisi, suggerì di inviare una squadriglia di torpediniere ad effettuare un pendolamento per la protezione a distanza del traffico *"dal centro del Canale d'Otranto arrivando fino a 12 miglia da Fano"*. Avendo constatato che il mare nella zona era buono, il Capo Reparto di Supermarina, ammiraglio Emilio Brenta, prese in considerazione soltanto la richiesta di dislocare a nord di Brindisi la 13ª Squadriglia, costituita dai *Mas 534, 535, 538* e *539*. Queste unità salparono dal porto pugliese alle ore 20.00 dell'11 novembre, ma soltanto con l'incarico di svolgere servizio di vigilanza e ricerca antisom in un punto ben distante dalla zona di Valona, delimitato tra la lat. 41°06' N e 180°50' E, e quindi a 45 miglia dal punto in cui il convoglio fu attaccato.

I *Mas 534* e *535* della 13ª Squadriglia che da Supermarina furono inviati in missione notturna a nord di Brindisi, al solo scopo di svolgervi sorveglianza e ricerca antisommergibili.

L'aver trattenuto in porto le quattro torpediniere della squadriglia *Altair* rappresentò invece una grossa, incomprensibile, leggerezza da parte dell'Organo Operativo dell'Alto Comando Navale, al quale era stato chiaramente fatto notare, con altro sollecito telefonico del Comando Superiore Traffico Albania, che la vigilanza nel Canale d'Otranto si rendeva quella notte indispensabile per la presenza in mare di ben quattro convogli nazionali, di cui due trasportanti truppe a Durazzo e a Valona.[112]

Certamente influì nell'errore di Supermarina l'idea che l'operazione britannica si stesse ormai concludendo con l'allontanamento delle navi britanniche dal Mediterraneo centrale; ipotesi che sembrava anche confermata da una segnalazione giunta dall'Addetto Navale italiano a Madrid, informante che la portaerei *Ark Royal* era rientrata a Gibilterra alle ore 07.00 dell'11 novembre, assieme ad un incrociatore e a cinque cacciatorpediniere della Forza H.

La torpediniera *Altair* che con le altre unità della sua Squadriglia furono trattenute in porto per decisione di Supermarina, che erroneamente ritenne che nel Canale d'Otranto le navi britanniche non si sarebbero spinte.

Ritenendo che ormai non vi fosse più scopo di trattenere in mare i sommergibili, quella sera dell'11 Maricosom, con i messaggi n. 39172 e n. 31657, ordinò al *Medusa*, *Diaspro*, *Aradam*, *Axum* e *Alagi* di rientrare a Cagliari nella giornata dell'indomani, e al *Mameli*, *Corallo*, *Bandiera* e *Topazio* di abbandonare

---

[112] AUSMM, *Supermarina, Comunicazioni telefoniche*, registro 11. A dimostrazione del clima di incertezza esistente nei Comandi italiani, occorre dire che, quando alle 02.00 del 12 novembre furono segnalate, dall'Isola di Sasemo, alla distanza di 7 miglia, le sagome di sette unità sospette con rotta sud, Marina Brindisi, sospettando si trattasse del convoglio "Locatelli" – che era già stato distrutto dalla Forza X – non accolse la richiesta di far aprire il fuoco alle batterie costiere. Cfr. AUSMM, *Supermarina – Cifra in Arrivo*, registro 29.

le zone d'agguato a levante di Malta, per iniziare il rientro ad Augusta e Messina nelle prime ore della notte sul 12 novembre.[113]

LO SVOLGIMENTO DELL'OPERAZIONE "JUDGMENT"

Mentre la Forza H dell'ammiraglio Pridham-Wippell svolgeva la sua incursione nel Canale d'Otranto, si concludeva, in modo ancor più drammatico, l'attacco nel porto di Taranto, che si svolse in conformità delle norme stabilite dall'ordine di operazione del 28 ottobre, poi modificato dall'ammiraglio Syfret il 6 novembre, e sulla base delle ultime rivelazioni fotografiche.

Alle ore 18.00 dell'11 novembre 1940, poco prima del tramonto del sole, la portaerei *Illustrious* si era staccata dalle navi da battaglia della Mediterranean Fleet, dopo aver ricevuto dalla *Warspite* il segnale *"Eseguite gli ordini prestabiliti per l'operazione Judgment"*, a cui seguì un messaggio personale dell'ammiraglio Cunningham che augurava: *"Buona fortuna per i vostri ragazzi in questa impresa. Il loro successo può avere riflessi importantissimi sull'andamento della guerra in Mediterraneo"*.[114]

Nel frattempo, a bordo dell'*Illustrious* si stavano mettendo a punto i dettagli per l'attacco, servendosi delle informazioni ricevute dalla ricognizione di Malta, che negli ultimi due giorni, approfittando del tempo molto buono sul porto di Taranto, aveva scattato delle fotografie risultate di una nitidezza eccezionale. In particolare quelle riprese il giorno 10 da un Maryland della 431ª Flight (l'AR705 del tenente pilota Adrianm Warburton), che il velivolo riuscì a portare a Malta sebbene fosse stato inseguito per circa venti minuti, da un caccia italiano Cr. 42 del 23° Gruppo.

Per avere quelle fotografie, che l'ammiraglio Lyster ritenne essenziale studiare attentamente prima del decollo degli Swordfish dall'*Illustrious*, era stato deciso di inviare sull'isola un aereo Swordfish, con pilota il tenente di vascello Charles Lamb, che rientrò alle 07.00 dell'11 sulla portaerei. Le immagini del porto di Taranto, confermando i dettagli sugli sbarramenti di palloni, mostravano la presenza di cinque navi da battaglia (tre della classe "Cavour" e due della classe "Littorio") che, assieme a tre incrociatori pesanti, si trovavano ai loro posti di ormeggio del Mar Grande protette da reti parasiluri.

---

[113] AUSMM, *Supermarina - Cifra in arrivo*, registro 29.
[114] Donald Macintyre, *La battaglia del Mediterraneo*, Sansoni, Milano 1965, p. 38; D. Newton e C. Hampshive, Taranto, Londra, William Kimber, 1959, p. 100.

Il tenente pilota Adrian Warburton, che portò a Malta le ultime fotografie sulla posizione delle navi italiane nel porto di Taranto, poi fatte pervenire sulla portaerei *Illustrious*.

Malta, aeroporto di Luqa, il velivolo Maryland del tenente Adrian Warburton.

La portaerei *Illustrious* in navigazione con a poppa del ponte di volo velivoli Swordfish e Fulmar.

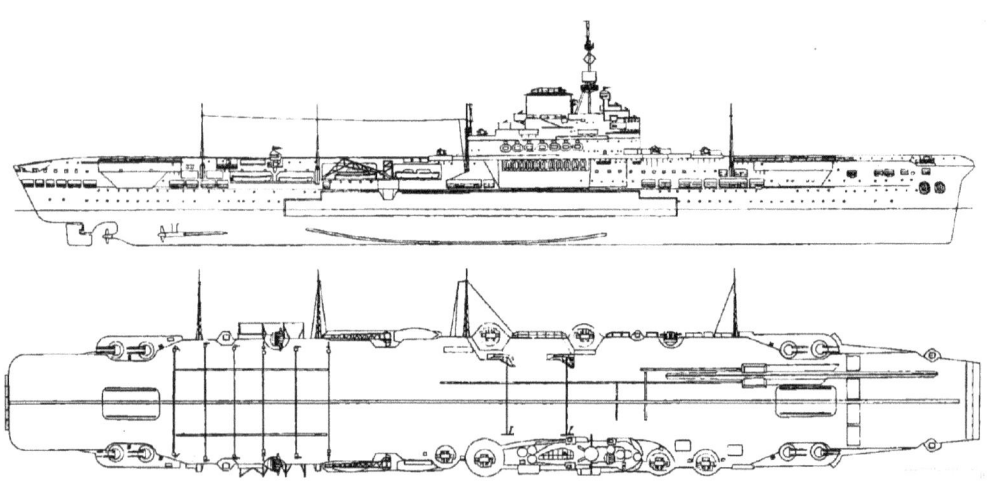

La portaerei *Illustrious*.

Tre corazzate italiane e tre cacciatorpediniere fotografati da un ricognitore Maryland della 431ª Flight nel Mar Grande di Taranto.

Mentre gli equipaggi degli Swordfish consultavano attentamente quelle fotografie stereoscopiche, le preziose informazioni in esse contenute furono integrate da altre pervenute nel pomeriggio via radio da Malta. Tali informazioni erano state rivelate da un altro ricognitore Maryland, pilotato dal tenente Brook Walford, il quale, nel sorvolare il porto di Taranto verso mezzogiorno con visibilità perfetta, aveva fotografato l'obiettivo da circa 6.000 metri di quota, rilevando la presenza di nove incrociatori e di ben sei corazzate.[115]

---

[115] Kenneth Poolman, *Night strike from Malta – 830° Squadron R.N. and Rommel's convoys*, op. cit. p. 35.

Il fatto che rispetto al giorno avanti fosse entrata in porto una sesta nave da battaglia (*Andrea Doria*), che era stata individuata da un idrovolante Sunderland del 228° Squadron al rientro da un'esercitazione, fu commentato dall'ammiraglio Cunningham con la frase: "*Tutti i fagiani sono andati ad appollaiarsi sul posatoio*".[116]

Altro particolare delle navi italiane nel Mar Grande.

---

[116] J.C.E. Smith, "Guerra navale nel Mediterraneo", *Storia della seconda guerra mondiale*, Milano, Rizzoli, 1967, p. 510. La corazzata era la *Doria* che era rientrata a Taranto da una esercitazione di tiro, svolta in mare, con la scorta dei cacciatorpediniere dell'8 Squadriglia *Folgore*, *Fuciliere*, *Baleno* e *Lampo* e della 13ª Squadriglia *Granatiere*, *Fuciliere*, *Bersagliere* e *Alpino*, che poi restarono alla fonda nel Mar Grande.

Sempre da uno foto scattata da un Maryland la situazione in cui si presentava il Mar Piccolo di Taranto. Le navi più grandi alla banchina sono gli incrociatori dell'8ª Divisione Navale *Garibaldi* e *Abruzzi*.

L'interesse dimostrato per il porto di Taranto dai ricognitori di Malta, che rientrando alla base trasmettevano in volo i dati di avvistamento, non poteva sfuggire alle stazioni d'ascolto italiane; in particolare a quelle della 5ª Sezione Informazioni Estere del Reparto Informazioni di Maristat, i cui crittografi riuscirono a decifrare, la sera dell'8 novembre, una trasmissione delle ore 13.28 del giorno 2 del mese in cui un aereo britannico aveva segnalato al Comando Aereo di Malta: "*A Taranto vi sono 5 navi da battaglia, 12 incrociatori, 24 cacciatorpediniere. A Brindisi vi sono 6 incrociatori e 2 cacciatorpediniere*".

Frattanto era stata anche decrittata un'altra trasmissione del 6 novembre, in cui, alle ore 13.50, un ricognitore aveva segnalato a Malta: "*Nel porto di Taranto vi sono 3 navi da battaglia, 9 incrociatori e gran numero di cacciatorpediniere*".

Ma l'indizio più importante dell'interesse dei britannici per la grande base navale italiana fu certamente rappresentato da una richiesta, trasmessa alle 10.30

dell'8 novembre dal Comando Aereo di Malta ad un aereo in volo, che fu decrittata dalla 5ª Sezione del Reparto Informazioni Estere di Maristat alle 19.20 del 9, nella seguente forma: "*Ritornando alla base, date il bollettino del tempo a Taranto*".[117]

Il fatto che il nemico chiedesse ad un proprio velivolo di fornire il "*bollettino del tempo*" sulla base italiana, che era una procedura alquanto inconsueta, rappresentava un chiaro indizio per ipotizzare che qualcosa d'importante si stesse preparando contro di essa, probabilmente sotto forma di attacco aereo. L'avvertimento era quindi un incentivante per aumentare le misure precauzionali, particolarmente necessarie in un momento in cui si sapeva che la Mediterranean Fleet incrociava nelle acque di Malta, con almeno una nave portaerei, la *Illustrious*.

Si prepara l'attacco. Il trasporto del siluro per uno degli Swordfish parcheggiati sul ponte di volo della portaerei *Illustrious*.

Secondo quanto fissato nel piano di operazioni del contrammiraglio Lyster, accettato interamente dal Comandante della *Mediterranean Fleet*, la portaerei, accompagnata dagli incrociatori della 3ª Divisione *Gloucester*, *Berwick*, *Glasgow* e *York* e dai cacciatorpediniere della 2ª Flottiglia *Hyperion*, *Ilex*, *Hasty* e *Havock*,

---

[117] AUSMM, *Intercettazioni Estere*, registro n. 13 – Decrittazioni n. 4668, 4645 e 4756

doveva trovarsi per le ore 20.00 dell'11 a 40 miglia per 270° da Punta Kabbo di Cefalonia e lanciare a quell'ora il primo gruppo di dodici aerei. Il secondo gruppo di altri dodici aerei doveva essere lanciato alle 21.00, all'incirca nella stessa posizione. Il primo attacco doveva essere effettuato alle 22.45 circa e il secondo alle 23.45, e gli aerei dovevano rientrare e atterrare in un punto a 20 miglia per 270° da Punta Kabbo.

Sul ponte della portaerei *Illustrious* bombe da 250 libbre da imbarcare sugli Swordfish con scritta la loro destinazione: Taranto.

Le due ondate d'attacco ciascuna costituita da sei Swordfish armati con siluri, quattro con bombe e due con bengala, dovevano dirigere per passare al centro del porto di Taranto, avvicinandosi al porto da sud-ovest. Quindi i velivoli bengalieri dovevano lanciare i loro artifizi illuminanti e sganciare delle bombe "*lungo il lato orientale del Mar Grande allo scopo di illuminare i bersagli e distrarre l'attenzione degli aereosiluranti*", il cui principale obiettivo doveva essere costituito dalle corazzate italiane. Invece, sempre tenendo conto di esercitare un azione con scopo diversivo, gli aerei armati con bombe perforanti dovevano effettuare "*un attacco in picchiata contro l'allettante bersaglio offerto dalla linea di incrociatori e di cacciatorpediniere in Mar Piccolo*".[118]

In conformità con questo piano, si svolse nel quadrato della *Illustrious* un definitivo "briefing" a cui parteciparono i piloti e gli osservatori degli Swordfish che avrebbero partecipato alla rischiosa impresa, ai quali furono mostrati i dettagli della

---

[118] Cunningham A.B., "Fleet Air Arm operations against Taranto on 11th November 1940", *Supplement to The London Gazzette* del 22 luglio 1947.

difesa del porto di Taranto e gli ormeggi delle navi. Quindi la prima ondata d'attacco, costituita regolarmente da dodici Swordfish – nove dell'815° Squadron della *Illustrious*, uno dell'813 e due dell'824° Squadron della *Eagle* – decollò tra le ore 20.35 e le ore 20.40 dall'*Illustrious*, che nella posizione prevista marciava a 28 nodi con rotta est-nordest (60°).

La seconda ondata d'attacco, formata soltanto da nove Swordfish – sei dell'815° e uno dell'815° Squadron della *Illustrious*, uno dell'813° e uno dell'824° Squadron della *Eagle* - dal momento che tre velivoli erano andati perduti per incidenti di volo nei giorni precedenti, decollò dall'*Illustrious tra* le ore 21.28 e le ore 21.34. Tutti i velivoli diressero verso Taranto, distante circa 180 miglia, ma nel corso della rotta quattro della prima ondata persero il contatto con il capo della formazione, capitano di corvetta K.W. Williamson, essendo incappati in banchi di nebbia, ragion per cui arrivarono riuniti sull'obiettivo soltanto otto apparecchi: cinque siluranti, due bengalieri e un bombardiere. Anche la seconda ondata, che era guidata dal capitano di corvetta J.W. Hale si presentò sul cielo di Taranto con la medesima quantità di velivoli poiché uno dei suoi Swordfish era stato costretto a rientrare sulla *Illustrious* per una sopraggiunta avaria.

Per aumentare l'autonomia, tutti gli Swordfish erano stati dotati di casse di carburante ausiliarie interne di 60 galloni (circa 200 litri), mentre quelli adibiti al compito di aerosiluranti erano stati dotati di armi di lancio da 18 pollici (450 mm.), forniti di acciarini Duplex. Essi, come detto, esplodevano sia per funzionamento a percussione, urtando il bersaglio, sia magneticamente passando sotto lo scafo dell'unità attaccata, determinandole con ciò danni ancora maggiori alla carena.

Tale scelta, che si dimostrò decisiva per il successo dell'azione britannica, aveva però anche sollevato iniziali perplessità e discussioni dovendoli impiegare in acque molto ristrette e dai fondali poco profondi, motivo per il quale fu deciso di ridurre la quota di lancio, allo scopo di evitare che all'entrata in acqua dei siluri gli acciarini magnetici e a percussione potessero esplodere.[119]

Per la difesa della base di Taranto erano disponibili, alle dipendenze della Difesa Contraerea Territoriale (DICAT) ventuno batterie con centouno cannoni di vario calibro, che però erano tutte fornite di armi antiquate e prive di apparecchiature per il tiro calcolato, e quindi adatte in ore notturne a fare soltanto tiro di sbarramento. Per il tiro con puntamento diretto esistevano sessantotto complessi di mitragliere singole e binate, con un totale di ottantaquattro canne, in parte sistemate recentemente a scopo antisilurante, al pari di molte delle centonove mitragliere leggere. Vi erano poi, distribuite verso le coste dello Ionio, tredici stazioni di aerofoni, due delle quali collegate con ventidue proiettori della base di Taranto, in buona parte di caratteristica moderna e di grande portata.

---

[119] Cunningham A.B., "Fleet Air Arm operations against Taranto on 11th November 1940", *Supplement to The London Gazzette* del 22 luglio 1947.

Esistevano anche sbarramenti aerei con ventisette palloni, sollevati alla quota di 200 metri, sedici dei quali ormeggiati a ponente delle navi in rada lungo la diga della Tarantola e a nord di essa, e altri undici sistemati verso la costa di levante del seno della Tarantola. Questo tipo di sbarramento doveva comprendere altri sessanta palloni, che però, a causa del maltempo, erano stati strappati dai loro ormeggi nei giorni precedenti, e non vi era stato il tempo di sostituirli prontamente a causa della scarsa produzione locale dell'idrogeno, che non permetteva (come fu scritto nelle relazioni) di fronteggiare un'emergenza così vasta presentatasi all'improvviso.

Altro elemento sfavorevole era rappresentato dalla mancanza assoluta di impianti nebbiogeni, ma soprattutto dalla insufficiente estensione delle reti parasiluri nelle navi. Era stato previsto che quel tipo di protezione, assolutamente essenziale per parare un attacco silurante, avesse un estensione di 12.800 metri, mentre in realtà presso le unità ormeggiate nel Mar Grande ne erano a posto soltanto 4.200 metri. Altre reti parasiluri per 2.900 metri si trovavano da poco tempo nei magazzini della base per essere messi in opera. Per i restanti si doveva ancora attendere, poiché il reddito mensile di reti prodotto dall'industria nazionale era fissato in 3.600 metri; quantità che era stata raggiunta soltanto il precedente mese di settembre, e con la quale occorreva provvedere ai bisogni crescenti delle varie basi navali.[120]

Uno Swordfish del tipo che prese parte all'attacco notturno di Taranto alle navi italiane alla fonda. Elaborazione grafica di Luca Cristini

---

[120] AUSMM, "Relazione sull' attacco aereo alla base di Taranto nella notte sul 12 novembre 1940 - XIX", *Attacchi alle Basi*, b. 2, f. 958.

Al sistema difensivo di Taranto si aggiungeva il massiccio numero di artiglierie e armi leggere di ogni calibro esistenti sulle circa duecento navi ormeggiate tra il Mar Grande e il Mar Piccolo, e la cui dislocazione era la seguente.

Ormeggiate alle boe del Mar Grande sul seno della Tarantola, le corazzate della prima Squadra Navale *Littorio, Vittorio Veneto, Duilio, Doria, Cesare* e *Cavour* ed i cacciatorpediniere dell'8ª Squadriglia *Folgore, Fulmine, Baleno* e *Lampo*.

Ormeggiati alle boe situate a sud del porto mercantile del Mar Grande gli incrociatori pesanti della 1ª Divisione *Zara, Fiume* e *Gorizia* ed i cacciatorpediniere della 9ª squadriglia *Alfieri, Gioberti, Carducci* e *Oriani*.

Ormeggiati alle boe del Mar Piccolo gli incrociatori pesanti della 3ª Divisione *Trieste* e *Bolzano* e i cacciatorpediniere della 13ª Squadriglia *Granatiere, Fuciliere, Bersagliere* e *Alpino*.

Ormeggiati nel Mar Piccolo, alla banchina torpediniere e a quella della sussistenza e dell'arsenale, gli incrociatori pesanti *Pola* (nave ammiraglia della 2ª Squadra Navale) e *Trento* (della 3ª Divisione), gli incrociatori della 8ª Divisione *Garibaldi* e *Abruzzi*, la nave appoggio *Miraglia*, e i diciassette cacciatorpediniere delle Squadriglie 7ª (*Freccia, Strale, Dardo, Saetta*), 10ª (*Maestrale, Libeccio, Grecale, Scirocco*), 11ª (*Camicia Nera, Geniere, Lanciere*), 12ª (*Carabiniere, Corazziere, Ascari*), e 16ª (*Da Recco, Usodimare, Pessagno*).

L'incrociatore *Pola*, la nave comando della 2ª Squadra Navale dell'ammiraglio Iachino.

Oltre alle unità della 1ª e della 2ª Squadra Navale erano distribuiti fra gli ormeggi in rada e quelli alle banchine sedici sommergibili, cinque torpediniere, quattro dragamine, un posamine, vari Mas, nonché un vasto assortimento di unità ausiliarie di ogni tipo, di piroscafi e pescherecci.[121]

Questo grande concentramento navale, ampiamente criticato perché permise agli aerosiluranti e ai bombardieri britannici di colpire nel mucchio, era da alcuni mesi usuale nel porto di Taranto, che non solo era la base principale della flotta

---

[121] *Ibidem.*

italiana ma anche quella ritenuta la più sicura. Inizialmente, al principio della guerra, vi erano concentrate le unità maggiori della 1ª Squadra Navale, mentre invece quelle della 2ª Squadra Navale si trovavano frazionate fra le basi siciliane di Augusta e Messina.

Ma dopo la sfortunata battaglia di Punta Stilo, che aveva permesso al nemico di spingersi fin sulle coste della Calabria nel pomeriggio del 9 luglio 1940, a cui seguì l'indomani l'affondamento del cacciatorpediniere *Pancaldo* nella rada di Augusta, determinato - come abbiamo visto nella prima parte del seguente saggio - da un attacco notturno di tre aerosiluranti Swordfish dell'813 Squadron della portaerei *Eagle*, le unità della 2ª Squadra, con la 1ª Divisione Incrociatori, si erano trasferite da quella base a Taranto, lasciando la sola 3ª Divisione Incrociatori a Messina. Ma nella seconda metà di ottobre anche la 3ª Divisione si era trasferita nella grande base pugliese, inizialmente per svolgere una serie di esercitazioni di lancio, e poi per la necessità di trovarsi, all'inizio delle ostilità contro la Grecia, in condizioni di partecipare all'appoggio di un programmato sbarco della divisione dell'Esercito "Bari" sull'Isola di Corfù; operazione che – come detto - non fu inizialmente attuata per le sfavorevoli condizioni del mare e poi venne annullata per la presenza nel basso Ionio della Mediterranean Fleet, che si era prontamente insediata nella Baia di Suda, facendone una base operativa avanzata.

I cannoni prodieri da 320 mm della Corazzata Cavour. Foto scattata precedentemente all'attacco degli aerosiluranti britannici.

Sfumato lo sbarco a Corfù, proprio perché da parte italiana non si volle rischiare uno scontro aperto con la Marina britannica, preferendo ancora mantenere in vigore il concetto del "Fleet in being" (la Flotta in potenza), tanto apprezzato dall'ammiraglio Cavagnari, Supermarina, pressata dagli eventi sfavorevoli sopraggiunti sul fronte greco e dalle sollecitazioni di Mussolini che chiedeva di fare qualcosa di concreto per risollevare il prestigio delle Forze Armate del Regno, programmò un operazione navale concernente il bombardamento della Baia di Suda. Operazione che, prudentemente, doveva essere attuata dalla 1ª Divisione Incrociatori (*Zara*, *Fiume* e *Gorizia*) appoggiata dal grosso delle due squadre navali, in un momento in cui la *Mediterranean Fleet* si fosse trovata troppo lontana da quell'obbiettivo per poter intervenire.

Durante la giornata dell'11 novembre, ritenendo che le navi dell'ammiraglio Cunnigham stessero rientrando nella loro base di Alessandria senza avere la possibilità di tornare indietro, in caso di allarme, per la necessità di rifornirsi, Supermarina ritenne fosse giunto il momento favorevole per agire contro Suda.

Pertanto, quello stesso giorno 11, i Comandi delle due squadre misero a punto gli ordini operativi fissati dall'Alto Comando Navale, nell'intendimento di prendere il mare l'indomani. Ma l'attacco degli aerosiluranti della Royal Navy, prevenendo gli intendimenti italiani, impedì di portare a compimento quell'operazione.

L'azione delle due ondate d'attacco britanniche si sviluppò con condizioni atmosferiche molto buone per l'individuazione dei bersagli, poiché secondo i rapporti italiani vi era: "*Tempo buono; cielo sereno; brezza da nordest; luna alta, sorta alle ore 15.45; visibilità ottima*".

L'incursione degli Swordfish fu preceduta da tre allarmi, iniziati alle 20.00 dell'11 in seguito alla segnalazione di un aereo, ritenuto da ricognizione, che sorvolò Taranto per poi dirigere verso Grottaglie. Si trattava in effetti dell'idrovolante Sunderland L 5807, dell'228° Squadron della RAF di Malta, che quella notte, pilotato dal colonnello Gilbert Nicholetts, era stato inviato in crociera nel golfo di Taranto per assicurare che la flotta italiana non potesse uscire dal porto inosservata. Per lo stesso scopo il sommergibile *Regent*, salpato da La Valletta il 6 novembre, era stato dislocato a 50 miglia a sud di Taranto, nella zona prossima a Capo Colonne.

Alle 21.05 fece seguito un nuovo allarme, determinato dal rumore di altri aerei provenienti dalla zona di Santa Maria di Leuca, e segnalato dalla rete di avvistamento della DICAT. Quindi, dopo un breve periodo di tregua che servì per distendere i nervi degli uomini a terra e sulle navi, alle 20.55 si verificò il terzo allarme, anch'esso causato dal rumore di velivoli che si avvicinavano a Taranto e che fu seguito, dieci minuti più tardi, dall'inizio dell'incursione nemica, che si concluse alle 01.22 del 12 novembre con risultati drammatici per gli italiani ed esaltanti per i britannici.[122]

---

[122] AUSMM, *Attacchi alle Basi*, b. 2 f. 958; *Diario di Supermarina novembre 1940*.

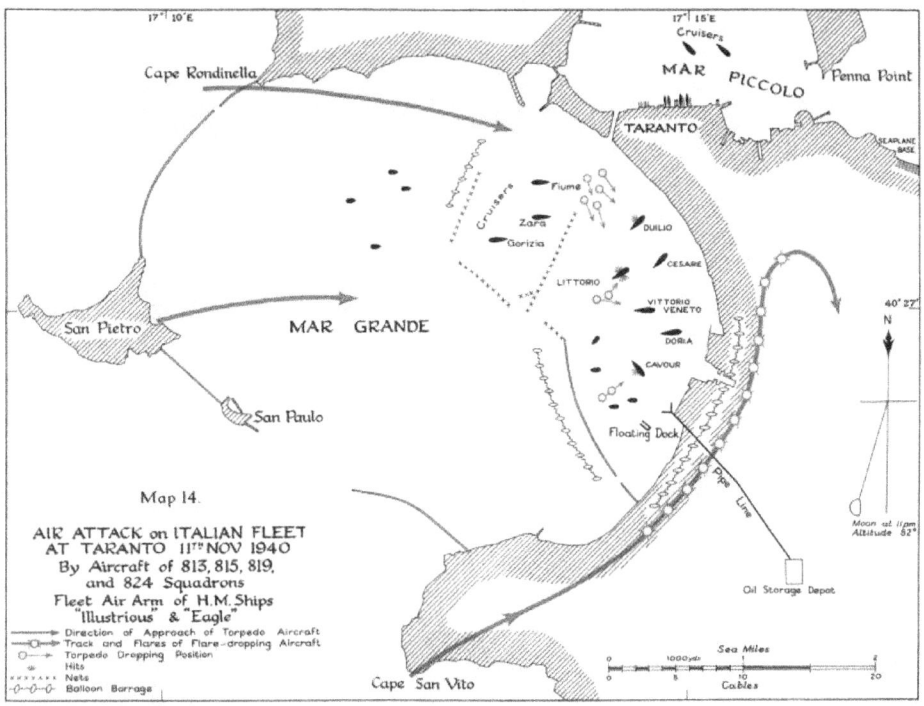

L'attacco degli aerosiluranti britannici alla flotta italiana. Da *Mediterranean and Middle East*, Generale I.S.O. Playfair

Infatti, nonostante fossero stati accolti dall'intenso fuoco di sbarramento e a punteria diretta – eretto dalle artiglierie contraeree di tutte le navi e della difesa della base, che portò ad un fantasmagorico spettacolo pirotecnico, determinato dalle vampe dei cannoni e dall'incrocio delle scie dei proiettili traccianti delle mitragliere – i ventuno Swordfish attuarono i previsti schemi d'attacco, che gli equipaggi portarono a complimento con grande determinazione ed abilità contro le corazzate, chiaramente individuate alla luce degli artifizi illuminanti sganciati dai velivoli bengalieri.

Gli undici aerosiluranti, volando a pelo d'acqua in quell'inferno, arrivarono a segno ben sei volte, ciò che costituì per gli equipaggi di volo della *Illustrious* e della *Eagle* un successo di portata veramente gigantesca. Essi raggiunsero la *Littorio* con ben quattro siluri, uno dei quali, s'impantanò sotto lo scafo della corazzata senza esplodere, e colpirono la *Duilio* e la *Cavour* con un siluro ciascuna. Furono inoltre raggiunti da bombe, fortunatamente non esplose, l'incrociatore *Trento* e il cacciatorpediniere *Libeccio*. Inoltre, nell'hangar centrale dell'idroscalo rimasero distrutti due idrovolanti, un Cant Z. 506 e un Cant Z. 501 rispettivamente della 287ª e della 142ª Squadriglia Ricognizione Marittima, perdite che si aggiunsero ai sei idrovolanti della Sicilia e della Sardegna abbattuti in quei giorni dai caccia Fulmar dell'Illustrious e dell'Ark Royal.

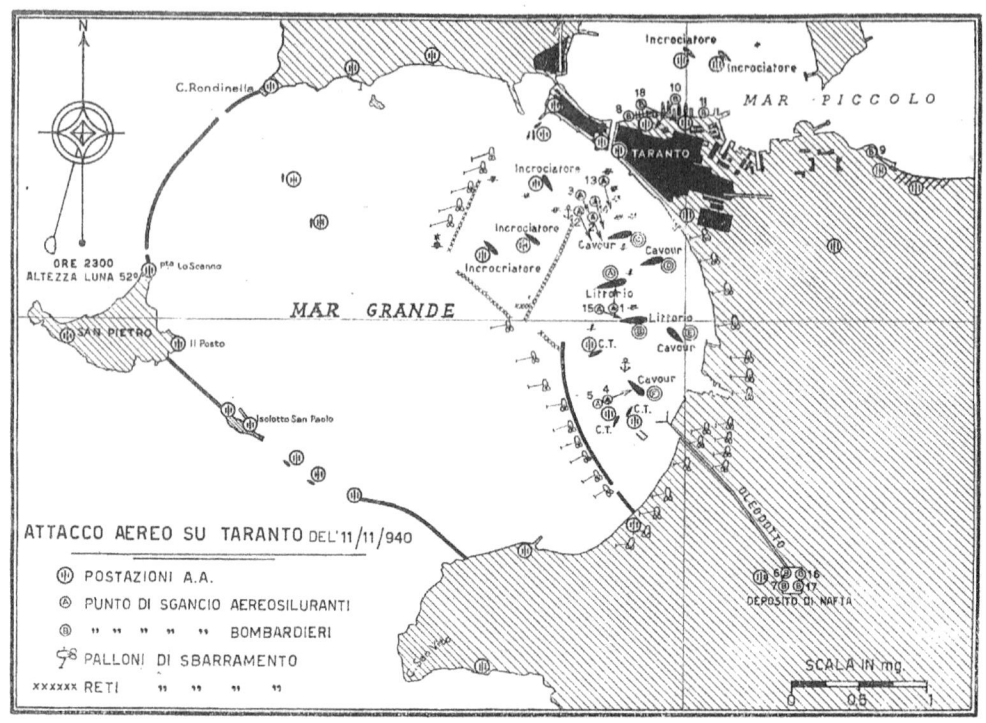

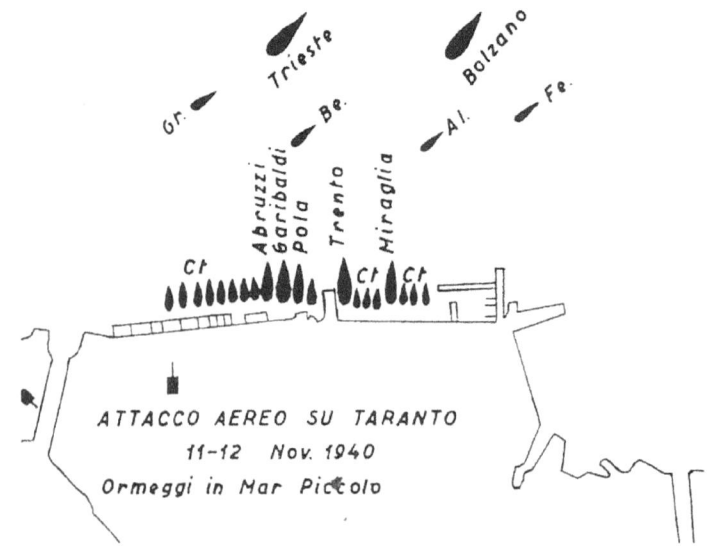

Cartine dell'Ufficio Storico della Martina Militare.

Sparano i complessi contraerei di centro nave della *Littorio*. A sinistra, le mitragliere binate da 37 mm e sulla destra una delle mitragliere binate da 20 mm. In basso, i cannoni da 90 mm sistemati in torrette protette.

Da parte britannica furono distrutti due aerosiluranti dell'815° Squadron quello del comandante della prima formazione, capitano di corvetta Williamson, ed uno della seconda formazione, avente per capo equipaggio il tenente di vascello R.G. Skelton. Il comandante Williamson e il suo ufficiale osservatore, tenente di vascello N.J. Scarlet, che erano stati centrati dalle mitragliere del cacciatorpediniere *Fulmine*, dopo che avevano colpito con il loro siluro la corazzata *Cavour*, si salvarono e furono fatti prigionieri. Invece Bailey decedette assieme al suo ufficiale osservatore, tenente di vascello H.J. Slaughter.[123]

---

[123] La descrizione dell'attacco, visto da parte britannica, è stato descritto in modo esaustivo da B.B. Scholfield nell'opera *The attack on Taranto* (*La notte di Taranto*), tradotto e pubblicato in Italia da Mursia, Milano, 1973.

Il cacciatorpediniere *Fulmine*. Apparteneva alla 8ª Squadriglia della 1ª Squadra Navale, ed era all'ancora nel Mar Grande vicino alla *Cavour*. Si trovò proprio sulla rotta d'attacco dello Swordfish LA4 dell'815° Squadron della *Illustrious*, e reagì con le proprie mitragliere da 20 mm all'attacco, contribuendo, assieme alla mitragliere della *Cavour*, all'abbattimento del velivolo britannico.

Il Farey Swordfish L4A. Velivoli dall'immagine chiaramente obsoleta, gli Swordfish nel corso della guerra si dimostrarono velivoli formidabili, soprattutto negli attacchi notturni come aerosiluranti e antisom.

Particolare dell'armamento contraereo da 100 mm di un incrociatore leggero italiano del tipo "Condottieri".

La *Littorio* spara con tutte le armi contraeree.

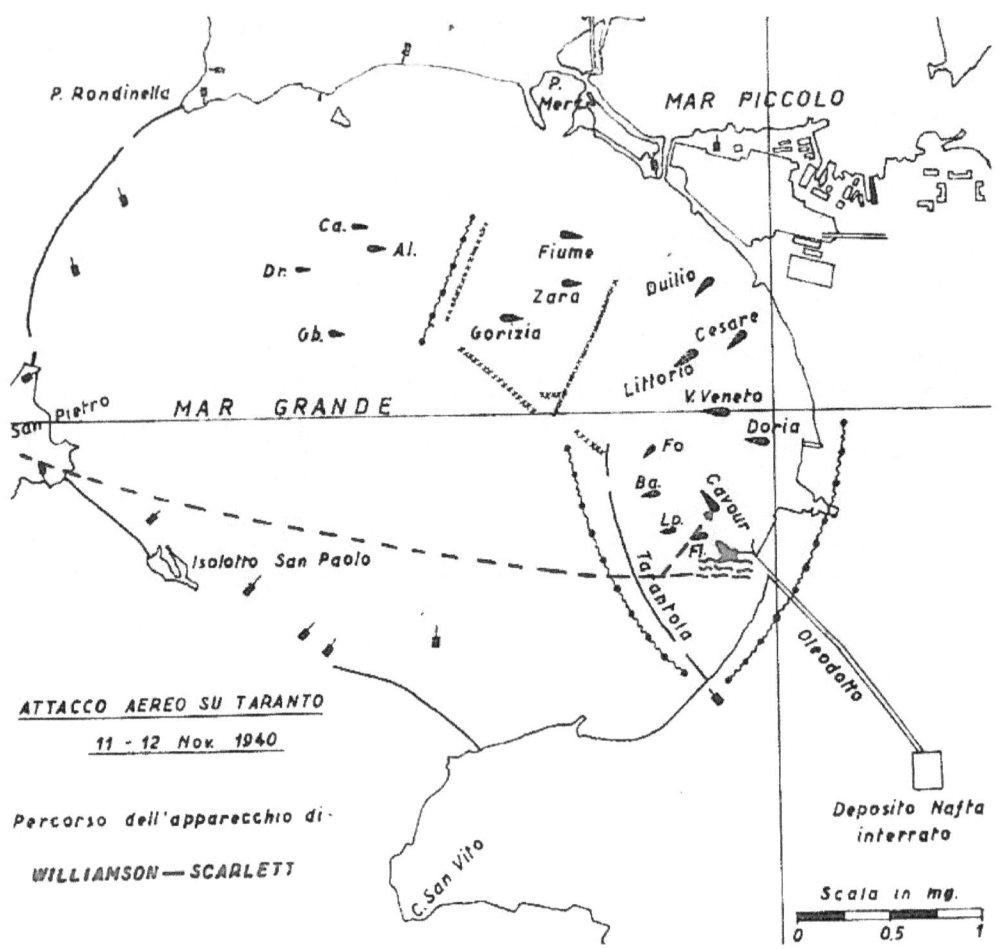

Il siluramento della corazzata *Cavour*: la rotta d'attacco seguita dallo Swordish L4A dell'815° Squadron dell'*Illustrious*, pilotato dal capitano di corvetta N.W. Williamson, che aveva per osservatore il tenente di vascello N.J. Scarlet. Nell'attacco, che portò all'affondamento della *Cavour* il velivolo britannico fu abbattuto dal fuoco incrociato della corazzata e del cacciatorpediniere *Fulmine*. I due uomini dell'aereo si salvarono e furono fatti prigionieri.

Tutti gli altri diciannove Swordfish rientrarono sulla portaerei entro le ore 02.50 del 12 novembre, dopo di che la formazione navale dell'*Illustrious* mise la rotta a sud per raggiungere il gruppo delle corazzate della Mediterranean Fleet alle ore 07.30.

L'ammiraglio Cunningham avrebbe voluto ripetere l'attacco contro Taranto nella successiva notte sul 13; ma l'operazione per la quale era stata preparata una forza d'attacco di quindici "Swordfish", sei dei quali armati con siluri, sette con bombe e due forniti con bengala, fu annullata a causa degli sfavorevoli bollettini meteorologici.[124]

***

Vediamo ora come si svolse l'attacco degli aerei britannici, secondo quanto riportato nella relazione cronologica compilata per Supermarina dal Comando in Capo della 1ª Squadra Navale:[125]

2007 – Il Comando Dicat da il segnale di allarme aereo.

2047 – Fino all'allarme aereo: non si è avuto alcun lancio di bombe né altra forma di attacco. È più che probabile che l'allarme sia stato originato da un aereo da ricognizione venuto ad accertare la presenza delle Squadre nella base.

2252 – Il Comando Dicat da il segnale di allarme aereo e subito dopo le batterie c.a. della zona di S. Vito iniziano il tiro di sbarramento verso Sud Est.

2300 – Accensione di una serie di 7 fuochi illuminanti distesi su direttrice orientata per S S E – N N W tra la zona poco a Nord di Talasano e la zona Sud del Deposito C.R.E.M.: i fuochi illuminanti si accendono a quota intorno ai 500 m. e discendono molto lentamente illuminando la zona per parecchi minuti con luce giallastra non abbagliante, sul cui sfondo si stagliano distintamente le sagome delle Unità alla fonda.

2310 – Si sviluppa un violentissimo tiro di sbarramento nella zona tra S. Vito e S. Pietro al quale prendono parte con mitragliere le Unità navali più vicine con tiro diretto evidentemente contro aerei a bassissima quota: altra azione di fuoco delle batterie c.a. è in corso nella zona di Punta Rondinella a quota media.

Sono avvistati alcuni aerei che attraverso il Mar Piccolo da Levante a Ponente, poco a Nord della Stazione Torpediniere a quota 300-500 metri e che accostano poi verso il Mar Grande, nella zona di Ponente del Mar Piccolo tra il Canale e il Pontile Napoli.

2315 – Aerei siluranti provenienti dalla zona S. Vito – S. Pietro colpiscono il CAVOUR a prora sinistra e il LITTORIO a poppa sinistra: pochi secondo prima il LITTORIO era stato colpito a prora a dritta da un siluro probabilmente lanciato da un aereo proveniente dal Porto Mercantile. È possibile che un altro siluro abbia colpito il LITTORIO a poppa a dritta senza esplodere:

l'urto di detto siluro è stato nettamente percepito da un Ufficiale a posto nell'Ufficio Cifra di poppa alcuni secondi prima dello scoppio del primo siluro. È anche probabile che in questa fase sia caduta a poppa a dritta del LITTORIO a breve distanza dal bordo, una bomba lanciata da aereo proveniente dal Canale;

---

124 A.B. Cunningham, "Fleet Air Arm operations against Taranto on 11th November 1940", *Supplement to the London Gazette* del 22 luglio 1947.

125 AUSMM Lettera n. 3780/OP, del 12 novembre 1940-XX, e lettera n. 3790/OP, del 13 novembre 1940-XX, *Supermarina - Comando Supremo*, b. 1.

l'esplosione della bomba non è stata avvertita a bordo, probabilmente a causa del fuoco intenso e delle quasi contemporanee esplosioni di due siluri. Dal DUILIO invece è stata notata a poppa a dritta del LITTORIO una colonna di acqua e di fumo caratteristica dello scoppio di bombe.

Mitragliere binate da 37 mm e cannoni da 100 mm di una corazzata tipo *Littorio* **in azione contro aerosiluranti.**

Nello stesso periodo il DORIA ha veduto cadere di prora due colonne d'acqua che attribuisce a bombe.

L'aereo che ha attaccato il CAVOUR è subito abbattuto presso il bacino galleggiante: un altro aereo in allontanamento (probabilmente uno di quelli che hanno lanciato contro il LITTORIO) colpito dal tiro di repressione è visto precipitare in fiamme entro il Mar Grande.

Intanto in Mar Piccolo le unità hanno aperto il fuoco contro aerei che a quota intorno ai 500 metri hanno attraversato la zona con direttrice 250°, lanciando poco prima delle 2320 alcune bombe che hanno inquadrato i cc.tt. ormeggiati alla banchina Scuola Comando: il LIBECCIO soltanto è stato colpito da una bomba che però non ha esploso.

2325 – Aerei provenienti da N W sorvolano di nuovo il Mar Piccolo diretti a Est e Sud – Est e lanciano qualche bomba in mare all'altezza di porta ponente: si tratta probabilmente degli stessi aerei che hanno lanciato alle 2320 sui cc.tt. delle Banchina Scuola Comando e che, invertita la rotta, hanno effettuato un secondo passaggio.[126]

Sparano le mitragliere binate Breda da 20 mm.

2350 – Accensione di due gruppi di 7 e 8 fuochi illuminanti all'incirca nella stessa zona dei fuochi lanciati alle ore 2300; la cortina luminosa, con lo stesso orientamento di quella precedente, e rispetto ad essa spostata leggermente più a Nord.

2355 – Si nota un violento fuoco di mitragliere da parte delle Unità in Mar Piccolo: il tiro si sposta da levante a ponente fino alla zona del Porto Mercantile sopra la quale un gruppo di aerei è avvistato dalle cisterne ivi ormeggiate: gli aerei con decisa picchiata si buttano a motore spento verso Sud – Est sorpassando il violento tiro di mitragliere dello ZARA e del GORIZIA.

2400 – LITTORIO e DUILIO sono colpiti ciascuno da un siluro sul lato dritto: i due aerei che hanno lanciato sono subito dopo abbattuti. Il siluro lanciato contro il LITTORIO è caduto in mare a distanza non superiore a 300-350 metri: l'aereo, monoplano, ha accostato a dritta e solo allora è stato nettamente

---

[126] Al primo attacco avevano partecipato nove Swordfish" dell'815° Squadrone (L4A, L4C, L4H, L4M, L4P, L4R, L4K, L5B), uno dell'813° Squadrone (E4F) e due dell'824° Squadrone (E5A, E5Q). Di essi L4P e L5B agirono come bengalieri, L4A, L4C, L4K, L4L, L4M, L4R come aerosiluranti, L4H, E4F, E5A e E5Q come bombardieri. Per i nominativi degli equipaggi vedi Appendice 1.

individuato a bordo del LITTORIO, malgrado che, in seguito all'andamento del tiro di mitragliere sopra citato, si attendesse l'attacco in quella direzione o fosse stata richiamata l'attenzione di tutte le armi sul lato dritto.

0010 – Aerei a quota inferiore a 500 metri sorvolano la parte meridionale del Mar Piccolo, prima da levante a ponente e quindi da Ponente a Levante: in quest'ultima corsa tre bombe cadono 10 metri circa a prora o dritta del MIRAGLIA

0020 – Qualche unità in mar Piccolo esegue saltuarie raffiche di fuoco contro aerei isolati: è notato solo il lancio di due o tre bombe, cadute in acqua.

0122 – Il Comando Dicat comunica la fine dell'allarme aereo.[127]

Altra mitragliera 20 mm su corazzata tipo "Littorio". Notare i serventi con il giubbotto salvagente.

Nel corso del primo attacco gli aerosiluranti britannici L4A, L4R e L4C avevano rivolto la loro attenzione contro la corazzata *Cavour* (capitano di vascello Ernesto Ciurlo), che fu colpita nella fiancata sinistra, sotto la torre di prora n. 2, dal siluro del primo velivolo (capitano di corvetta pilota N.W. Williamson e tenente di vascello osservatore N.J. Scarlet). Gli altri tre Swordfish avevano diretto la loro azione contro la *Littorio* (capitano di vascello Massimo Girosi), nave ammiraglia

---

[127] Al secondo attacco avevano partecipato sei Swordfish dell'819° Squadrone (L5A, L5B, L5H, L5F, L5Q), uno dell'815° Squadrone (L4F), uno dell'813° Squadrone (E4H) e uno dell'824° Squadrone (E5H). Di essi L5B e L5F agirono come bengalieri, L5A, L5H, L5K, L5Q, E4H, E5H come aerosiluranti, L5F come bombardiere.

della 9ª Divisione (ammiraglio Carlo Bergamini). Essa fu colpita sulla fiancata di dritta dai due siluri lanciati dai velivoli L4K (tenente di vascello pilota Mel Kemp e sottotenente di vascello osservatore R.A. Bailey) e L4M (tenente di vascello pilota I.A. Swayne e sottotenente di vascello osservatore W. A. Bull), mentre quello lanciato dal velivolo E4F (tenente di vascello pilota M.R. Maud e sottotenente di vascello osservatore W. A. Bull), passando a poppa della *Littorio*, diresse verso la gemella *Vittorio Veneto* per poi scoppiare sul fondale prima di aver raggiunto il bersaglio.

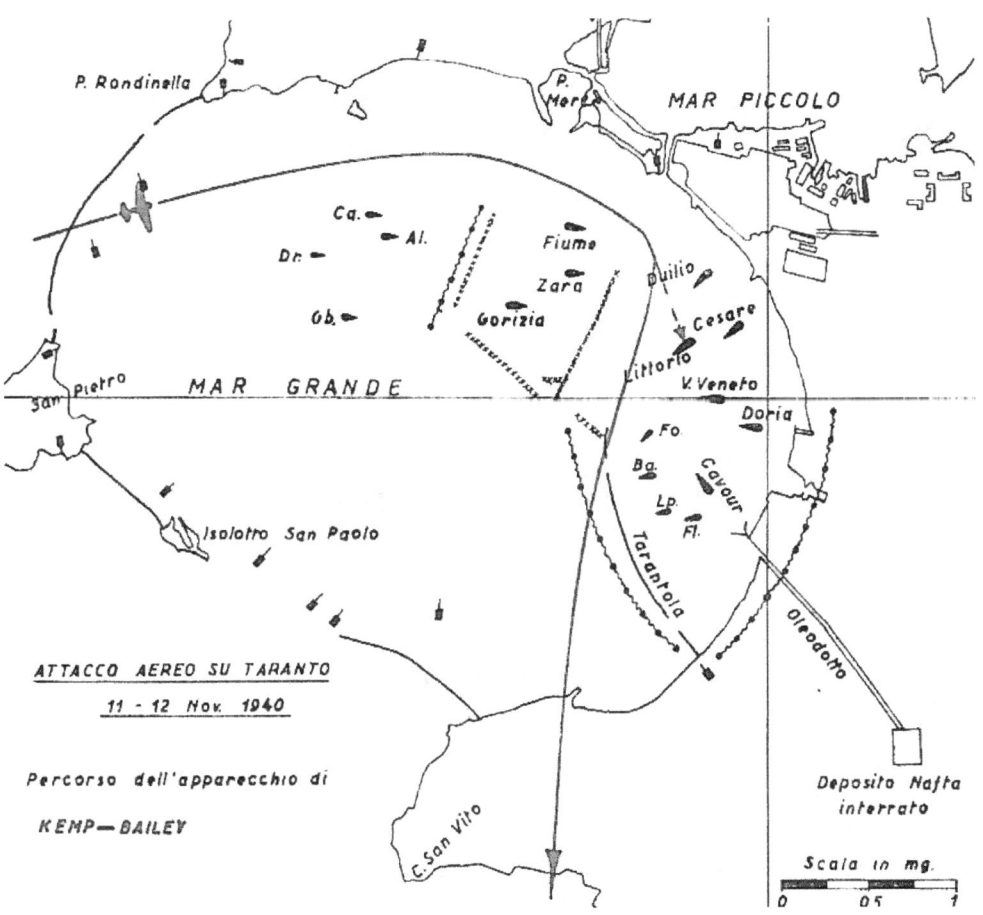

Primo siluramento della *Littorio*. La rotta d'attacco eseguita dallo Swordfish L4K dell'815° Squadron della *Illustrious* pilotato dal tenente di vascello Mel Kemp che aveva per osservatore il sottotenente di vascello R.A. Bailey.

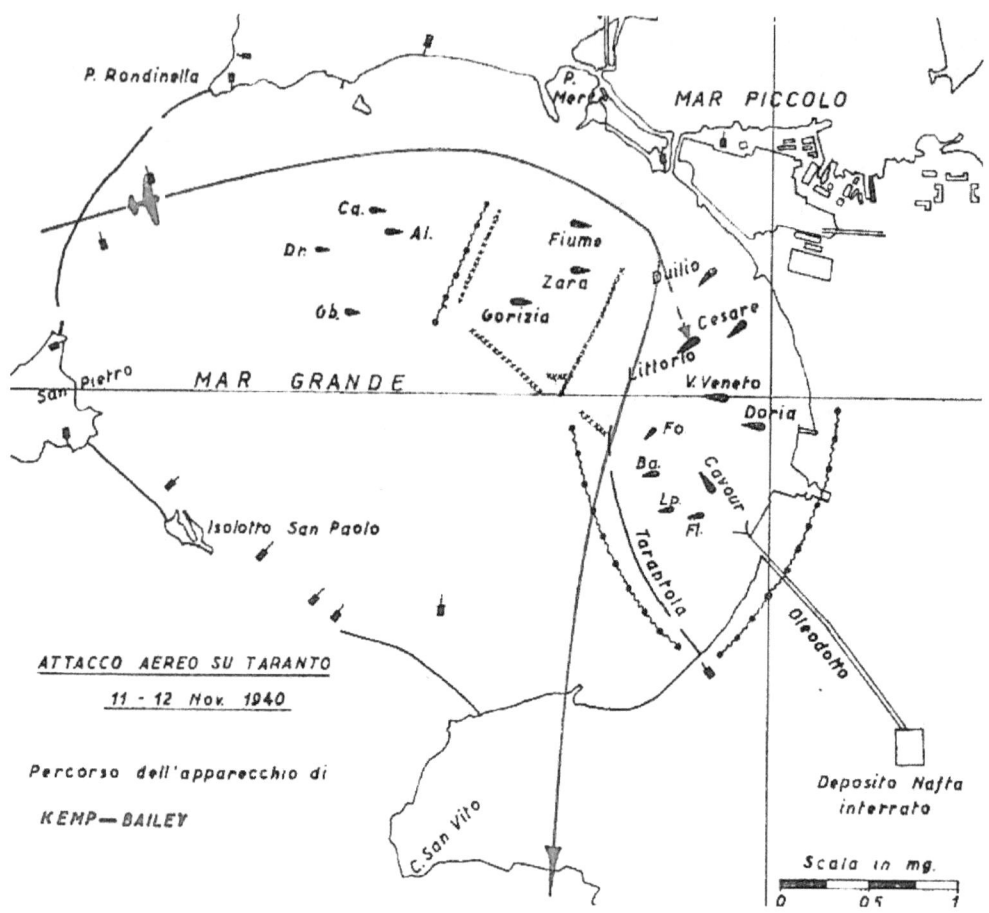

Secondo siluramento della *Littorio*. La rotta d'attacco seguita dallo Swordfish L4K pilotato dal tenente di vascello Mell Kemp, che aveva per osservatore il sottotenente di vascello R.A. Bailey.

Tre dei quattro bombardieri che attaccarono gli obiettivi in Mar Piccolo diressero contro i cacciatorpediniere attraccati alle banchine, dei quali il *Libeccio* (capitano di fregata Errico Simola) fu colpito a prua da una bomba sganciata dal velivolo E5Q (tenente di vascello pilota J.B. Murray e sottotenente di vascello osservatore S.M. Paine). L'ordigno perforò lo scudo del complesso d'artiglieria prodiero e due ponti per poi fuoriuscire senza esplodere. Altre due bombe, sganciate da un altro Swordfish, caddero presso il *Lanciere* esplodendo in acqua senza causare danni alla nave.

Il quarto bombardiere, l'L4L (sottotenente di vascello pilota W.C. Sarra e guardiamarina osservatore J. Bowker), attaccò l'idroscalo centrando in pieno l'aviorimessa centrale ove, come detto, rimasero distrutti due idrovolanti della Ricognizione Marittima.

Il cacciatorpediniere *Libeccio* ripreso mentre passa il canale tra il Mar Grande e il Mar Piccolo. Trovandosi alla banchina fu colpito da una bomba che perforò due ponti per poi fuoriuscire dallo scafo senza esplodere.

Durante il secondo attacco, che si svolse anch'esso alla luce dei bengala che si accesero in quota per poi bruciare in aria per circa quattro minuti, gli aerosiluranti L5A (capitano di corvetta pilota J.W. Hale e tenente di vascello osservatore G.A. Carline) e L5K (tenente di vascello pilota C.S.C. Torres-Spence e tenente di vascello osservatore A.F.W. Sutton) diressero contro la *Littorio* che fu nuovamente colpita da un siluro, mentre un altro si conficcò nel fondale sabbioso sotto la chiglia della corazzata. Il velivolo L5H (tenente di vascello pilota C.S.C. Lea e sottotenente di vascello osservatore P.D. Jones) attaccò la *Duilio* (capitano di vascello Onorato Brugnoli), nave ammiraglia della 6ª Divisione (ammiraglio Carlo Cattaneo), e colpì la corazzata sulla fiancata di dritta in corrispondenza della torre di grosso calibro prodiera n. 2.

Nelle due immagini complessi contraerei da 100 mm di incrociatori italiani in azione.

Degli altri due aerosiluranti della seconda ondata, lo Swordfish E5H (tenente di vascello pilota J.W.G. Welham e tenente di vascello osservatore P. Humphreys) lanciò contro la *Vittorio Veneto* senza riuscire a colpirla, mentre il velivolo E4H (tenente di vascello pilota G.W. Bayley e tenente di vascello osservatore H.J. Slaughter) attaccò, probabilmente il *Gorizia*, che si trovava entro la zona recintata riservata agli incrociatori della 1ª Divisione, per poi precipitare in mare subito dopo il lancio del siluro, essendo stato colpito dalla reazione contraerea.

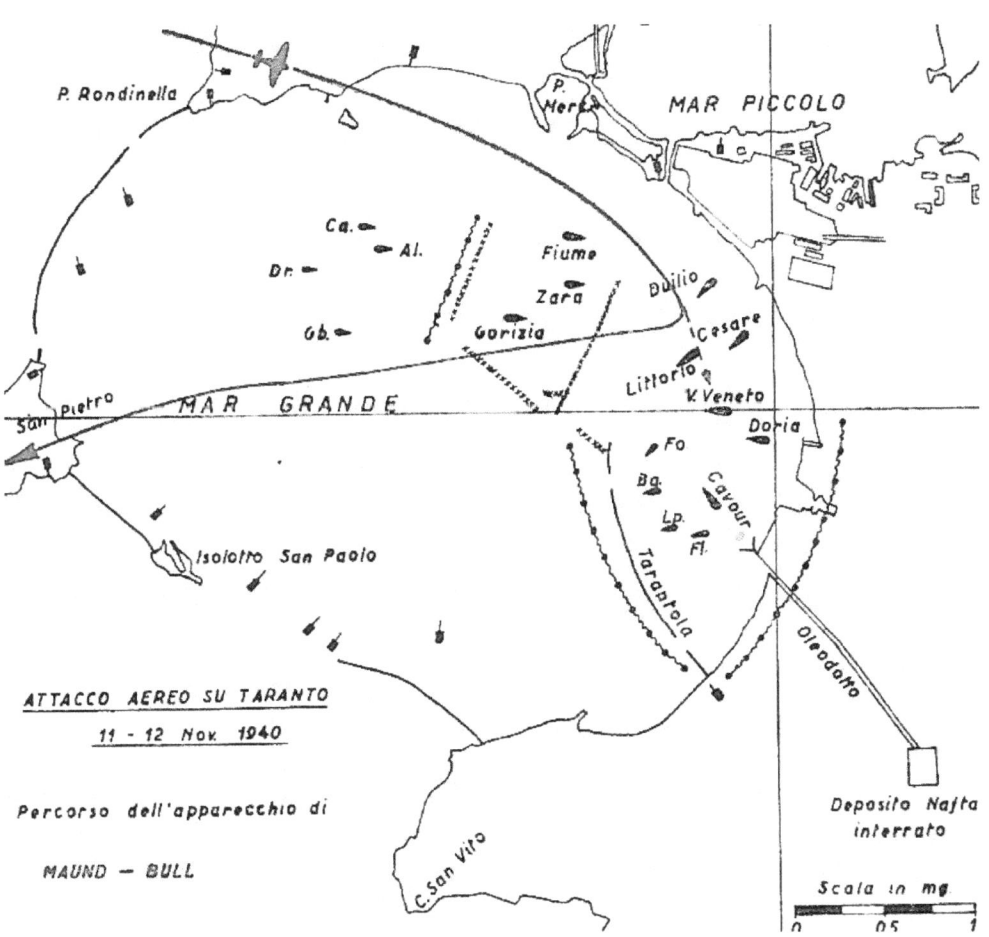

Terzo siluramento della corazzata *Littorio*. Il percorso seguito dallo Swordfish L5K dell'819° Squadron della *Illustrious*, pilotato dal tenente di vascello F.M.A. Torrens-Spence, che aveva per osservatore il tenente di vascello A.F.W. Sutton.

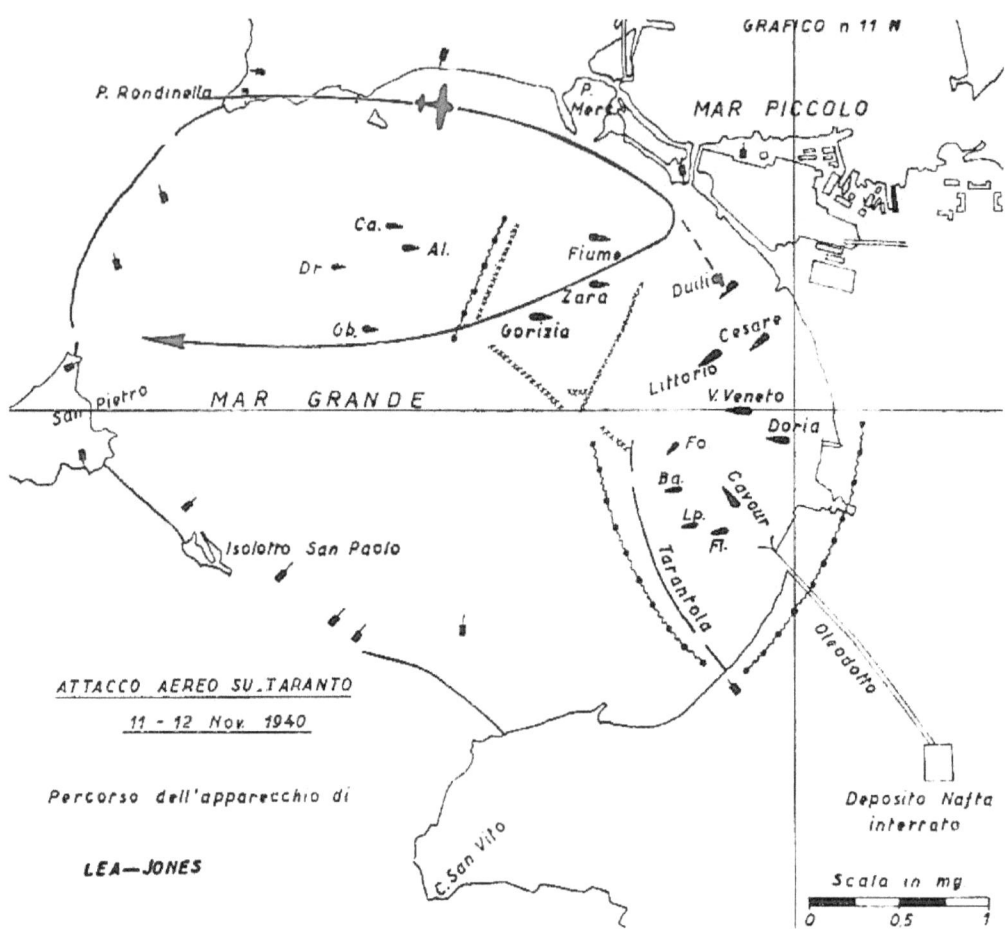

Siluramento della corazzata *Caio Duilio*. Il percorso seguito dallo Swordfish L5H dell'819° Squadron della portaerei *Illustrious* pilotato dal tenente di vascello C.S.C. Lea e con osservatore il sottotenente di vascello osservatore P.D. Jones.

L'unico bombardiere presente nella seconda ondata di attacco, l'L5F (tenente di vascello pilota E.W. Clifford e tenente di vascello osservatore G.R.M. Ground), che era partito con ritardo dall'*Illustrious* a causa di una collisione avvenuta sul ponte di volo con un altro velivolo della portaerei, attaccò per ultimo. Egli raggiunse il porto di Taranto quando l'attacco degli aerosiluranti si era già concluso e il fuoco contraereo si stava affievolendo, e diresse contro le navi ormeggiate alla banchina Scuola Comando sganciando le sue sei bombe in picchiata contro due incrociatori. Uno degli ordigni colpì il *Trento*, perforandogli due ponti senza esplodere, mentre le altre bombe caddero in mare tra l'incrociatore e la nave appoggio *Miraglia*, e tra la prora dell'incrociatore *Abruzzi* e i cacciatorpediniere ormeggiati alle boe.[128]

---

[128] Per la ricostruzione dell'attacco ci siamo serviti delle seguenti fonti: Relazione dell'ammiraglio Cunningham pubblicata dalla *The London Gazette*, *Le azioni navali in*

La *Littorio* dopo i siluramenti incagliata e abbassata di prua, con l'acqua che arriva alla prima torre di grosso calibro prodiera, e sollevata di poppa.

Mediterraneo (USMM), *La notte di Taranto* (B.B Schofield), *Le combat de Tarante* (Jean Gravrand).

La *Littorio* vista di prora e di poppa.

L'incrociatore *Trento* della 3ª Divisione della 2ª Squadra Navale. Fu colpito da una bomba sganciata da uno Swordfish che perforò due ponti ma senza esplodere.

Secondo le osservazioni fatta dalle varie unità navali della 2ª Squadra, che l'ammiraglio Angelo Iachino portò a conoscenza di Supermarina con la sua relazione n. 813/S.R.P. del 13 novembre 1940, gli aerosiluranti britannici avevano attaccato in formazioni di tre velivoli, dopo essere entrati nel Mar Grande volando a bassa quota. "*Essi,* – specificò Iachino – *provenivano dalla parte di Punta Rondinella, passando tra il porto mercantile e lo sbarramento di palloni situato nelle vicinanze della sirena per poi lanciare i siluri, appena oltrepassati gli incrociatori della 1ª Divisione, e accostare per sud ovest dirigendo verso S. Paolo*". Il loro attacco fu considerato dal Comandante della 2ª Squadra "*Bene organizzato e condotto con decisione ed ardire*".[129]

---

[129] AUSMM, Comando in Capo 2ª Squadra Navale, "Relazione sull'attacco aereo nemico svoltosi su Taranto nella notte sul 12, ricavato dai rapporti delle unità dipendenti", *Attacchi alle basi*, b. 2, f. 958.

Il complesso binato OTO da 100/47 mod. 1928 a bordo dell'incrociatore leggero *Duca degli Abruzzi*, che al momento dell'attacco degli aerosiluranti si trovava ormeggiato alla banchina nel Mar Piccolo.

Alle stesse conclusioni arrivò anche l'ammiraglio Campioni, il quale, specificando che l'attacco degli "Swordfish" era *"stato condotto con perizia e decisioni da definire perfette"*, nella sua relazione n. 0330/SRP del 25 novembre 1940 compilato per l'ammiraglio Cavagnari, fece le seguenti considerazioni:[130]

È inconfutabile che l'attacco è il frutto di una preparazione e di una osservazione prolungata e perfetta.
Esso e stato realizzato non appena le condizioni strategiche generali lo hanno permesso e prima che la situazione difensiva di Taranto potesse essere migliorata; c'è da ritenere che gli inglesi avessero informazioni assai esatte in proposito.[131]
Ad ogni modo l'attacco è stato condotto in modo perfetto e con decisione estrema; è un monito ed una lezione che devono essere raccolte e attentamente considerate.

---

[130] AUSMM, "Attacco aereo ed aerosilurante contro le navi I Squadra verificatosi a Taranto nella notte tra l'11 ed il 12 novembre 1941", *Attacchi alle Basi*, b. 2, f. 958.

[131] Nel libro di C. Babinghton Smith, *Evidence in camera* (Londra, Chatto and Windus, 1958) è chiaramente esposto, in maniera inequivocabile, che fu soltanto la fotografia aerea a rilevare al Comando della Mediterranean Fleet che la rada di Taranto era difesa contro gli attacchi dell'aria da una cortina di palloni frenati. Le fotografie riprese dai Glenn Martin della 431ª Flight e spedite al Cairo, furono interpretate in maniera particolareggiata dallo specialista della materia, tenente della RAF R. Idris Jones, che fissò anche *"la esatta posizione di ciascuna unità navale e del loro complicato ancoraggio"*, delimitandone chiaramente *"la lieve traccia dei galleggianti per le reti parasiluri che apparivano come minuscole gocce grigie contro le acque oscure del porto"*.

La difesa dell'ancoraggio esterno di Taranto contro gli attacchi di aerosiluranti si è dimostrata imperfetta ed insufficiente. Neanche se fossero state realizzate tutte le provvidenze già studiate, la difesa sarebbe stata sufficiente, dato l'errore generico di valutazione delle possibilità avversarie.

Lo Swordfish L4A abbattuto viene recuperato dagli italiani. Il pilota capitano di corvetta pilota N.W. Williamson e l'osservatore tenente di vascello osservatore N.J. Scarlet sopravvissero e furono fatti prigionieri

Dopo aver rilevato che la difesa della Piazza, affidata alla D.I.C.A.T. non aveva fatto uso dei proiettori per individuare e disturbare i velivoli attaccanti, l'ammiraglio Campioni giustificò il mancato impiego dei proiettori delle unità della flotta nei confronti degli aerosiluranti, sostenendo che, essendo venuta a mancare l'accensione di quelli terrestri, il loro intervento poteva risultare "*più pericoloso che utile dato il contemporaneo attacco dall'alto*" portato dai bombardieri.

Il comandante della flotta italiana, pur considerando che la intensa reazione di fuoco delle artiglierie navali e terrestri era stata di natura "*insufficiente a scopo preventivo*", ritenendo, erroneamente, fossero stati abbattuti sei veicoli nemici, scrisse che essa aveva invece avuto notevole efficacia a scopo repressivo. Da parte nostra non ne siamo convinti considerando che per abbattere due soli Swordfish furono consumati ben 13.489 proiettili dalle sole batterie della base e parecchie migliaia dalle navi in porto.

Parlando, nella sua citata relazione, della convenienza di cambiare l'ormeggio delle navi, argomento che in precedenza era stato discusso con il comandante delle Dipartimento Marittimo di Taranto, ammiraglio Antonio Pasetti, l'ammiraglio Campioni affermò: "*Non posso che confermare che qualunque provvedimento del genere sarebbe stato un errore grossolano; o si andava via da Taranto, o si mantenevano gli ormeggi attuali*".[132]

---

[132] AUSMM, "Attacco aereo ed aerosilurante contro le navi I Squadra verificatosi a Taranto nella notte tra l'11 ed il 12 novembre 1941", *Attacchi alle Basi*, b. 2, f. 958.

Un argomento che l'ammiraglio Campioni mise particolarmente in risalto, fu quello dell'effetto che avevano avuto i siluri britannici sulle corazzate italiane, i cui danni risultarono superiori ad ogni immaginabile previsione.

Sulla *Cavour*, comandata dal capitano di vascello Ernesto Ciurlo, una falla di metri 12 X 8 in corrispondenza del deposito munizioni prodiero sotto il secondo impianto di grosso calibro, determinò l'allagamento di tutta la parte prodiera della corazzata. Dopo aver preparato un bilanciamento a poppa, a cui non venne dato attuazione perché giudicato inutile e troppo lento, il Comandante della 5ª Divisione, ammiraglio Bruno Brivonesi che, trovandosi imbarcato sulla *Cesare*, alla mezzanotte era salito a bordo della *Cavour* per dirigere le operazioni di salvataggio, decise, con molto ritardo, di portare all'incaglio la corazzata danneggiata, spostandola su un basso fondale per mezzo dei rimorchiatori, che, richiesti dal comandante Ciurlo, si trovavano già nei pressi della nave.

La manovra di traino, iniziata dal rimorchiatore *Porto Pisano* alle 04.20, e ultimata alle ore 05.00 del 12 novembre, non portò all'effetto sperato di salvare la *Cavour* dall'affondamento, poiché l'allagamento continuò a manifestarsi al ritmo di 50 centimetri all'ora e a estendersi in diversi locali, facendo sbandare la corazzata sulla dritta. Questo fatto convinse l'ammiraglio Brivonesi "*ad ordinare l'abbandono della nave, che veniva eseguito con calma assoluta alle ore 05.45*".[133]

La *Cavour*, sbandando di trenta gradi sul fianco destro per poi addrizzarsi lentamente quasi orizzontale, alle 08.00 si appoggio sul fondale con la coperta di prora di poco sott'acqua e la poppa immersa fino all'altezza dei cannoni della torre di grosso calibro n. 4.

Sulla *Duilio* l'esplosione del siluro magnetico determinò in chiglia, in corrispondenza della torre n. 2, una falla di metri 11 x 7 sulla fiancata dritta, tra i depositi munizioni sottostanti alle due torri di grosso calibro prodiere n. 1 e n. 2, che furono entrambi allagati, assieme a quello di piccolo calibro situato più a poppavia. Poiché la situazione, in un primo momento apparsa sotto controllo, tendeva gradualmente ad aggravarsi per l'acqua che si era infiltrata nei locali di prora adiacenti ai depositi, estendendosi anche verso poppa in tutta la galleria che conduceva i cavi elettrici attraverso l'apparato motore. Alle 03.30 l'ammiraglio Carlo Cattaneo, comandante della 6ª Divisione, ritenne necessario portare la *Duilio* ad incagliarsi nel punto favorevole più vicino; manovra che fu ultimata dalla corazzata alle ore 04.45, agendo con le proprie macchine e con l'aiuto dei rimorchiatori.

---

[133] *Ibidem.*

L'ammiraglio Bruto Brivonesi, Comandante della 5ª Divisione Navale, a bordo della sua nave comando la corazzata *Giulio Cesare*. Nell'intensione di portare la *Cavour* nel Mar Piccolo, quando ciò apparve ormai irrealizzabile, con la corazzata che stava affondando, ordinò troppo tardi di portarla all'incaglio, come aveva suggerito il comandante Ernesto Ciurlo.

Molto più complesso apparve fin dall'inizio il salvataggio della *Littorio*, la nave sede di Comando dell'ammiraglio Campioni, sul cui scafo i tre siluri giunti a segno avevano aperto altrettante grosse falle: due a prora di dritta, alquanto vicine, ed una a poppa a sinistra nell'aggancio del timone principale, demolendolo.

Mentre la falla di poppa si dimostrò subito senza importanza, non avendo riportato alcun danno alla struttura dello scafo, l'allagamento della nave, attraverso gli altri due squarci prodieri - verificatisi uno oltre la traversa del ridotto corazzato e l'altro al ginocchio di sinistra nella zona dell'apparato motore - cominciò ben presto a costituire fonte di allarme; anche perché quasi tutte le pompe, escluse quelle di sentina e quelle barellabili, erano rimaste inutilizzabili. Alle ore 04.00 la situazione della *Littorio* peggiorò sensibilmente, dal momento che la massa d'acqua, entrando attraverso le falle, aumentava in modo preoccupante, costringendo il comandante, capitano di vascello Girosi, a proporre l'arenamento della corazzata.

Ormeggio delle navi in Mar Piccolo all'indomani dell'attacco aereo in una fotografia scattata da un velivolo Maryland di Malta. Da sinistra, le quattro navi più grandi alla banchina sono gli incrociatori *Trento*, *Pola*, che sta manovrando, *Garibaldi* e *Abruzzi*.

La situazione fu allora esaminata con il Comandante della 9ª Divisione, ammiraglio Carlo Bergamini, il quale avendo constatato che le condizioni di stabilite della *Littorio* e la tenuta delle sue paratie erano buone, concesse l'autorizzazione all'incaglio di prora; manovra che la nave portò a termine alle ore 06.25 agendo con le sue macchine e con i suoi timoni ausiliari e con l'aiuto di due rimorchiatori. Tuttavia, subito dopo aver poggiato sul fondale la prora della corazzata, che fino a quel momento era rimasta fuori dall'acqua, affondò nel fondale melmoso, ed il livello dell'acqua continuò ad aumentare fino al castello, per poi stabilizzarsi all'altezza dei verricelli di tonneggio.

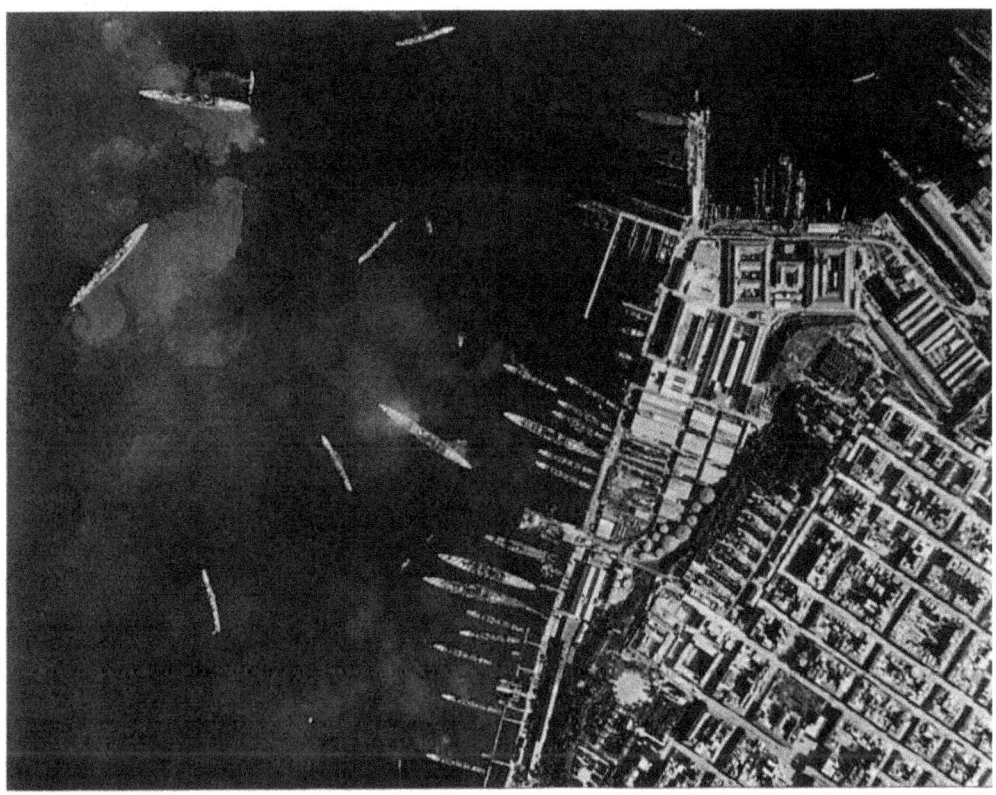

La medesima immagine di sopra con particolare del naviglio alla banchina.

Nonostante i gravi danni materiali riportati dalle tre corazzate le perdite umane risultarono alquanto modeste, poiché decedettero soltanto quaranta marinai: ventitré sulla *Littorio*, sedici sulla *Cavour*, e uno solo sulla *Duilio*. Gran parte di queste perdite furono determinate dei gas tossici, sprigionatisi all'interno dei locali in cui fu necessario agire nell'opera di salvataggio, i cui effetti risultarono particolarmente nocivi, soprattutto sulla *Littorio*, ove si verificarono anche un centinaio di intossicati.

Tornando al commento dell'ammiraglio Campioni sull'effetto dei siluri britannici, *"elemento - egli affermò - che richiede una profonda meditazione"*, nella relazione del Comandante della 1ª Squadra Navale troviamo:[134]

---

[134] *Ibidem.*

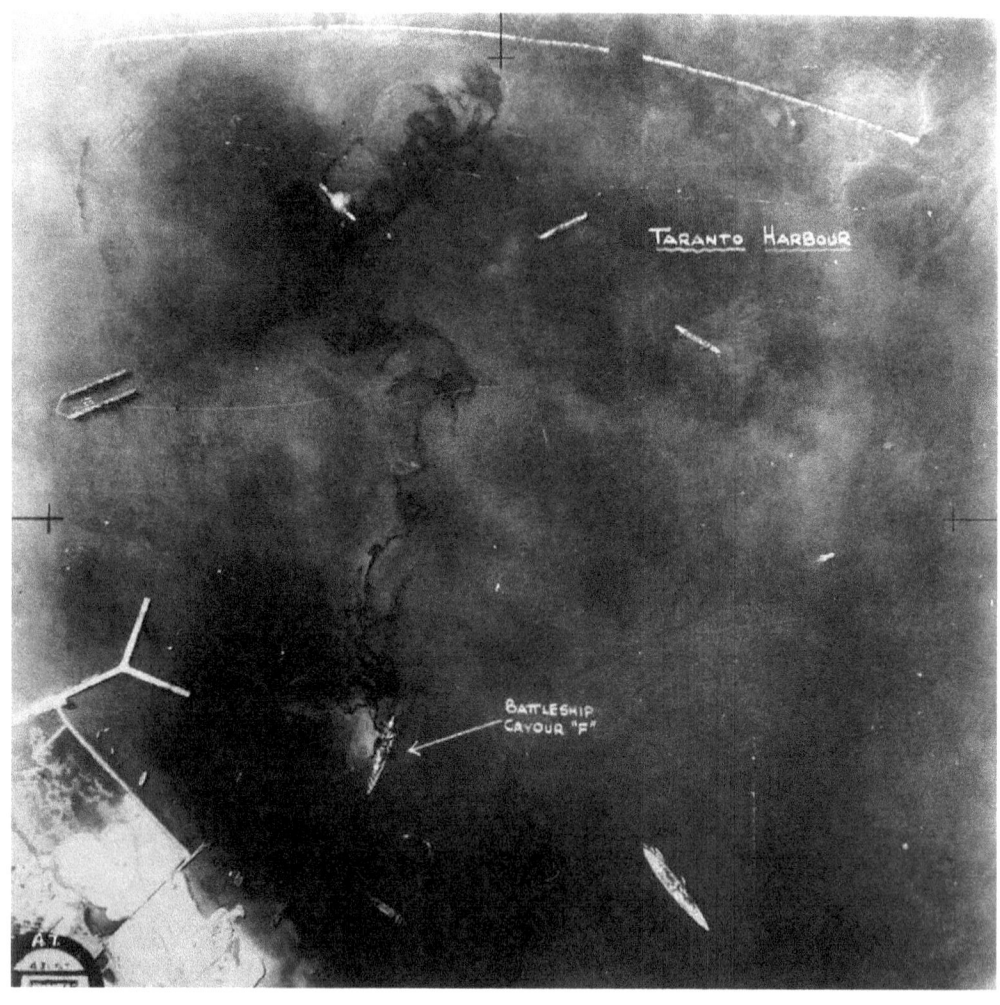

Mar Grande di Taranto. In questa immagine ripresa da un ricognitore Maryland della 431ª Flight al n. 1 è la corazzata *Cavour* semiaffondata con forte perdita di nafta.

Si vedranno le cose con calmo dopo le constatazioni dei tecnici, ma è certo che le masse d'acqua che hanno invaso le navi, specie il CAVOUR e il LITTORIO, sono state imponenti. Sono convinto che se il LITTORIO non si fosse anch'egli incagliato si sarebbe perduto. Effettivamente la nave è stata colpita da tre siluri, ma di essi: uno non ha importanza agli effetti del pericolo corso dalla nave, ed uno ha preso nel protettivo che serve, almeno fino ad un certo punto, ad incassare siluri senza preoccupazioni. Il siluro che ha preso a proravia ha avuto effetti poderosi ed imprevisti. È, almeno per noi, indispensabile che siano chiariti al più presto, anche per motivi di indole morale e psicologica, le ragioni per le quali la nave CAVOUR è affondata e le altre due hanno corso rischio di esserlo e tutto in poco tempo.

Pertanto, riferendosi evidentemente a coloro che nell'ambito dell'Ispettorato della Marina avrebbero dovuto controllare la bontà del prodotto, l'ammiraglio Campioni chiedeva di accertare se fossero stati commessi eventuali errori, cui ci si doveva accorgere in fase di progettazione e di costruzione delle navi, e non solo "*dopo ragionamenti, o calcoli, troppo lunghi e complessi*"; richiesta pienamente legittima e necessaria, a cui i tecnici avrebbero dovuto dare al più presto una risposta. "*Una parola* - concluse Campioni - *che ci dica che la fiducia nella capacità delle nostre corazzate deve rimanere intatta*".[135]

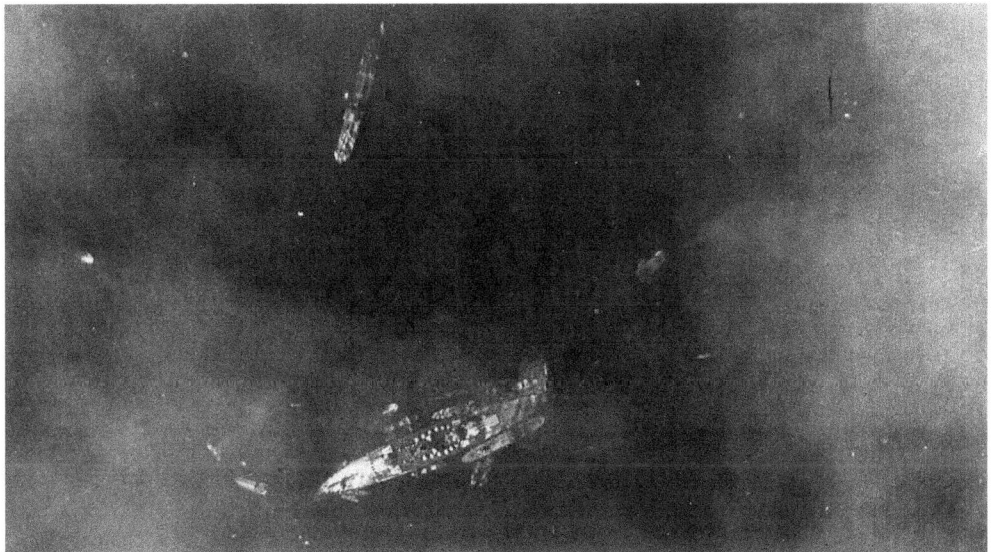

Nella foto della ricognizione aerea, fatta su Taranto dopo l'attacco dell'11 novembre 1940 da un velivolo Maryland della 431° Flight, la *Littorio* colpita da tre siluri, con il ponte a prora dipinto a strisce trasversali bianche e rosse per l'identificazione da parte degli aerei nazionali, è incagliata con la prua immersa. Le sono attorno da navi ausiliarie di soccorso e un sommergibile incaricato di fornire alla corazzata l'energia elettrica.

Infine, le deficienze riscontrate nell'organizzazione della difesa di Taranto la notte dell'11 novembre 1940, furono puntualizzate da Supermarina, in una dettagliata relazione consegnata al Duce alla fine di dicembre dal nuovo Sottosegretario di Stato e Capo di Stato Maggiore della Regia Marina, ammiraglio d'armata Arturo Riccardi, con la seguente esposizione conclusiva:[136]

Il fuoco contraereo è stato sempre molto intenso ed ha conseguito il risultato di abbattere sei apparecchi.

---

[135] *Ibiden.*
[136] AUSMM, "Supermarina – Relazione sull'attacco alla base di Taranto nella notte sul 12 novembre 1940 XIX", fondo *Attacchi alle Basi*, b. 2, f. 958.

Si deve ritenere che esso sia stato abbastanza ben condotto: non è stato però sufficiente ad arrestare tempestivamente gli attaccanti, sia per la loro grande risolutezza sia per il metodo di attacco concomitante.

È mancato l'impiego dei proiettori, che era stato ripetutamente prescritto come efficacissimo mezzo accecante di difesa. L'impiego era stato anche accuratamente studiato nei suoi particolari, sia dal Comando in Capo del Dipartimento, sia dai Comandi in Capo delle due Squadre Navali. L'ordine di accensione avrebbe dovuto essere dato dalla Dicat, che lo ha inspiegabilmente omesso.

Non era stata ancora ultimata, perché non abbastanza accelerata, la sistemazione delle reti secondo le disposizioni impartite e che prevedevano infrazionamento in piccole zone nello specchio acqueo occupato dalle navi, pur lasciando loro libertà di ruotare intorno alla boa di ormeggio e di manovrare senza eccessiva difficoltà in occasione di partenza e di arrivo.

Si deve, tuttavia, osservare che dato l'insospettato impiego degli acciarini magnetici e della regolazione dei siluri a metri 10,60, l'efficacia del sistema protettivo delle reti, che raggiungono la profondità media di metri 10, sarebbe stata probabilmente frustrata.

È anche da rilevare che il coordinamento delle difese attive contraeree della Base e delle due Squadre non sarebbe stato messo perfettamente a punto mediante appropriate esercitazioni.

Il concentramento delle navi a Taranto era direttamente dipendente dalla situazione strategica del momento e dalle necessità operative. Tra l'altro, il giorno seguente le due Squadre avrebbero lasciato Taranto per eseguire un'azione di bombardamento contro la Base di Suda.[137] *Comunque, il concentramento in parola non ha certo influito sui risultati conseguiti dagli aerei siluranti nemici che hanno evidentemente diretto contro pochi determinati bersagli (navi maggiori) mentre il complesso navale ha certamente contribuito ad aumentare l'efficacia del tiro di sbarramento.*

Presa visione del promemoria di Supermarina, inviato per visione al Duce, l'ammiraglio Pasetti, che era il principale responsabile della difesa di Taranto,

---

[137] Nel corso della giornata dell'11 novembre, in previsione di quella missione bellica, che doveva coincidere con il rientro in porto della Mediterranean Fleet, Supermarina aveva continuato a mettere a punto i dettagli per attuare il bombardamento di Suda. I ricognitori della 5ª Squadra Aerea (Libia), incaricati di tenere sotto costante osservazione la situazione del naviglio presente nella Baia, riferirono, sulla scorta della documentazione fotografica ripresa il giorno 10, vi fossero presenti all'ancora due incrociatori della classe "Leander", due petroliere, tre piroscafi e due idrovolanti Sunderland. Questi dati furono portati a conoscenza delle due squadre navali italiane da Supermarina, assieme alla precisa segnalazione dei punti in cui navi e aerei si trovavano alla fonda. Fu anche disposto che la squadriglia cacciatorpediniere *Pigafetta*, che faceva parte della 1ª Squadra, venisse assegnata per la prevista azione alla 2ª Squadra, la cui 1ª Divisione Incrociatori era incaricata di effettuare il bombardamento.

presentò all'ammiraglio Riccardi una relazione in cui ritenne *"opportuno mettere in evidenza"* talune circostanze, derivanti dalle indagini e dagli accertamenti fatti nei giorni successivi a quello dell'attacco aereo britannico contro Taranto. Erroneamente, egli affermò che il numero degli aerei nemici abbattuti doveva essere considerato *"sicuramente maggiore"* ai sei dichiarati nel promemoria di Supermarina, poiché in Mar Grande erano stati recuperati i relitti di tre velivoli (sic), altri quattro erano stati avvistati mentre precipitavano in fiamme, e alcuni relitti erano stati trovati sulla spiaggia.

Circa la mancata accensione dei proiettori, da impiegare come mezzo accecante contro aerosiluranti a bassa quota, l'ammiraglio Pasetti, concordando con la tesi espressa dal Comando della Squadra Navale di aver evitato di usarli, affermò che anche la DICAT aveva fatto bene a non accendere i proiettori della Base. Infatti, avendo gli aerei della *Illustrious* sviluppato l'attacco dalla zona di mare, i fasci di luce, dei proiettori diretti sui velivoli, avrebbero certamente illuminato anche le navi presenti in rada, ciò che avrebbe dato agli equipaggi britannici importanti riferimenti per agevolare lo sviluppo dell'offesa contro di esse.

Passando alla mancanza di un'efficace difesa retale, e constatando il fatto che Supermarina, parlando della nuova sistemazione in atto per aumentarne l'efficienza, l'aveva considerata *"non abbastanza accelerata"*, l'ammiraglio Pasetti, facendo notare che gli aerosiluranti britannici erano arrivati a lanciare contro le navi da distanze minime, affermò che egli non aveva mancato di proporre di adottare un più efficiente *"sistema di difesa passiva"*. Esso doveva essere sostituito da *"box entro i quali le singole unità navali potessero rimanere, solidamente ormeggiate di poppa e di prora, con orientamento che rispondesse il meglio possibile alle necessità della manovra ed alle condizioni climatiche del porto"*.[138]

Su questo argomento si erano svolte parecchie discussioni con il Comando in Capo della Squadra Navale. Ma l'ammiraglio Campioni aveva ritenuto *"opportuno di non aderire"* al criterio dei *"box"*, e ne espose dettagliatamente i motivi con il foglio n. 9879 del 26 settembre 1940, indirizzato a Marina Taranto. Egli, infatti, ritenne più aderente alle necessità di protezione e di prontezza di manovra per le unità della flotta, quella di frazionare le reti in piccole zone dello specchio d'acqua occupato dalle navi, in modo che queste potessero facilmente ruotare intorno alle loro boe di ormeggio in occasione di arrivi o di partenze.

Passando ad analizzare il rilievo del promemoria di Supermarina riguardante il coordinamento della difesa attiva della base con quello delle due Squadre Navali, Pasetti contestò l'affermazione dell'Organo Operativo dell'Alto Comando Navale, secondo cui tale coordinamento non era stato messo a punto mediante lo svolgimento di appropriate esercitazioni. L'ammiraglio, rifacendosi alle norme per il tiro antiaereo notturno che erano state approvate anche da Maristat, sostenne che

---

[138] AUSMM, "Attacco aereo contro le forze navali a Taranto nella notte dell'11 novembre", *Scontri navali e operazioni di guerra*, b. 14.

esse "*erano molto semplici e non richiedevano particolari esercitazioni*". E specificò:[139]

Poiché l'unica forma di tiro antiaereo notturno con le artiglierie era quella dello sbarramento, le navi erano escluse dal parteciparvi; esse dovevano soltanto concorrere col tiro delle mitragliatrici quando gli aerei a bassa quota fossero visibili e potessero quindi essere puntati. Queste norme, approvate anche da Maristat, erano logiche perché dato il forte consumo di munizioni che viene richiesto dal sistema di tiro di sbarramento, le unità navali, sempre pronte a prendere il mare, non potevano rischiare di dover partire per missioni di guerra con le dotazioni del calibro antiaereo notevolmente intaccate.

Infine, dopo aver sostenuto che i siluri britannici, adatti a essere impiegati anche contro navi di carattere minori delle corazzate e degli incrociatori, avevano forse "*avuto meno fortuna*" nel colpire i bersagli contro cui erano stati diretti a "*causa dei minori fondali della zona*", l'ammiraglio Pasetti, ragionando evidentemente con il senno di poi, affermò che, a suo parere, "*sarebbe stato opportuno evitare l'ammassamento di tutte le unità delle due squadre navali nel ristretto ancoraggio in cui si trovavano*"; e ciò "*soprattutto sapendo che da parecchi giorni quasi tutte le mattine apparecchi da ricognizione nemici erano comparsi sul cielo di Taranto*".

E concluse affermando:[140]

L'azione svolta dagli aerosiluranti inglesi nella notte sul 12 novembre 1940 ha avuto sviluppo così violento e deciso che nessuna reazione di tiro antiaereo di sbarramento poteva essere sufficiente ad arrestarla; gli apparecchi, giunti in gran parte planando a motore spento, si sono gettati contro le navi passando in mezzo ad un vero uragano di fuoco di mitragliere, votati ad una morte sicura pur di giungere ad una minima distanza di lancio. Contro azioni di questo genere, unici, sicuri, insormontabili mezzi di difesa non potevano essere che ostruzioni retali, con doppio o triplo ordine di reti, sistemate intorno ad ogni singola nave, essendo le navi saldamente ormeggiate di poppa e di prora in modo da permettere che le ostruzioni stesse ne contornassero gli scafi a distanze minime.

Le manchevolezze o, per dir meglio, le supposte manchevolezze indicate nel promemoria, non possono certo essere state la causa determinante del fatto.

L'AFFONDAMENTO DELLA CORAZZATA *CAVOUR*

L'affondamento della *Cavour* portò poi ad una diatriba di responsabilità fra il comandante della nave, capitano di vascello Ernesto Ciurlo, e il comandante della 5ª

---
[139] *Ibidem.*
[140] *Ibidem.*

Divisione Navale, ammiraglio Bruto Brivonesi, che dopo il siluramento della corazzata era salito a bordo per assumere direttamente la direzione delle operazioni di salvataggio.

Subito dopo che la *Cavour* era stata colpita dal siluro sotto la carena, tra il torrione e la torre sopraelevata di grosso calibro prodiera, si rivelarono gli effetti dello scoppio. La corrente elettrica venne a mancare nelle zone prodiere e centrale ed entrò in funzione la luce di riserva, mentre, ad un minuto soltanto dall'esplosione del siluro, furono notati, dal personale presente sotto la camera di manovra, i primi allagamenti.

Questi riguardarono la *"fuoriuscita di acqua dagli sfoghi d'aria dagli intercapedini fra la paratia longitudinale dello scafo interno, e la paratia cilindrica della protezione subacquea fra le ordinate 35-59 AV. E l'allagamento rapidissimo per forti entrate d'acqua dei depositi munizione G.C.* [grosso calibro] *1 e 2 medio calibro prora e delle torri G.C. 1 e 2 dei locali sottostanti al ponte di primo corridoio"*.[141]

Mentre si tentava di impiegare i grossi mezzi di contenimento per i locali prodieri, che però ebbero esito negativo, inizialmente la situazione apparve sotto sufficiente controllo, poiché da una ricognizione effettuata nei locali sottostanti al 1° corridoio, non furono riscontrate *"nei primi momenti particolari entrate d'acqua, ad eccezione di varie infiltrazioni"*. Ciò avveniva *"attraverso i cavi elettrici di alimento dei quadri T.D. A.V., delle torri di G.C. prodiere e forza protetta a centro"*; mentre leggere vie d'acqua erano riscontrate *"nelle camere ordini e centrale di tiro e dei passaggi a ponte o a paratia dei vari cavi dei circuiti luce e forza"*. Inoltre, da latrine e lavandini sistemati nei locali prodieri si verificarono rigurgiti d'acqua.[142]

Avendo constatato gli allagamenti all'interno dello scafo, alle ore 23.27 dell'11 novembre il capitano di vascello Ciurlo fece trasmettere il segnale *"chiedo invio urgente rimorchiatori"*. Il suo intendimento era quello di *"approntare la nave al moto"* e dare *"inizio alle operazioni di disormeggio"*, per *"portare al più presto la CAVOUR in fondali di circa 12 metri onde consentire che essa si appoggiasse sul fondo senza danni, nel caso che il progresso delle acque all'interno di essa ne avesse sensibilmente aumentata l'immersione"*.[143]

La manovra non appariva di difficile attuazione, poiché l'apparato motore della *Cavour* era già in corso di approntamento al momento dell'attacco aereo. Esso pertanto fu subito approntato al moto, mentre la luce normale veniva riattivata mediante circuiti volanti, e la forza delle macchine alimentata sezionando i circuiti che venivano man mano interessati dall'acqua.

---

[141] *Rivista Marittima*, "Il recupero della nave da battaglia *Conte di Cavour*, Taranto 1940 1941", Aprile 1957, p. 54.

[142] *Ibidem.*

[143] AUSMM, Promemoria allegato al foglio di Supermarina n. 9427 del 5 dicembre 1940, *Attacchi alle basi*, b. 2, f. 958.

Tutte le operazioni ordinate furono regolarmente eseguite, e subito dopo che i primi due rimorchiatori, il *Tenace* e il *Boeo*, erano giunti sotto bordo, alla mezzanotte trasbordò sulla *Cavour*, proveniente dalla *Giulio Cesare*, l'ammiraglio Brivonesi. Questi intendeva rendersi conto di persona delle condizioni della Cavour, che alle ore 22.45 aveva ancora trasmesso in cifra di avere i *"Depositi 1 e 2 allagati"*, ed assumerne *"la direzione della manovra"*, come nel frattempo gli era stato ordinato dal Comando della 1ª Squadra Navale, tramite comunicazione trasmessagli dal Capo di Stato Maggiore dell'ammiraglio Campioni, capitano di vascello Vittorio Bacigalupi.[144]

Secondo quanto riferito dallo stesso Brivonesi con la lettera n. 176/S.R.P. del 14 novembre 1940, diretta al Comando della 1ª Squadra Navale, gli allagamenti sulla *Cavour* si erano nel frattempo estesi ad altri locali ed il livello dell'acqua stava lentamente aumentando, specialmente sotto il ponte di corridoio di prora, che risultava nettamente immersa.[145]

Apparve subito evidente che i rimorchiatori, ormeggiati sotto bordo alla corazzata, non disponevano di efficienti mezzi di esaurimento per contenere le entrate d'acqua che la *Cavour* non poteva trattenere a causa dei danni, prodotti dal siluro, alla pompa di esaurimento principale, la cui valvola a mare era stata bloccata per effetto della concussione dovuta all'esplosione. Per frenare il livello dell'allagamento, Brivonesi, in accordo con il comandante Ciurlo, era allora intenzionato a far trainare la corazzata verso la stazione navale, per farla incagliare in bassi fondali con la prora – poiché ritenne il rimorchio di poppa fosse sconsigliato *"dalla deficienza strutturale della parte anteriore dello scafo"*. Pertanto dovendo diminuire le entrate d'acqua decise di inviare il rimorchiatore *Boeo* in arsenale a procurarsi delle manichette più adatte di quelle, assolutamente insufficienti impiegate fino ad allora dal *Vigoroso*, che alle 01.30 era giunto sotto bordo alla *Cavour*.

Sebbene anche la cisterna *Frigido* si fosse ormeggiata a prora a dritta della *Cavour*, per contribuire con i suoi limitati mezzi all'opera di contenimento degli allagamenti, che si andavano estendendo nei locali prodieri a proravia della paratia 95 A.V., l'immersione prodiera della corazzata, che era inizialmente di metri 10,42, continuò ad aumentare; per cui nonostante fosse stato ordinato di travasare la nafta

---

[144] AUSMM, "Rapporto sommario circa l'affondamento della R. Nave *Cavour*", *Attacchi alle basi*, b. 2, f. 958. La notizia che la *Cavour* era stata colpita arrivò sulla *Littorio* con ritardo e quando ancora non si era sviluppato il secondo attacco degli aerei britannici. Le misure subito prese dall'ammiraglio Campioni furono di *"accentrare tutti i rimorchiatori e i mezzi di esaurimento disponibili sul CAVOUR che versava in evidente pericolo"*, e di ordinare *"all'Ammiraglio Comandante la V Divisione di lasciare il CESARE e recarsi sul CAVOUR e assumere la direzione della manovra"*, quando però l'ammiraglio Brivonesi *"aveva già presa analoga decisione"*. Cfr. Comando in Capo 1ª Squadra, "Attacco aereo ed aerosilurante contro le navi della 1ª Squadra verificatosi a Taranto nella notte tra l'11 ed il 12 novembre c.a.", *Attacchi alle basi*, b. 2, f. 958.

[145] AUSMM, "Rapporto sommario circa l'affondamento della R. Nave *Cavour*, *Attacchi alle basi*, b. 2, f. 958.

dai compartimenti di prora a quelli di poppa, e di allagare i compartimenti poppieri, comprendenti la cassa di bilanciamento, per usarli come doppifondi di manovra, alle 04.30 l'immersione dell'unità raggiunse metri 15.50: ciò che lasciava la coperta di prora di essere soltanto un metro al di sopra del livello della superficie del mare.

Oltre a quest'allarmante situazione, l'ammiraglio Brivonesi si trovò anche condizionato dal fatto che nel frattempo aveva ricevuto dal Comando in Capo della 1ª Squadra Navale l'ordine *"di evitare, per quanto possibile, di portare la nave ad incagliare con la prora"*. Ordine che gli era stato portato a conoscenza dal suo Sottocapo di Stato Maggiore, capitano di fregata Maffei - tornato dalla *Littorio* ove era stato inviato per riferire sulla situazione della *Cavour* - e che era stato poi confermato dal Capo Servizio della Squadra Navale, tenente colonnello del Genio Navale Mario Zambon, salito a bordo della *Cavour* per rendersi conto della condizione della nave.

Di fronte a quello che in realtà era un consiglio dell'ammiraglio Campioni, il Comandante della 5ª Divisione Navale - avendo constatato gli scarsi progressi fatti dal *Vigoroso* e dalle cisterne d'acqua *Volturno* e *Frigido* per contenere gli allagamenti che continuavano ad aumentare con un livello orario di 50 centimetri - alle 04.30 decise di far rimorchiare la *Cavour* *"in bassi fondali per poggiare la prora sul fondo"*, e ne informò con il radiosegnalatore il Comando Squadra.

Alle 05.00, quando la corazzata aveva già lasciato il suo posto di ormeggio, trainata dal rimorchiatore *Porto Pisano*, sopraggiunse la nave salvataggio *Teseo*, il cui intervento era stato espressamente richiesto da Brivonesi all'ammiraglio Campioni.[146] Ma anche le sue pompe, subito messe in azione nei locali di proravia della *Cavour*, non riuscirono ad arrestare il dilagare dell'acqua, ragion per cui Brivonesi, convinto che ormai non vi era più nulla da fare per salvare la nave, ordinò all'equipaggio di riunirsi a poppa e di spegnere le caldaie.[147]

Verso le 05.30 la *Cavour*, la cui immersione aveva raggiunti gli organi, toccò il fondo a metri 17,15 d'acqua, per poi adagiarsi in quel punto, che era pianeggiante, di natura argillosa e con qualche strato di scoglio.

Dopo appena dieci minuti che aveva toccato il fondo, la *Cavour* cominciò a sbandare sulla dritta. Per circa quindici minuti lo sbandamento della nave non superò i 3°; ma poi, dopo un intervallo di altri dieci minuti, lo sbandamento aumentò rapidamente fino a raggiungere i 10° per poi aumentare ancora gradatamente. Fu allora provveduto a far ricorso al bilanciamento trasversale allagando cinque compartimenti di dritta, e a sbarcare gli ammalati e i feriti.

---

[146] Complessivamente ben sei grandi rimorchiatori e due cisterne d'acqua erano state inviate subito in aiuto della *Cavour*, per iniziativa del Comando in Capo della 1ª Squadra Navale.

[147] *Rivista Marittima*, "Il recupero della nave da battaglia "Conte di Cavour", Taranto 1940 1941", Aprile 1957, p. 55.

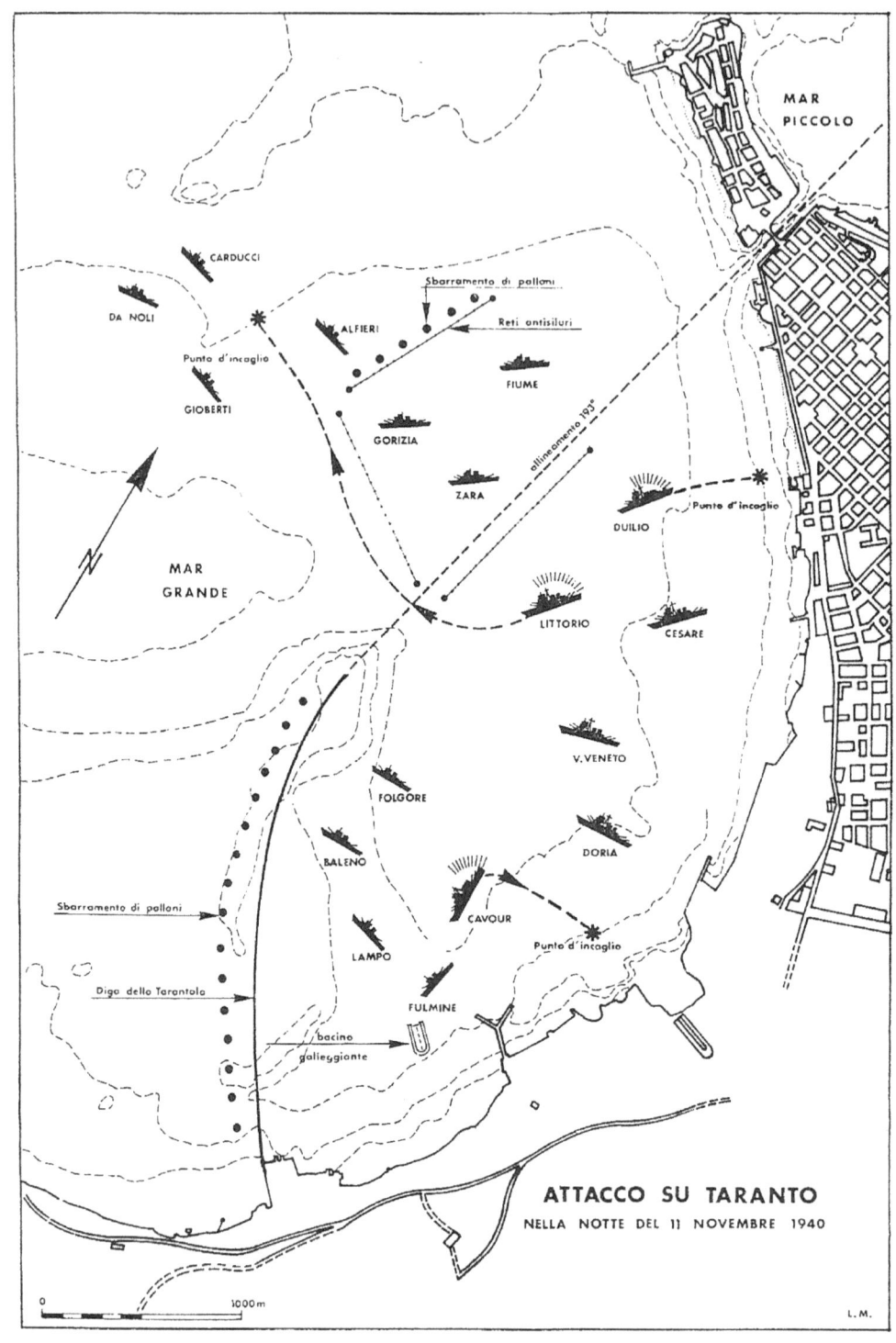

Disegno di Loretta Mattesini

Il bilanciamento non *"ebbe alcun effetto utile perché evidentemente la stabilità della nave, già menomata in quelle condizioni, era andata praticamente annullandosi nella posizione di incaglio raggiunta in quel momento"*.[148] Pertanto lo sbandamento sulla dritta proseguì fino al 18-20 gradi, per poi aumentare progressivamente fino a circa 30°, inclinazione che impediva agli uomini di mantenersi in piedi sulla coperta.

Dato l'ordine di abbandonare la nave, i membri dell'equipaggio prendevano posto nelle cisterne e sui rimorchiatori presenti sotto il bordo della corazzata. Anche l'ammiraglio Brivonesi, il comandante Ciurlo e gli ufficiali dei loro stati maggiori, trasbordarono sul rimorchiatore *Vigoroso*, senza essersi accorti che sulla *Cavour* vi erano ancora degli uomini. Questi, che si trovavano a poppa, all'altezza delle torri, furono poi recuperati da imbarcazioni messe a mare dalle unità minori presenti nella zona del sinistro e da quelle inviate dalle navi della 1ª Squadra.[149]

Poi, lentamente, la *Cavour* si raddrizzò *"fino a tornare quasi orizzontale con la coperta a prora poco sotto acqua e la poppa immersa fino all'altezza dei cannoni della torre 4"*.[150]

* * *

L'ammiraglio Arturo Riccardi, nuovo Capo di Stato Maggiore della Regia Marina che aveva sostituito l'ammiraglio Cavagnari nell'alta carica, dopo un colloquio con il comandante della *Cavour*, si era reso conto che quanto dichiaratogli dal capitano di vascello Ciurlo, circa i provvedimenti presi per fronteggiare l'emergenza, differirono alquanto da quelli esposti dall'ammiraglio Brivonesi. Pertanto, ritenendo che i fatti meritavano *"di essere meglio accertati ed esaminati"*, con lettera del 12 dicembre 1940 l'ammiraglio Riccardi chiese all'ammiraglio Campioni di interrogare e fornire sull'affondamento della corazzata la versione del Comandante della 5ª Divisione Navale. Lo invitò, pertanto, a interrogare l'ammiraglio Brivonesi, e a riferirgli in merito con l'urgenza che l'argomento riteneva, per confrontare il suo punto di vista con quello nel frattempo richiesto per iscritto al comandante Ciurlo.

Quest'ultimo aveva presentato un promemoria datato 3 dicembre 1940, che venne allegato alla lettera spedita all'ammiraglio Campioni, in cui, ribadendo quanto egli aveva già espresso verbalmente all'ammiraglio Riccardi, riferiva:[151]

---

[148] Quando l'intervento della nave *Teseo* risultò ormai inutile, essa fu inviato in soccorso della *Littorio*, che era stata a sua volta portata all'incaglio in fondali più favorevoli di quelli in cui si era adagiata la *Cavour*.

[149] AUSMM, "Rapporto sommario circa l'affondamento della R. Nave *Cavour*", *Attacchi alle basi*, b. 2, f. 958.

[150] AUSMM, Comando in Capo 1ª Squadra, "Attacco aereo ed aerosilurante contro le navi della 1ª Squadra verificatosi a Taranto nella notte tra l'11 ed il 12 novembre c.a.", *Attacchi alle basi*, b. 2, f. 958.

[151] AUSMM, promemoria allegato al foglio di Supermarina n. 9427 del 5 dicembre 1940, *Attacchi alle basi*, b. 2, f. 958.

Appena l'ammiraglio giunse a bordo, lo misi subito al corrente della situazione, e gli comunicai la mia intenzione di portare la nave in fondali più bassi. Dopo qualche esitazione, essendosi accorto che l'appruamento della nave andava aumentando, l'ammiraglio approvò la mia decisione, ed insieme consultammo in sala nautica, il piano di Taranto per scegliere il punto più adatto su cui portare la nave, onde consentire che essa venisse a toccare il fondo in caso di aumento di immersione, con la più estesa possibile superficie di carena.[152]

Quindi, assieme all'ammiraglio Brivonesi, il comandante Ciurlo si recò sulla prora della corazzata per seguire ed accelerare le operazioni di disormeggio, che procedettero alquanto a rilento a causa di alcune difficoltà dovute, per gli effetti dell'esplosione, all'impossibilità di fornire corrente agli argani, di svolgere la manovra a mano a causa della deformazione dell'asse dell'organo di sinistra, e perché la bozza dell'ancora di sinistra appennellata, era stata spezzata, ed era caduta sul fondo del pozzo delle catene.

Per accelerare i tempi fu necessario smanigliare la catena dell'ancora di dritta, che era sulla boa, e recuperare a mano con paranchi la catena di sinistra dal pozzo, per poi abbozzarla con una nuova bozza e smanigliarla. Effettuata questa operazione il disormeggio fu poi eseguito senza alcuna difficoltà, ultimandolo alle ore 00.30 del 12 novembre circa; ora alla quale la corazzata, specificò il comandante Ciurlo, era pronta a muovere con le macchine, avendo due rimorchiatori con i cavi di traino distesi, disposti uno di prora e l'altro di poppa.

Ma la manovra di spostare la *Cavour*, la cui immersione di Prora *"era ancora aumentata sensibilmente"*, non ebbe corso, perché l'ammiraglio Brivonesi, che nel frattempo aveva ricevuto l'ordine dal Comandante in Capo di evitare l'incaglio della nave, dispose che la corazzata rimanesse all'ormeggio, e si procedesse *"quindi alla*

---

[152] A differenza della pacata ricostruzione fatta dal capitano di vascello Ciurlo, sugli avvenimenti verificatisi sulla Cavour subito dopo l'arrivo del Comandante della 5ª Divisione navale, appare alquanto dubbia e colorita la esposizione fatta sull'episodio da Aldo Pasetti, figlio dell'allora Comandante del Dipartimento Marittimo dello Ionio e Basso Adriatico, che era imbarcato sulla corazzata *Cesare* in qualità di corrispondente di guerra. Egli a scritto che di fronte alle abbondanti quantità d'acqua che entravano nei locali della *Cavour*, denunciato da Ciurlo, si sarebbe svolto tra il comandante della nave e l'ammiraglio Brivonesi il seguente drammatico colloquio: Ciurlo: *"Urge portare in secca il bastimento. Ho fatto chiamare i rimorchiatori"*. Brivonesi, ottimista: *"Faremo in tempo a trascinare la nave in arsenale"*. Ciurlo: *"Urlò. Non faremo in tempo ammiraglio? Non rispondo della manovra. Bisogna cercare il più vicino bassofondo subito"*. Brivonesi: *"Rispondo io. Lei farà ciò che ordino"*. Ciurlo: *"Sono io il comandante del Cavour?"*. Brivonesi: *"Ripeto che lei eseguirà i miei ordini? Assumo la direzione dei lavori da questo momento"*. Ciurlo: *"Pallidissimo, si levò il berretto gallonato e lo gettò"* dicendo *"da questo momento, ammiraglio, io non sono più il comandante"*. e *"Chiamò un ufficiale perché fosse testimone del drammatico gesto"*. Cfr. Aldo Pasetti, *Via così*, Milano, Milieri, 1947, p. 244.

messa in azione dei mezzi di esaurimento, di cui erano forniti i rimorchiatori già presenti sotto bordo e che stavano a mano a mano giungendo".[153]

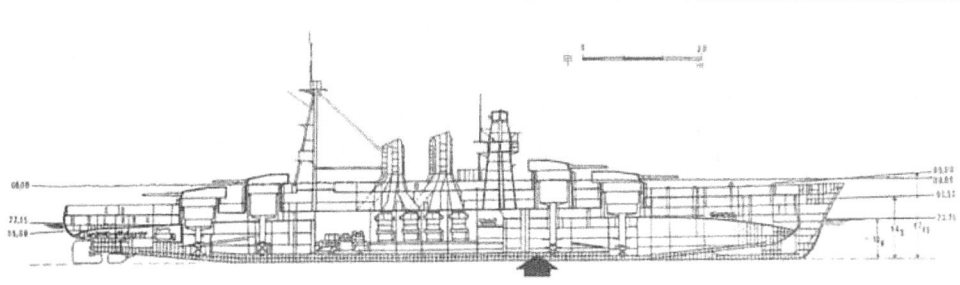

Il punto dello scafo della corazzata *Cavour* colpito dal siluro.

Specificò poi il comandante Ciurlo.

Dall'allagamento dei vari locali, del progresso delle acque e dell'aumento dell'appruamento, l'Ammiraglio venne costantemente tenuto al corrente da me, dal Comandante in 2ª, capitano di fregata Minio Paulello e dal Capo Servizio Scafo Capitano del Genio Navale La Notte. Ebbi anche a fargli presente varie volte che mi sembrava impossibile far fronte alla ingente entrata d'acqua con gli scarsi mezzi di esaurimento disponibili, e che a mio avviso era necessario portare la nave a toccare il fondo. Eguale opinione espressero ripetutamente di loro iniziativa il Comandante in 2ª, il Comandante di Manovra, Capitano di Corvetta La Scala, il Capo Servizio del G.N. Maggiore G.N. Nicoletti e l'Ufficiale di Rotta, Tenente di Vascello Raiani, sia direttamente all'Ammiraglio, che al suo Sottocapo di Stato Maggiore, Capitano di Fregata Raffai ed all'Aiutante di Bandiera Tenente di Vascello De Angeli, entrambi presenti a bordo.

Feci anche presente all'Ammiraglio che per sfilare la catena sulla boa sarebbe stato necessario un certo tempo a causa dell'abbassamento della prora, e gli chiesi di autorizzarmi ad eseguire subito tale operazione; non mi venne permesso.

Quando, per effetto della progressiva immersione della prora gli ombrinali giunsero al livello del mare e la quantità d'acqua imbarcata cominciò ad aumentare rapidamente, feci noto all'Ammiraglio che la velocità di appruamento era sensibilmente cresciuta, e suggerii un'altra volta la necessità di portare ad incagliare la nave.

---

[153] AUSMM, Promemoria allegato al foglio di Supermarina n. 9427 del 5 dicembre 1940, *Attacchi alle basi*, b. 2, f. 958.

L'ordine di mollare fu dato dall'Ammiraglio quando il taglio del castello era all'altezza dell'acqua. Chiesi se potevo manovrare le macchine, ma l'ammiraglio preferì far rimorchiare la nave dal rimorchiatore di prora, ordinandogli anche di muovere alla minima velocità. Tale ordine fu da lui ripetuto varie volte.

Apprezzo che dal momento in cui fu dato l'ordine di mollare la boa a quello in cui la prora toccò il fondo siano passati circa quaranta minuti.

Quando la nave cessò di progredire e si ebbe in tal modo la certezza che la nave aveva toccato il fondo, l'Ammiraglio ordinò subito al rimorchiatore di fermare le macchine. Essendosi poco dopo verificato un lieve sbandamento sulla dritta proposi all'Ammiraglio di far vogare sulla dritta il rimorchiatore di poppa, onde portare anche il fianco dritto della nave a toccare il fondo. Non fui autorizzato a farlo, e l'ammiraglio preferì ordinare l'allagamento delle casse di bilanciamento di sinistra. Gli feci presente che tale operazione, da eseguirsi con le pompe, richiedeva perlomeno 15 minuti di tempo, ed insistetti per portare la poppa a dritta, ma con esito negativo.

Circa 5 minuti dopo, lo sbandamento della nave cominciava a accentuarsi sensibilmente e con rapida progressione; superati i venti gradi di sbarramento, e mentre la nave continuava a inclinarsi l'Ammiraglio ordinava l'evacuazione.

In un documento dall'oggetto "*Chiarimenti circa affondamento della R. Nave CAVOUR*", che fu diramato a Supermarina dall'ammiraglio Campioni con foglio di trasmissione n. 0361/SRP del 6 dicembre 1940[154], l'ammiraglio Brivonesi, contestò le affermazioni del capitano di vascello Ciurlo, e spiegò alcune circostanze che si erano verificate in quella notte sul 12 novembre. Egli fece presente come al suo arrivo sulla *Cavour*, e dopo essere stato informato sulla situazione dei danni dal comandante della nave, egli non aveva avuto l'impressione che l'allagamento verificatosi fino a quel momento sulla corazzata potesse apparire molto rapido e preoccupante.

Dopo un breve esame effettuato dalla centrale di galleggiamento con lo stesso capitano di vascello Ciurlo, per stabilire quale fosse il piano longitudinale della nave e i locali allagati, Brivonesi constatò che "*le condizioni del CAVOUR apparivano gravi ma non disperate*". E ritenne "*che l'afflusso dell'acqua nel locale diesel-dinamo potesse essere vinto con mezzi esterni dato che le pompe non erano in grado di funzionare*".

Il suo ottimismo derivava dal fatto che l'aumento dell'immersione della *Cavour* appariva a quel momento moderato, poiché la profondità della prua che alle ore 01.00 risultava all'incirca di 14 metri, e quindi 4 metri più del normale, alle 01.55 era aumentata soltanto di 30 centimetri.

Nel frattempo Brivonesi aveva inviato il suo Sottocapo di Stato Maggiore a bordo della *Littorio*, per prospettare all'ammiraglio Campioni la situazione della

---

[154] AUSMM, "R.N. CAVOUR - Azione del 12 nov. 1940 - XIX", *Attacchi alle basi*, b. 2, f. 958.

Cavour, e per richiedere mezzi di esaurimento, inclusa la nave da salvataggio *Teseo* e cilindri per il sollevamento della prua della nave da battaglia. L'ufficiale tornò con l'ordine di *"evitare per quanto possibile, di portare la nave ad incagliare con la prua"*, ma il capitano di fregata Maffei non poté spiegarne le ragioni, che Brivonesi ritenne derivare *"dal timore che si producessero deformazioni nelle strutture della chiglia probabilmente indebolita dall'esplosione"*; e nella sua relazione aggiunse: *"Sono inoltre della condizione di avere esplicitamente fatto noto al Comandante Ciurlo la direttiva ricevuta di evitare per quanto possibile di portare la Nave in secco"*.[155]

In realtà questa testimonianza differisce alquanto con quanto è sostenuto nella relazione dell'ammiraglio Campioni, in cui è testualmente scritto:[156]

La decisione di portare i bastimenti ad incagliare si è prospettata per la prima volta verso le ore 0130, e precisamente per il CAVOUR, in base alle notizie portate dal S.C.S.M. della V Divisione. È stato detto all'Ammiraglio BRIVONESI di decidere senz'altro nel senso da lui ritenuto opportuno sul momento, conservando a bordo sia i mezzi per rimorchiare la nave, che quelli per tentare di combattere l'entrata dell'acqua, tenendo però presente che l'incaglio di prora poteva presentare per la nave il pericolo di rovesciarsi. Analoga comunicazione veniva fatta poco dopo all'Ammiraglio BRIVONESI sul CAVOUR da Capo Servizio G.N. di questo Comando in Capo.

Mettendo a confronto le testimonianze degli ammiragli Brivonesi e Campioni, appare evidente che non vi fu nessuna imposizione, da parte del Comandante delle 1ª Squadra Navale, che ordinasse di evitare per quanto possibile di portare *"la CAVOUR ad incagliare con la prora"*, come scrisse il comandante della 6ª Divisione Navale. Vi fu da parte di Campioni soltanto il suggerimento di fare attenzione nello scegliere *"l'incaglio di prora"* perché *"poteva presentarsi per la nave il pericolo di rovesciarsi"*; e quindi non quanto ipotizzato da Brivonesi, ossia che l'incaglio di prora potesse deformare la chiglia della corazzata, *"indebolita dall'esplosione"*.

Per la decisione definitiva di spostare la *Cavour*, l'ammiraglio Campioni lasciò al Comandante della 5ª Divisione Navale la facoltà di decidere autonomamente, *"nel senso da lui ritenuto opportuno sul momento"* e quindi in base alle condizioni di pericolo in cui si sarebbe venuta a trovare la corazzata.

È pertanto evidente supporre che in quel momento, e ancora per quasi tre ore, l'ammiraglio Brivonesi abbia ritenuto che non vi fosse per la *Cavour* il pericolo di affondamento, a differenza di quanto invece temeva giustamente il comandante

---

[155] *Ibidem*.
[156] AUSMM, "Attacco aereo ed aerosilurante contro le navi della I Squadra verificatosi a Taranto nella notte tra l'11 ed il 12 novembre 1941", *Attacchi alle basi*, b. 2, f. 958.

Ciurlo, che vedeva l'acqua avanzare all'interno della corazzata con un ritmo inarrestabile.

E le discordanze fra i due ufficiali continuarono a verificarsi anche negli avvenimenti successivi.

Avendo il capitano di vascello Ciurlo affermato nel suo promemoria che la *Cavour* si trovava pronta a mollare la boa alle 00.30, l'ammiraglio Brivonesi, ricordando le difficoltà connesse allo smanigliamento della catena dell'ancora, che si era anche tentato di spezzare con la fiamma ossidrica, sostenne che le operazioni di disormeggio si erano *"protratte più a lungo di 20 minuti"*. Tuttavia, prendendo per buona, in mancanza di dati esatti, l'ora sostenuta dal comandante Ciurlo, e considerando che alle ore 00.30 il pescaggio della *Cavour* era inferiore ai metri 13,50, si disse convinto che, in simili condizioni *"non sarebbe stato possibile portarla ad incagliare in fondali inferiori"*; anche perché ricordava che a quell'ora la corazzata non poteva *"essere pronta a muovere con le sue motrici, dato che l'ordine di approntarla al moto"* era stato da lui impartito *"dopo l'arrivo a bordo (0010) e l'unità era pronta a muovere in tre ore"*.[157]

Nel frattempo erano giunti sotto bordo alla nave i primi rimorchiatori e la cisterna *Frigido*, che contribuì con le sue pompe a rendere l'abbassamento della prua delle *Cavour* abbastanza lento, poiché *"in 55 minuti l'immersione aumentò di soli 50 cm"*. Molte speranze erano inoltre rivolte all'arrivo annunciato della nave da salvataggio *Teseo*, i cui mezzi di esaurimento, sperava Brivonesi, avrebbero potuto arginare ancora di più l'allagamento. Pertanto, tenendo bene in considerazione il consiglio ricevuta dall'ammiraglio Campioni di non portare la *Cavour* all'incaglio di prora, egli decise di attendere l'arrivo del *Teseo "prima di ordinare l'andata in costa della Nave"*.

Il *Teseo*, che al momento di ricevere l'ordine di andare in soccorso della *Cavour* si trovava con le caldaie spente, aiutato nella manovra di disormeggio da due rimorchiatori che poi lo trainarono sotto il bordo della corazzata, raggiunse quest'ultima mentre stava mollando la boa. E in questo frattempo, specificò l'ammiraglio, *"il Comandante CIURLO mi fece presente due o tre volte la sua convinzione che sarebbe stato opportuno portare la Nave ad incagliare ma ciò non avrebbe potuto essere fatto in fondali minori di m. 15"*.

Brivonesi aggiunse, in contrasto con la tesi del capitano di vascello Ciurlo, che *"nessun'altra persona"* parlò con lui o con il suo capo di stato maggiore *"sull'argomento"*, e che soltanto nell'imminenza della sua *"decisione di andare ad incagliare (circa ore 0400)"* il suo aiutante di bandiera, tenente di vascello De Angeli, sentì due ufficiali della *Cavour* - il comandante di manovra, capitano di corvetta Scala, e l'ufficiale di rotta, tenente di vascello Raiani - *"conversare a prora sulla convenienza di compiere tale operazione"*.

---

[157] AUSMM, "Chiarimenti circa affondamento della R.Nave *Cavour*", Promemoria allegato al foglio del Comando in Capo 1ª Squadra n. 0361-SRP del 6 dicembre 1940, *Attacchi alle basi*, b. 2, f. 958.

Brivonesi confermò che la decisione di far mollare la boa fu presa quando la coperta della *Cavour* distava dal livello dell'acqua circa 1 metro, e l'immersione della prua aveva raggiunto i metri 15,50. Questa immersione andò rapidamente aumentando *"proprio quando la Nave iniziò il suo moto verso terra"*, trainata soltanto dai rimorchiatori a bassa velocità, perché, volendo *"evitare danni alle strutture dello scafo"*, Brivonesi evitò di far *"muovere le motrici"*. Per lo stesso motivo, nell'imminenza dell'incaglio della *Cavour*, il rimorchiatore *Porto Pisano*, che nei primi minuti di moto nel trainare di prora la corazzata aveva proceduto adagio *"per far scapolare la boa della prua del Frigido e per dar modo al TESEO che giungeva in quel mentre, di effettuare le operazioni di ormeggio"*, ricevette l'ordine di *"diminuire la velocità"*.

Nonostante queste precauzioni, e sebbene l'entrata in funzione delle pompe di esaurimento del *Teseo* avessero portato inizialmente ad un certo miglioramento per contenere l'immersione e la stabilità della corazzata, le condizioni andarono rapidamente peggiorando negli ultimi quindici minuti. Ciò, probabilmente, derivò *"dall'acqua che aveva raggiunto il piano di coperta all'estrema prua e che quindi si rovesciò per gli occhi di Cubia nei pozzi delle catene"*. Da qui il giudizio espresso da Brivonesi *"che nelle condizioni in cui la Nave si trovava alle ore 0100 il suo destino era già segnato a meno che i mezzi di esaurimento non fossero intervenuti in maniera imponente"*.

Il *Teseo*, sui cui mezzi l'ammiraglio faceva affidamento per contenere le entrate d'acqua, arrivò troppo tardi, ragion per cui Brivonesi era stato costretto *"a decidere l'incaglio della Nave prima che essi fossero entrati in azione"*.

Passando poi ad analizzare la proposta fatta dal comandante Ciurlo *"di traversare la Nave sui fondali minori quando incagliata, non appena si manifestò uno sbandamento sul lato dritto"*, l'ammiraglio Brivonesi sostenne di non averla presa in considerazione in quanto, a suo giudizio, la ritenne *"pericolosa per la stabilità della Nave (già notevolmente compromessa) sia per l'effetto dinamico del rimorchio, che per le possibili conseguenze della reazione sul fondo"*. Aggiunse che la *Cavour*, *"dopo aver raggiunto un notevole sbandamento"*, si era andata poi *"sensibilmente raddrizzando per proprio conto"*. Ma era in condizioni drammatiche poiché la corazzata, pur essendo affondata dritta, si trovava con la coperta completamente immersa fino alle torri di grosso calibro e alla base dei fumaioli.[158]

Dalla nostra ricostruzione sul dramma della *Cavour*, che fortunatamente non ebbe a subire consistenti perdite di vite umane, risulta che inizialmente l'ammiraglio Brivonesi e il capitano di vascello Ciurlo erano stati di parere concorde sulla necessità di spostare la corazzata verso il più vicino basso fondale. Ma poi le loro opinioni diversero in seguito al consiglio dell'ammiraglio Campioni di non condurre la nave ad incagliare di prora, per non rischiarne il capovolgimento.

---

[158] *Ibidem*.

Brivonesi si convinse a mollare l'ancora, per iniziare il rimorchio della corazzata verso fondali più bassi, quando anch'egli si rese conto che, volendo salvarla, non vi era più da indugiare. Ma ormai per la *Cavour* era troppo tardi.

Concludendo, occorre dire che il comandante Ciurlo aveva avuto ragione nel richiedere insistentemente di spostare la *Cavour*, che si stava pericolosamente appruando, sui banchi di sabbia. Ma l'ammiraglio Brivonesi, con molta miopia e sperando di salvare la corazzata senza ricorrere all'estrema misura dell'incagliamento, contando sull'aiuto del *Teseo* che arrivò troppo tardi, perse ore preziose prima di decidersi a farlo, compromettendo con ciò lo spostamento della nave in bassi fondali, manovra che andava tempestivamente eseguita.

All'ammiraglio Bruto Brivonesi deve essere pertanto addebitata l'intera responsabilità del mancato salvataggio della *Cavour*.

Le condizioni di affondamento della corazzata *Cavour* quando spuntò l'alba del 12 novembre 1940.

Il Comandante della 5ª Divisione navale, nonostante le giuste proteste di Ciurlo, che vedeva aumentare, con il livello dell'acqua all'interno della *Cavour*, i pericoli che la nave potesse affondare in un fondale di 21 metri d'acqua, si astenne dal prendere la saggia decisione di spostarla, nonostante avesse ricevuto da Campioni facoltà di decidere in base alla situazione di pericolo contingente. Egli pertanto decise di restare con la *Cavour* alla boa in cui la nave si trovava, contando sull'aiuto che avrebbero potuto fornire le pompe di esaurimento dei rimorchiatori e soprattutto quelle del *Teseo*, che Brivonesi aveva richiesto e sapeva sarebbe arrivato. Egli però ignorava che quella nave da salvataggio non sarebbe giunta in tempo perché, come detto, avendo le caldaie spente, aveva lasciato l'ormeggio senza la necessaria pressione per far funzionare le macchine, e si muoveva con l'aiuto di due rimorchiatori.

L'avvistamento della *Cavour* visto dai due lati.

Della *Cavour* emergevano soltanto le strutture più elevate

L'affondata *Cavour* vista da poppa. L'acqua del mare copre le torri di grosso calibro.

La *Cavour* semiaffondata di prora e ripresa (a destra) da un Maryland della 431ª Flight. Notare la nafta fuoriuscita dallo scafo della corazzata.

IL TRASFERIMENTO DELLA FLOTTA ITALIANA NEI PORTI DEL TIRRENO

Nelle prime ore del 12 novembre, subito dopo che erano arrivate a Roma le prime notizie sul disastro di Taranto, Supermarina, ritenendo che le forze navali britanniche potessero presentarsi all'alba nel Golfo di Taranto, chiese a Maricosom di costituire subito uno sbarramento di sommergibili in quelle acque. Il Comando in Capo della Squadra Sommergibili ordinò al 4° Grupsom di Taranto di fare uscire immediatamente il *Malachite*, il *Nereide*, lo *Jalea* e l'*Ondina*, per costituire all'alba la prescritta linea d'agguato situata a 20-25 miglia dal porto, e con l'ordine di attaccare nelle ore di oscurità soltanto *"eventuali navi maggiori nemiche"* individuate con rotta su Taranto.[159]

---

[159] AUSMM, *Supermarina - Cifra in arrivo*, registro n. 29.

Il sommergibile *Nereide* a Taranto.

Successivamente, alle ore 02.15, sempre tenendo in considerazione l'eventualità che potesse verificarsi un'azione nemica nel Golfo di Taranto, con obbiettivo ancora costituito dalla base navale, l'ammiraglio Ferreri, per incarico del Capo di Stato Maggiore della Regia Marina, inviò al tenente colonnello Martini - a Superaereo - il seguente fonogramma da portare alla conoscenza del generale Pricolo:[160]

Proveniente da Supermarina

Attacco aereo nemico su Taranto, in forze, violento con danni nostre unità navali. Nel dubbio domattina forze navali inglesi si presentino golfo Taranto occorre il bombardamento presente in Puglia sia rinforzato da altro bombardamento e dalla caccia. Occorre in più una esplorazione fatta da Armera in tutto il mare Jonio da domattina alba. Prego comunicare quanto sopra all'Eccellenza Generale Pricolo da parte dell'Eccellenza Ammiraglio Cavagnari. Il DUCE è stato informato.

Mezz'ora più tardi l'ammiraglio Cavagnari informò il generale Pricolo che alle missioni di esplorazione avrebbero partecipato quattro idrovolanti dell'83° Gruppo Ricognizione Marittima di Augusta.[161]

---

[160] AUSMM, *Supermarina - Avvisi*, registro n. 6; ASMAUS, *GAM 4*, b.82

[161] ASMAUS., *GAM 2*, cartella n. 50, *OG.6*, b. 89.

Il generale Pricolo impartì i necessari ordini al Comando della 4ª Zona Aerea Territoriale (Bari), disponendo che le ricognizioni dell'Aeronautica fossero eseguite da quattro idrovolanti Cant Z. 506 del 35° Stormo Bombardamento Marittimo, e che per l'attacco contro gli obiettivi navali si tenessero pronti ad intervenire, a partire dalle ore 07.00, i trimotori Cant Z. 1007 bis del 47° Stormo Bombardieri e tutti gli Ju. 87 del 96° Gruppo Autonomo Tuffatori, scortati da reparti da caccia. L'intervento era però subordinato alla conoscenza delle posizioni delle forze navali nazionali *"eventualmente uscite in mare"*.[162]

Il decollo di un Cant. Z. 506 che era impiegato per le ricognizioni strategiche dall'Aviazione della Marina e per gli attacchi di bombardamento dal 35° Stormo della Regia Aeronautica, di base a Brindisi.

---

[162] ASMAUS, Messaggio B-03080, *GAM 2*, b. 50.

Cant. Z. 506 della 190ª Squadriglia del 86° Gruppo, 35° Stormo Bombardamento Marittimo.

A quest'ultimo proposito il Capo di Stato Maggiore della Regia Aeronautica chiese a Supermarina di conoscere come erano stati programmati i movimenti navali, trasmettendo per telescrivente all'Organo Operativo dell'Alto Comando Navale, e per conoscenza al Comando Supremo e al Comando della 4ª Zona Aerea Territoriale, il messaggio B-03081, di seguito riportato:[163]

Riferimento richiesta esplorazione et eventuale intervento contro forze navali nemiche sul mare Jonio, trasmessa alle ore 0215 verbalmente da Supermarina, disporre che venga comunicato a questo Superaereo e per conoscenza alla 4ª ZAT con inizio ore 0700 questa mattina 12 corrente, posizioni successive nostre unità navali in navigazione mare Jonio. Generale Pricolo

La risposta dell'ammiraglio Cavagnari, espressa con l'Avviso n. 13/4714 delle ore 06.45 del 12 novembre inviato al Comando Supremo, e per conoscenza a Superaereo, sotto forma di una schematica relazione di quello che era accaduto nella base di Taranto e nel Canale d'Otranto, informava quali erano gli intendimenti di Supermarina:[164]

Sono state prese le seguenti disposizioni /:/ dalle prime luci dell'alba intensa esplorazione aerea sullo Jonio /./ Appena questa avrà assicurato l'assenza di importanti reparti inglesi la 2ª Squadra e successivamente le tre corazzate indenni della 1ª squadra partiranno da Taranto dirigendo a Messina e a Napoli /./ Questo trasferimento è consigliato dalla probabilità che nella prossima notte si rinnovino attacchi idrosiluranti a Taranto /./ Si provvede intanto ad intensificare i mezzi di protezione già esistenti per le poche navi che rimarranno in quella base /./ Saranno

---

[163] ASMAUS, *GAM 4*, b. 82.
[164] ASMAUS, GAM 16, b 273.

quindi studiate tutte le possibili proveniente per consentire il ritorno delle forze principali a Taranto /./.

La partenza delle navi da Taranto, che si svolse nel corso del pomeriggio quando fu accertato che le navi britanniche si stavano allontanando dalle coste dell'Italia meridionale, fu preceduta, sempre per motivi precauzionali, da quella degli incrociatori della 4ª Divisione *Di Giussano* e *Diaz*, i quali salparono da Augusta, assieme ai cacciatorpediniere della 14ª Squadriglia, per raggiungere l'indomani Palermo. Frattanto gli incrociatori della 7ª Divisione Navale, dislocati a Brindisi, avevano ricevuto l'ordine di tenersi pronti a muovere.

Le tre corazzate della 1ª Squadra Navale, *Vittorio Veneto* (Ammiraglio Campioni), *Cesare* e *Doria*, e gli incrociatori della 1ª Divisione *Zara*, *Fiume* e *Gorizia*, che seguivano il *Pola* (ammiraglio Iachino), nave Comando della 2ª Squadra, salparono per Napoli con i cacciatorpediniere delle squadriglie 9ª, 10ª, 11ª e 13ª. Invece gli incrociatori della 3ª Divisione *Trieste*, *Trento* e *Bolzano* tornarono nella loro base di Messina assieme ai cacciatorpediniere della 12ª squadriglia.

L'incrociatore pesante *Trieste* nave ammiraglia della 3ª Divisione Navale che tornò nella sua base di Messina, restandovi fino al gennaio 1943 quando fu trasferita alla Maddalena. Vi fu affondata il 10 aprile nel corso di una massiccia incursione di bombardieri B. 17 statunitensi.

Infine, fu in parte abbandonata dagli incrociatori anche la base di Brindisi, trasferendo il *Bande Nere* (della 4ª Divisione) a Palermo, ed il *Bari* ed il *Taranto*, vecchie navi ex austriache, ad Ancona.[165]

---

[165] ASMAUS, *Supermarina - Avvisi*, registro n. 6; AUSA, *GAM 16*, b. 273.

Restarono a Taranto gli incrociatori dell'8ª Divisione *Garibaldi* e *Abruzzi* e, come autentici relitti inutilizzabili, le tre corazzate colpite, contro le quali, nella notte del 13 novembre, furono diretti dalla RAF di Malta dieci bombardamenti Wellington del 37° e 48° Squadron. La loro missione, pianificata dopo che un ricognitore Maryland della 431ª Flight (capitano pilota E.A. Whitley) aveva fotografato il pomeriggio del 12 il porto, accertando i danni inferti alle navi italiane, ebbe per obiettivo la zona dei bacini e le aree adiacenti, su cui furono sganciati ordigni incendiari.[166]

IL RIENTRO AD ALESSANDRIA DELLA MEDITERRANEAN FLEET

Nel frattempo, si erano svolte durante la giornata del 12 novembre le programmate missioni di ricognizione italiane, a cui parteciparono nello Ionio anche sei bombardieri S. 79 della 2ª Squadra Aerea della Sicilia. Fu poi organizzata una ricognizione aerea sulle basi aeree e navali di Malta, mediante impiego di dodici velivoli Mc.200 del 6° Gruppo Caccia, uno dei quali fornito di macchina fotografica, che però non fu in grado di funzionare. Fu comunque accettato a vista che il porto di La Valletta era sgombro di navi, eccetto un incrociatore presente a Marsa Scirocco, presso Punta Dalimara.

In questa fase di ricognizione a vista gli Mc.200, che erano guidati dal comandante del gruppo maggiore Vezio Mazzetti, furono attaccati alla quota di 5.800 metri da quattro caccia Hurricane del 261° Squadron della RAF, uno dei quali, pilotato dal tenente T. Balmforth, riuscì a portarsi in buona posizione per abbattere il velivolo del tenente pilota Giuseppe Volpi. Questi, sceso in mare con il paracadute, fu recuperato, su indicazione del pilota abbattitore, da un trawler britannico e finì la guerra in prigionia.[167]

Anche le missioni intensificate svolte nello Ionio dai velivoli da ricognizione per rilevare le navi britanniche e permettere di far intervenire contro di esse i reparti da bombardamento della Regia Aeronautica, non furono esenti da perdite dolorose, determinate dalle intercettazioni dei Fulmar della *Illustrious*, che si mantenevano in costante vigilanza sul cielo della Mediterranean Fleet. Quest'ultima, alle ore 07.00 del 12, si era ricongiunta con il gruppo navale della portaerei, alla quale, appena fu in vista, l'ammiraglio Cunningham aveva fatto alzare sull'albero della *Warspite* il segnale *"Illustrious - Manovra bene eseguita"*, che gli scrisse essere per quella nave *"meno di quello che si aspettasse"* visti i risultati dell'impresa di Taranto.[168]

---

[166] Historical Section Admiralty, *Mediterranean*, Vol. II, cit., p. 14.

[167] ASMAUS, *Diario Storico del 6° Gruppo C.T. 1940*, Vol. 327; C. Shores, B. Cull - N. Malizia, *Malta: The Hurricane years 1940.41*, cit. p. 85.

[168] A. B. Cunningham, *L'odissea di un marinaio*, cit., p. 120.

Un caccia Hurricane del 261° Squadron della RAF in rullaggio in attesa del decollo nell'aeroporto maltese di Ta Kali.

Alle ore 11.00 la Mediterranean Fleet fu raggiunta dalla Forza X del vice ammiraglio Pridham Wippell, rientrante dall'incursione nel Canale d'Otranto. Quindi, l'intera flotta britannica si spostò nella zona a 80 miglia ad occidente di Capo Matapan, restandovi ad incrociare, a 300 miglia a sud-sudest di Taranto, fino alle ore 16.00, poiché si riteneva ancora di poter ripetere l'attacco contro la base navale italiana nel corso della notte seguente; condizione che però, come abbiamo detto, non si verificò per il peggioramento del tempo.

La rinuncia a realizzare contro Taranto un secondo auspicabile attacco, la cui attuazione avrebbe potuto portare soltanto ad un modesto risultato poiché quel porto era stato tempestivamente abbandonato dalla flotta italiana per trasferirsi nelle basi del Tirreno, è stata spiegata dallo storico britannico B.B. Schofield come segue:[169]

La nuova azione era stata approvata dal Comandante in Capo dopo aver ricevuto un messaggio da Lyster, nel quale egli raccomandava di attaccare prima che il nemico avesse avuto il tempo di fortificare le difese. Tuttavia, verso le 16.00, Cunningham cominciò a dubitare se aveva il diritto di richiedere tale ulteriore sforzo agli aviatori della portaerei. Poiché uno dei piloti lamentò: "Dopo tutto avevamo chiesto alla Light Brigade di farlo soltanto una volta", egli rimise la decisione a Lyster. Il caso fu risolto da una sfavorevole previsione del tempo

---

[169] B.B. Schoefield, *La notte di Taranto*, cit. p. 65.

pervenuta alle 18.00, annunciante un sensibile peggioramento nella zona. Cosa questa che fece desistere l'ammiraglio Cunningham dal ripetere l'operazione e lo spinse a ricondurre la sua flotta ad Alessandria.

Nel frattempo che si decideva per l'attuazione dell'operazione, i Fulmar dell'806° Squadron si impegnarono in tre occasioni contro i velivoli italiani dell'83° Gruppo della Ricognizione Marittima, decollati da Augusta, abbattendone due e respingendone un altro prima che potesse avvistare la Mediterranean Fleet.

Il primo idrovolante ad essere distrutto fu un Cant Z. 501 della 184ª Squadriglia, avente per capo equipaggio il tenente pilota Errico Pelosi e per osservatore il tenente di vascello Angelo Agnelli. Esso fu intercettato al mattino del 12, e precipitò sotto i colpi dei velivoli pilotati dai sottotenenti di vascello S.G. Orr e W.H. Clisby, senza aver potuto lanciare il segnale di avvistamento della flotta nemica. Il secondo idrovolante, un Cant Z. 506 della 170ª Squadriglia, fu intercettato da una sezione di tre Fulmar poco prima di mezzogiorno, e precipitò in fiamme(anch'esso per le raffiche sparate dal sottotenente di vascello S.G. Orr, coadiuvate dal collega G.A. Hogg) subito dopo aver trasmesso il segnale di allarme.[170]

La fine di quest'ultimo sfortunato velivolo, che aveva per capo equipaggio il tenente pilota Aldo Salvaneschi e per osservatore il sottotenente di vascello Giuseppe Carmenati, fu testimoniato dall'Ammiraglio Cunningham con le seguenti parole:[171]

L'ultimo combattimento si svolse sopra la flotta, e vedemmo la grande sagoma del Cant che volava di qua e di la tra le nubi con tre Fulmar che lo inseguivano. Vi poteva essere una sola conclusione, e infatti subito dopo una fiammeggiante meteora piombò dal cielo con una lunga scia di fumo e precipitò in mare proprio di prora alla flotta. Non si poteva non provare pietà per gli aviatori italiani che si erano lanciati in un'azione senza speranza col loro pesante e poco maneggevole aereo.

Durantela giornata del 12 i velivoli intercettori della *Illustrious* avevano indubbiamente fatto un buon lavoro, impedendo ai ricognitori italiani di fornire ai loro comandi le informazioni necessarie per poter disporre l'impiego dei reparti da bombardamento. Occorre però dire che l'intervento degli aerei offensivi italiani fu anche sconsigliato dal fatto che le navi britanniche si trovarono molto al di fuori del raggio d'azione dei caccia di scorta presenti in Puglia e in Cirenaica; ragion per cui non fu neppure approfittato dell'occasione di poter attaccare il monitore *Terror* e il cacciatorpediniere *Vendetta* che, nella loro rotta verso la Baia di Suda, erano stati avvistati alle 10.42, tra la Sicilia e la Morea (lat. 36°25'N, long. 18°35'E), da una

---

[170] Christopher Shores - Brian Cull - Nicola Malizia, Malta: *The Hurricane years 1940.41*, cit. p. 84.

[171] Andrew Browne Cunningham, *L'odissea di un marinaio*, cit., p. 120-sg.

coppia di Cant Z. 506 del 35° Stormo Bombardamento Marittimo, i quali, erroneamente, trasmisero trattarsi di due piroscafi.

Un'imponente immagine del monitore britannico *Terror*, armato con due cannoni da 381 mm, mentre sta uscendo dal Grand Harbour di Malta-.

Di fronte a questa constatazione, che avrebbe reso le formazioni dei bombardieri facile preda dei Fulmar, come dimostrava il mancato rientro dei due idrovolanti della Ricognizione Marittima, non restò che affidarsi agli attacchi notturni degli aerosiluranti dell'Egeo e della 5ª Squadra (in tutto quattro S. 79 della 278ª Squadriglia), ai cui Comandi, alle ore 21.15 del 12, il Capo di Stato maggiore dell'Aeronautica inviò il seguente ordine:[172]

B/03123 SUPERAEREO. Reparti siluranti Egeo et Libia est affidato incarico vendicare attacco Taranto. Sono sicuro che tutti equipaggi siluranti si prodigheranno se occorre fino sacrificio per attaccare con successo navi nemiche. Generale Pricolo.

---

[172] ASMAUS, *GAM 2*, b. 51.

Idrovolanti Cant. Z. 506. Durante l'operazione "Coat" particolarmente severe risultarono le perdite di questi lenti e male armati velivoli impiegati dalla Ricognizionew Marittima per le missioni navali strategiche, per opera dei caccia Fulmar dell'*Illustrious* e dell'*Ark Royal*.

Questo categorico incitamento, dal carattere quasi suicida, non fu seguito quella sera da nessun decollo, perché esistendo nel Mediterraneo orientale condizioni atmosferiche molto avverse, come nel pomeriggio avevano constatato il capitano pilota Massimiliano Erasi, comandante della 278ª Squadriglia, e il suo gregario, il tenente pilota Franco Melley, che erano decollati con i loro S. 79 dall'aeroporto libico di El Adem, per ricercare ed attaccare la Mediterranean Fleet.[173]

Dopo aver deciso di sospendere il previsto secondo attacco aereo contro il porto di Taranto, alle 18.00 del 12, il gruppo navale dell'ammiraglio Cunningham aveva assunto la rotta per Alessandria, e successivamente durante la notte il contrammiraglio Rawlings, comandante del 1° Squadron da Battaglia, decise che la 2ª Divisione con le corazzate *Malaya* e *Barham*, assieme all'incrociatore *Ajax* e i cacciatorpediniere *Dainty*, *Diamond*, *Greyhound*, *Griffin* e *Galland* andassero a rifornirsi nella Baia di Suda. Il resto della flotta britannica, spostandosi verso sud-est con le corazzate *Warspite* e *Valiant* e la portaerei *Illustrious*, continuarono nella loro rotta verso Alessandria, precedute dagli incrociatori pesanti *York* e *Berwick*.[174]

---

[173] ASMAUS, *Diario Storico della 278ª Squadriglia Aerosiluranti 1940*.

[174] Historical Section Admiralty, *Mediterranean*, Vol II, cit., p. 13; *Battle Summary n. 10. Operation M.B.8 and F.A.A. Attack on Taranto, November 1940*.

Durante la rotta, alle 09.30 del 13 novembre, trovandosi in lat. 32°48'N, long. 26°45'E, gli incrociatori individuarono un sommergibile che non attaccò (non vi era in zona alcun sommergibile italiano), per poi arrivare ad Alessandria alle 17.45 del giorno 13, mezz'ora dopo che si era verificato un attacco aereo.[175] Il convoglio ME.3, che partito da Malta era scortato dalla corazzata *Ramillies*, dall'incrociatore contraereo *Coventry* e da due cacciatorpediniere, arrivò indenne ad Alessandria alle 06.45 del 13.

Nel frattempo, i ricognitori italiani della Libia avevano avvistato lungo le coste egiziane il troncone principale della Mediterranean Fleet. Due aerosiluranti S. 79 della 278ª Squadriglia, che si trovavano in volo, non poterono intervenire perché impegnati contro un convoglio rintracciato a nord-ovest di Alessandria. I piloti, tenente Carlo Emanuele Buscaglia e Carlo Copello, lo attaccarono alle ore 13.20, lanciando senza esito i siluri su quelli che furono ritenuti due grossi piroscafi.

Si trattava del convoglio AS.5 che, costituito da otto navi mercantili, aveva lasciato il Pireo il giorno 10 novembre per Porto Said, scortato dal cacciatorpediniere *Wryneck* e dai trawler *Victorian* e *Sindonis*, e che fu raggiunto dalle navi scorta convogli *Fiona* e *Chakla* alle 02.10 del 12, in lat. 34°48'N, long. 23°46'E. Al momento in cui si trovava in compagnia del *Wryneck* alle 13.30 il convoglio fu attaccato senza esito in lat. 32°55'N, long. 28°17'E, dai due aerosiluranti S. 79 della 278, per poi arrivare indenne a Porto Said il giorno 15.

Altri due S. 79 del medesimo reparto, con capi equipaggio il capitano pilota Massimiliano Erasi e il tenente pilota Guido Robone, che decollarono nel pomeriggio proprio per attaccare la Mediterranean Fleet, non riuscirono a rintracciarla nonostante avessero proseguito tenacemente la missione anche dopo il tramonto del sole.[176]

A mezzogiorno del 13 novembre il Comandante in Capo della Mediterranean Fleet si trovava a sud-ovest di Creta, in lat. 34°23'N, long. 23°43'E. La flotta fu avvistata durante il pomeriggio da aerei da ricognizione italiani uno dei quali fu considerato probabilmente abbattuto; la rotta fu conseguentemente modificata per 05° alle 16.00 e per 90° alle 18.00. Una formazione di aerei nemici fu scoperta verso sud dal radar ma essa fallì nel rintracciare le navi. Durante l'intero corso dell'Operazione M.B.8 si era verificato un solo attacco aereo di bombardieri ad alta quota, e l'immunità delle navi della flotta fu attribuita dall'ammiraglio Cunningham alla riuscita intercettazione dei caccia dell'*Illustrious*, a dimostrazione dell'importanza assicurata dagli aerei della portaerei, ai quali fu accreditato, fra l'8 e il 13 novembre, l'abbattimento di un velivolo da bombardamento S. 79 e di quattro

---

[175] Nelle notti sul 14 e sul 15 novembre la 5ª Squadra Aerea della Libia effettuò due modeste incursioni sul porto di Alessandria, a cui parteciparono complessivamente cinque S. 79 e tre S. 82. Furono colpiti con una bomba ciascuno il cacciatorpediniere *Decoy* e il piroscafo egiziano *Zamzam* che riportarono gravi danni. Ciò finì per causare grosse preoccupazioni per i comandi locali britannici, che spinsero affinché alla base principale della flotta del Mediterraneo fosse data una maggiore sicurezza, rafforzandone le difese contraeree.

[176] ASMAUS, *Diario Storico della 278ª Squadriglia Aerosiluranti 1940*.

idrovolanti Cant. da ricognizione, più uno probabile. La Flotta arrivò ad Alessandria senza altri incidenti alle 07.00 del 14 novembre, concludendo con grande successo tutte le operazioni contemplate nel piano "MB.8".[177]

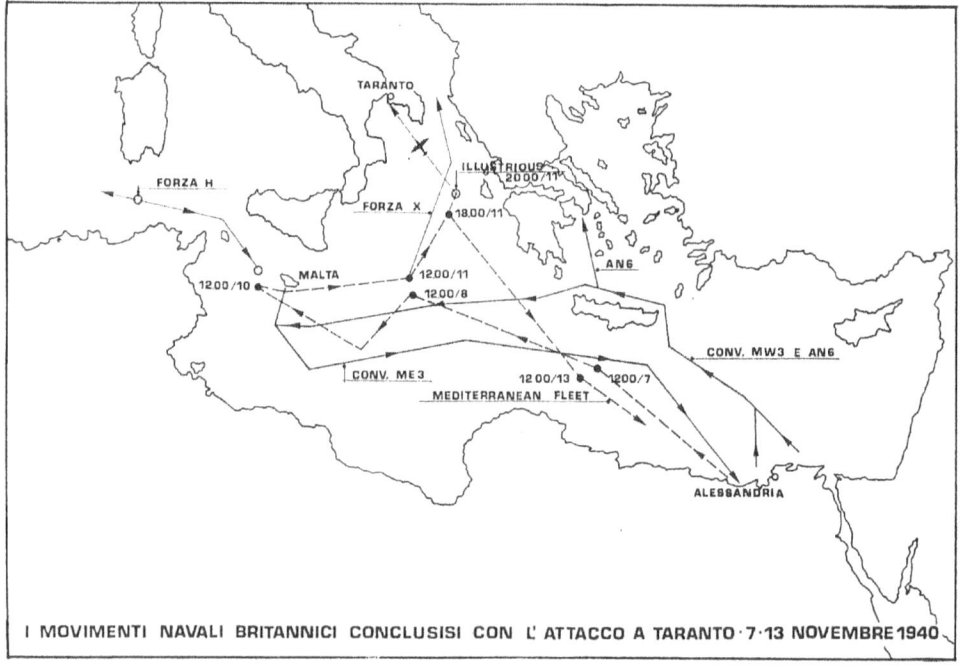

Cartina di Loretta Mattesini

---

[177] *Battle Summary n. 10. Operation M.B.8 and F.A.A. Attack on Taranto, November 1940.*

LE CONSIDERAZIONI DEI PROTAGONISTI

Dopo aver letto un comunicato dell'Ammiragliato, che riferiva sui risultati conseguiti nell'attacco contro Taranto, il mattino del 13 novembre 1940 il Primo Ministro britannico Winston Churchill, il cui aspetto, come riferì Radio Londra, era quello di *"un uomo felice"*, fece alla Camera dei Comuni la seguente dichiarazione.[178]

Ho alcune notizie per la Camera. Sono buone notizie. La marina inglese ha inferto un colpo terribile alla flotta italiana. La forza totale della flotta da battaglia italiana comprendeva sei navi da battaglia di cui due della classe LITTORIO che sono state poste ora in servizio e sono naturalmente fra le più potenti navi del mondo, e quattro della classe CAVOUR ricostruite di recente. È certo che sulla carta questa flotta era molto più potente della nostra flotta mediterranea, ma ha sempre rifiutato di accettare battaglia.

Nella notte dall'11 al 12 novembre, mentre le principali unità della flotta italiana si trovavano nella loro base navale di Taranto protette dalle difese costiere, gli apparecchi della nostra aviazione di Marina le attaccarono nella loro fortezza. I rapporti dei nostri aviatori sono stati confermati dalla ricognizione fotografica. È ora accertato che una nave da battaglia della classe LITTORIO è stata malamente danneggiata a prua, che il suo castello di prua è sott'acqua ed ha una grande inclinazione a tribordo. Una nave della classe CAVOUR si è arenata e la sua poppa è sott'acqua. Anche questa nave è inclinata a tribordo. Non è stato ancora possibile stabilirlo con certezza ma sembra che una seconda nave da guerra della classe CAVOUR sia stata severamente danneggiata e si sia arenata. Nel porto interno di Taranto due incrociatori italiani sono inclinati a tribordo e sono circondati dalla nafta e due navi ausiliarie giacciono con la poppa sott'acqua.

Il comunicato italiano del 12 novembre, pur ammettendo che una nave da guerra era stata severamente danneggiata, afferma che sei dei nostri aerei erano stati abbattuti certamente e tre probabilmente. In realtà soltanto due dei nostri aerei sono andati perduti ed è da notare che il nemico pretende di aver catturato parte degli equipaggi.[179]

Ho sentito che era mio dovere portare immediatamente a conoscenza della Camera questo glorioso episodio. Come risultato di un attacco risoluto e coronato

---

[178] W. Churchill, *In guerra – Discorsi pubblici e segreti 1938-1942*, Milano, Rizzoli, 1948, p. 97-sg.

[179] Nel Bollettino di Guerra del Comando Supremo n. 158 del 12 novembre 1940 era riportato: *"Nelle prime ore della notte sul 12, aerei nemici hanno attaccato la base navale di Taranto. La difesa contraerea della piazza e delle navi alla fonda ha reagito vigorosamente. Solo una unità è stata in modo grave colpita. Nessuna vittima. Sei aerei nemici sono stati abbattuti e parte dei loro equipaggi è stata catturata; tre altri probabilmente abbattuti"*. Per renderlo meno amaro, questo artefatto comunicato era preceduto dai successi attribuiti ai sommergibili, sotto forma di siluramento e probabile affondamento di una grande nave da guerra e di affondamento di due piroscafi.

da successo, che torna a onore dell'Aviazione della flotta, rimangono in efficienza ora soltanto tre navi da battaglia italiane. Questo risultato, mentre influenza in modo decisivo l'equilibrio della potenza navale del Mediterraneo, provocherà delle reazioni sulla situazione navale in ogni parte del mondo.

Dopo aver dato gran merito del successo all'Ammiraglio britannico, per la pianificazione dell'operazione, e all'ammiraglio Cunningham per averla preparata e condotta nel modo migliore, il Primo Lord dell'Ammiragliato, Signor Hon Albert Victor Alexander, parlando la sera di quello stesso giorno 13 a Radio Londra, affermò:[180]

Il Signor Albert Victor Alexander, Primo Lord dell'Ammiragliato.

Questa è stata una settimana molto importante nella storia delle operazioni navali di questa guerra. L'azione di Taranto della quale siete già stati resi edotti è una netta e chiara risposta alla Germania nazista, quando questa dichiara che noi siamo vecchi e decadenti. Il Primo Ministro ha annunciato quest'oggi alla Camera dei Comuni che in un solo colpo decisivo le unità da battaglia italiane sono state

---

[180] ASMEUS, "Bollettino notizie di fonte estera sull'Italia e sulla Germania - 14 novembre 1940, Edizione del mattino", *Diario Storico del Comando Supremo, Ufficio Operazioni*, b. 1446/A, allegato al n. 446/A.

ridotte del 50% e cioè da sei a tre. Quando io vi parlai il 2 novembre mi permisi di dire che l'ammiragliato italiano considerava le sue navi da battaglia come un eccellente investimento di capitale e che era sua intenzione di uscire dal presente conflitto con questo capitale intatto. Noi abbiamo a apportata una severa mutilazione a questo capitale italiano. Prima che avesse luogo questa azione la nostra flotta del Mediterraneo ha cercato ogni occasione per poter attirare il nemico in combattimento aperto, ma per ragioni conosciute soltanto dagli italiani stessi, le loro unità rimasero ben tappate nei loro porti nonostante la loro superiorità di tonnellaggio nelle navi di linea.

Questa situazione decise il nostro comandante in capo della flotta del Mediterraneo, ammiraglio Cunningham, di attaccare la flotta italiana in casa sua stessa. Entro il suo inglorioso rifugio la flotta italiana è stata sconfitta; sconfitta che sarebbe stata considerata in modo completamente diverso dall'opinione pubblica in mare se fosse stata subita in combattimento in mare aperto. La superiorità del nemico non gli è servita che per mettere in atto una difesa passiva. L'azione su Taranto rappresenta il punto culminante della disfatta italiana. Gli italiani sono stati battuti in terra, in mare e in cielo. A Taranto hanno perso gran parte della loro flotta, in Grecia sono stati seriamente sconfitti, le loro basi albanesi di Valona e di Durazzo sono state duramente colpite dalla nostra aviazione. La sconfitta di Taranto non si limita semplicemente al Mediterraneo ma avrà degli effetti molto più vasti come avrà ripercussioni sugli oceani e sul futuro andamento della guerra stessa. Il 2 novembre io vi dissi che avremmo fatto tutto quanto era in nostro potere per aiutare la Grecia. Qui a Taranto si sono cominciati a vedere gli effetti concreti delle nostre promesse.

Le navi di superficie tedesche non sempre sfuggono al combattimento, ma i risultati di questi combattimenti sono stati tali che la Germania è stata obbligata a fare un certo affidamento sulla flotta italiana. E quale è la condizione attuale di questa flotta? Sarebbe molto interessante conoscere il tono ed il contenuto dei commenti dell'ammiragliato tedesco.

L'indomani, 14 novembre, Winston Churchill, telegrafando al generale Arcibald Wavell, Comandante in Capo del Medio Oriente, espresse l'opinione che il successo navale conseguito contro la flotta da battaglia italiana, aggiunto alla pessima figura fatta dal Regio Esercito nei confronti dei greci e dalla Regia Aeronautica sui cieli d'Inghilterra, rendevano desiderabile l'inizio dell'offensiva terrestre in Egitto per infliggere al nemico altri colpi mortali, prima che la Germania fosse venuta in aiuto del suo vacillante alleato.

Subito dopo il rientro ad Alessandria l'ammiraglio Cunningham ricevette da ogni parte molte congratulazioni, la più gradita delle quali gli pervenne dal Re d'Inghilterra, Giorgio VI, che gli fece pervenire il seguente messaggio:[181]

---

[181] A. B. Cunningham, *L'odissea di un marinaio*, cit. p. 121.

Le recenti fortunate operazioni della Flotta da voi comandata sono state motivo di orgoglio e di soddisfazione per tutti, qui in patria. Vi prego trasmettere le mie vive congratulazioni alla Flotta del Mediterraneo e, in particolare all'Aviazione Navale per la loro brillante impresa contro le navi da guerra italiane a Taranto.

Nel capitolo "*Osservazioni generali*" della sua relazione, inviata all'ammiraglio Cunningham, il comandante della portaerei *Illustrious*, capitano di vascello Dennis William Boyd, scrisse che il successo dell'operazione "Judgment" era da assegnare "*all'eccellente ricognizione fotografica promossa dalla Royal Air Force*" di Malta, le cui fonti d'informazioni furono utilissime anche per fornire "*esatte previsioni meteorologiche*", e all'uso nei siluri degli "*Acciarini Duplex*".

Essi furono impiegati per la prima volta in Mediterraneo, e risultarono di importanza "*Provvidenziale, perché con nessun altra arma si sarebbero avuti simili risultati*", come fu ampiamente provato dal fatto che erano state affondate o immobilizzate tre navi da battaglia italiane, sulle quali il comandante Boyd calcolò fossero andati a segno "*da 9 o forse 11 siluri da 8 pollici*". In realtà i colpi che determinarono danni furono cinque, mentre un altro siluro, che raggiunse la carena, della *Littorio*, si arrestò sotto la nave senza esplodere.

Passando a commentare lo "*Spirito con il quale è stato eseguito l'attacco*", il comandante dell'*Illustrious* sottolineo:[182]

L'attacco è stato eseguito in condizioni piuttosto difficili. A causa del gravoso programma della flotta, non erano state possibili delle prove. Gli apparecchi della H.M.S. EAGLE erano stati imbarcati il giorno prima d'uscire dal porto e non avevano una precedente esperienza dell'atterraggio guidato e dall'uso della barriera. Un terzo ostacolo era costituito dalla scoperta che la nostra benzina era inquinata, tanto che tre "Swordfish" erano andati persi per tal motivo nei giorni precedenti. Malgrado ciò lo zelo e l'entusiasmo di tutti per condurre a termine questa grande impresa non è scemato, e non è possibile lodare adeguatamente coloro che con quegli apparecchi relativamente lenti, hanno eseguito gli attacchi.[183]

Passando poi ad analizzare l'importanza che anche in futuro l'Aviazione Navale avrebbe avuto nello svolgimento delle operazioni della flotta, come arma offensiva, il capitano di vascello Boyd concludeva la sua relazione scrivendo:[184]

---

[182] Ammiraglio A.B. Cunningham "Fleet Air Arm operation against Taranto on November 1940", *Supplement to the London Gazette* del 22 luglio 1947.

[183] Per le difficoltà di atterraggio dei piloti della *Eagle*, il comandante Boyd si riferiva al fatto che su quella nave non esisteva il sistema di atterraggio guidato in uso sulle portaerei della nuovissima classe "Illustrious", che inoltre erano anche dotate di barriera per arresto dei velivoli. Quanto al carburante inquinato, la colpa fu attribuita alla cisterna *Tonoline* che aveva rifornito la *Illustrious*.

[184] Ammiraglio A.B. Cunningham, "Fleet Air Arm operations against Taranto on 11th November 1940", *Supplement to the London Gazette* del 22 luglio 1947.

Per quanto la vera funzione dell'Aviazione navale possa essere quella d'impiegare gli aerei contro il nemico in mare aperto, è già stato dimostrato in precedenza ed è stato confermato in modo indubbio da questo successo, che l'Aviazione Navale ha la capacità di colpire di sorpresa.

Si ha spesso la sensazione che la potenza di quest'arma, che ha avuto una lunga lotta coi pareri contrari, a quella dei suoi apparecchi tutt'altro che spettacolari venga sottovalutata. Giova sperare che questa vittoria sarà considerata come una giusta ricompensa per coloro il cui lavoro e la cui fede nella Aviazione Navale l'hanno resa possibile.

Da parte sua il Comando in Capo della *Mediterranean Fleet*, dopo aver confermato tutti i giudizi espressi dal capitano di vascello Boyd, esaltò, in modo particolare, il valore dei siluri forniti di acciarino Duplex, sostenendo *"che i molti anni di ricerche e di esperienze dedicati al loro progresso erano stati ben ripagati"*.

E concluse il suo rapporto con una valutazione strategica, affermando quanto segue:[185]

Non v'è dubbio che la messa fuori combattimento di metà della flotta italiana da battaglia sta avendo, e continuerà ad avere una notevole influenza sull'andamento della guerra. Senza abbandonarsi a speculazioni sulle ripercussioni politiche, è già evidente che il fortunato attacco ha grandemente aumentato la nostra libertà di movimento in Mediterraneo ed ha così rafforzato il nostro controllo sulla zona centrale di quel mare. Esso ha consentito di lasciare libere due navi da battaglia per operazioni in altri teatri, mentre l'effetto sul morale degli italiani deve essere stato notevole. Come esempio di "economia delle forze", è probabilmente insuperato.

La decisione di Cunningham di lasciare libere due delle sue cinque corazzate era dovuto al cambiamento della situazione strategica, che si era favorevolmente capovolta, con la menomazione della flotta italiana. Ritenendo che le cinque navi da battaglia a disposizione della *Mediterranean Fleet* fossero eccessive per fronteggiare le tre rimanenti corazzate italiane, egli decise di privarsi delle unità più anziane, la *Malaya* e la *Ramillies*, che sarebbero state trasferite a Gibilterra. Misura resasi necessaria anche per alleggerire i compiti dei cacciatorpediniere di scorta, che erano duramente impiegati nella protezione della flotta e dei convogli diretti in Egeo.

---

[185] *Ibidem.*

L'ammiraglio Andrew Browne Cunningham nel 1944 quando ricopriva la carica di Primo Lord del Mare.

***

Da parte italiana, giudizi estremamente pesanti sulle cause del disastro di Taranto furono espresse nei loro diari dal Ministro degli Esteri Galeazzo Ciano e dal Ministro dell'Educazione nazionale Giuseppe Bottai. Il primo lamentò che nei quindici giorni dall'inizio della guerra alla Grecia la flotta non fosse stata spostata in una sede più sicura, come aveva proposto il maresciallo Badoglio, mentre il secondo scrisse, in data 14 novembre:[186]

Depressione in giro per la situazione in Grecia, e più ancora per l'attacco alla Flotta nel porto di Taranto. La flotta, cui Mussolini aveva ordinato di tenersi in mare e d'affrontare il combattimento, s'è tenuta invece al sicuro; ed al sicuro è stata duramente colpita.

Questo giudizio trovò concorde sostenitore l'ex Comandante della 2ª Squadra Navale e poi Comandante della Flotta italiana. L'ammiraglio Iachino, considerando

---

[186] G. Bottai, *Diario 1935-1944*, Milano, Rizzoli, 1982, p. 230.

che l'attacco nemico aveva ottenuto il risultato tangibile di immobilizzare per tutto il resto della guerra la *Cavour* e per circa sette mesi la *Littorio* e la *Duilio*, e nel contempo costretto le grandi navi rimaste illese a riparare a Napoli e negli altri porti del Tirreno – lasciando praticamente alla flotta nemica piena libertà di movimento nel Mediterraneo centrale con grave pregiudizio per la difesa delle rotte con la Libia e con l'Albania – scrisse infatti nel dopoguerra:[187]

La nostra flotta, essendo rimasta inutilmente pronta a muovere per quattro giorni, ebbe la mortificazione di riportare all'ancora e senza alcun compenso, perdite ingenti, certo superiori a quelle che avrebbe potuto subire se fosse uscita due o tre giorni prima per affrontare in campo aperto la Mediterranean Fleet. Ancora una volta il criterio di approfittare di ogni circostanza favorevole per impegnare il nemico quando lo si trovava in condizioni di inferiorità non veniva in pratica applicato da noi, anche se Roma affermava di averlo adottato in linea teorica.

La nostra ricognizione aerea si era dimostrata anche in questa occasione insufficiente; tuttavia, nelle condizioni in cui eravamo di relatività delle forze, non era necessario attendere dagli aerei quelle precise informazioni, sulle quali l'esperienza ci aveva insegnato di non poter mai contare. L'uscita della nostra flotta, appena avvistato il nemico in mare, avrebbe probabilmente provocato l'incontro nel momento in cui era ancora vincolato alla scorta del convoglio; e, comunque, avrebbe sconvolto i suoi piani e reso molto più difficile, e forse anche impossibile, l'esecuzione di quell'attacco aereo notturno a Taranto, che fu invece effettuato in un clima di ideale tranquillità.

Giova sottolineare che la nostra flotta, rimasta in 'potenza' a Taranto, non impedì al nemico di muoversi liberamente nel Mediterraneo centrale, portando a compimento imprese belliche di notevole importanza; veniva così ancora una volta dimostrata la fallacia della "Fleet in being".

Occorre dire che la libertà di movimento concessa al nemico durante lo svolgimento di tutte le operazioni navali del piano MB.8, non erano determinate soltanto dalla passività della flotta, ma anche dal prudente impiego richiesto all'attività del naviglio leggero e sottile, conferma di una dottrina altamente rinunciataria espressa dell'Alto Comando della Regia Marina. Inoltre, nessun successo, nonostante le roboanti affermazioni della radio e della stampa nazionale, era stato conseguito dai numerosi sommergibili italiani che si erano venuti a trovare lungo le rotte percorse dalle flotte nemiche, mentre la Regia Aeronautica, che pur possedeva un potenziale notevole, aveva effettuato in quei giorni attacchi modesti e senza nessun pratico risultato.

Ma quello che, soprattutto, fu motivo di recriminazione e di discussioni alquanto vivaci nell'ambito degli alti comandi italiani (Supermarina, Superaereo e

---

[187] A. Iachino, *Tramonto di una grande Marina*, cit., p. 243.

Comando Supremo), fu il fallimento a cui incorse durante la giornata dell'11 novembre la ricognizione aerea. Ciò, è bene sottolinearlo, non avvenne per negligenza dei comandi operativi che dovevano esplicarla e dei singoli equipaggi dei velivoli destinati a svolgere quel servizio oneroso e particolarmente pericoloso, come dimostrano le forti perdite subite in quei giorni per opera dei caccia delle portaerei britanniche, ma ad un'errata valutazione di Supermarina e di Superaereo sui movimenti della Mediterranean Fleet. Essi ritennero, in mancanza di elementi probanti, che le navi nemiche dirigessero verso le coste della Cirenaica per rientrare alla loro base di Alessandria, e su questa errata ipotesi predisposero i servizi di ricognizione.

Su questo errore l'allora Sottocapo di Stato Maggiore della Regia Aeronautica, generale Giuseppe Santoro, è stato molto esplicito. Dopo aver sostenuto che i complessi movimenti della Forza H di Gibilterra e della Mediterranean Fleet *"raggiunsero pienamente l'intento di disorientare i Comandi italiani, i quali furono indotti a credere in una delle solite operazioni aventi lo scopo di inviare rifornimenti a Malta"*, egli concluse con l'affermare: *"per l'azione principale e finale, la ILLUSTRIOUS e la Squadra di Alessandria, sfruttando opportunamente le ore di luce e di oscurità, si spostarono in una zona di mare nella quale, ignorando il vero scopo dei movimenti navali avversari, non si pensò affatto di andare a ricercarle"*.[188]

Il mancato contrasto alla Mediterranean Fleet trovò inoltre particolarmente scontenti gli alleati tedeschi, in particolare l'ammiraglio Eberhard Weichold, ufficiale di collegamento della Kriegsmarine presso Supermarina, che all'epoca inviò a Berlino una dura relazione, in cui veniva commentata la situazione che si era creata nel Mediterraneo nei termini seguenti.[189]

I gravi danni inflitti alla Flotta italiana con un attacco in porto, ossia senza possibilità di combattere e di danneggiare il nemico, devono perlomeno essere considerati come una conseguenza della sinora interamente difensiva linea di condotta dell'Ammiragliato italiano, che ha così dato modo agli inglesi di rinvigorire continuamente la loro offensiva nel Mediterraneo centrale ... come sempre, lo Stato Maggiore italiano è chiaramente e completamente dominato dal pensiero che la Flotta italiana deve rimanere al sicuro per timore che, arrischiandola prematuramente in circostanze sfavorevoli, non possa più assolvere il suo compito principale: assicurare cioè le importanti comunicazioni marittime nel Mediterraneo centrale. Risulta che esso ne è ancora più convinto dopo gli scontri

---

[188] G. Santoro, *l'Aeronautica italiana nella II guerra mondiale*, Vol. I, Milano – Roma, Esse, 1957, p. 449.

[189] E.Weichold, *La guerra in Mediterraneo* (compilato per l'Amiragliato britannico e tradotto dal II Reparto di Maristat). Conservato in AUSMM collezione V.

singoli di forze leggere – generalmente inadeguate – che hanno provocato perdite cui non hanno corrisposto successi.[190]

L'atteggiamento completamente passivo dei capi responsabili della Marina italiana non permette un chiaro apprezzamento dell'effettiva situazione e delle sue naturali conseguenze. Esso paralizza le loro facoltà di decisione, e in definitiva lo spirito offensivo della Flotta italiana; ed incoraggia una ancor più vigorosa offensiva inglese nelle acque italiane... Se la situazione strategica nel Mediterraneo continuerà a svilupparsi nel modo attuale, sono inevitabili delle serie conseguenze in tutti i teatri di operazione, specialmente in Grecia e nell'Africa Settentrionale. Per mitigare tali ripercussioni per quanto è possibile, e essenziale un radicale cambiamento nell'attuale direzione italiana della guerra.[191]

Il commento della Seekriegsleitung (SKL), il Comando Operativo dell'Alto Comando della Marina germanica (Oberkommando der Kriegsmarine - OKM), fu altrettanto lapidario, dal momento che in data 9 novembre 1940 esso scrisse nel suo Diario di guerra quanto segue:[192]

I movimenti della flotta britannica si svolgono nelle immediate vicinanze delle basi aeree e navali italiane con sorprendente sicurezza, come se la flotta italiana non esistesse affatto.

---

[190] Quanto affermato da Weichold dovrebbe far riflettere coloro che continuano a giustificare la saggezza della strategia di Supermarina nella protezione ad oltranza delle rotte libiche, senza essersi curata troppo di esercitare il contrasto contro quelle nemiche. La battaglia dei convogli con l'Africa settentrionale avrebbe potuto avere successo soltanto alle condizioni di cercare di limitare le proprie perdite di naviglio mercantile, attuando ermeticamente il blocco di Malta, e tenendo il nemico lontano delle rotte nazionali del Mediterraneo centrale. Ciò doveva essere fatto mediante una continua pressione esercitata in profondità, nelle zone di influenza britannica, nei due bacini del Mediterraneo, con navi di superficie e sommergibili.

[191] Sulle pungenti considerazioni dell'ammiraglio Weichold, che contribuirono a scavare un clima ancora maggiore di sospetto e di incomprensione nella SKL nei confronti della Regia Marina, aumentando la perdita di credibilità, Augusto De Toro a scritto, giustamente: "*Serve mettere in evidenza come il Capo di Stato Maggiore di collegamento presso Supermarina fu ben lungi dal rappresentare quella figura di benevolo critico e comprensivo amico della Marina italiana, che egli nel dopoguerra seppe abilmente costruirsi, e che ancor oggi molti, ingenuamente, continuano ad accreditargli. Sull'asprezza delle sue critiche pesava non soltanto la scarsa considerazione verso le virtù militari degli italiani, peraltro assai diffusa negli ambienti militari germanici, ma anche lo scontento per l'emarginazione alla quale lo costringeva Supermarina e per la poca considerazione in cui erano tenuti i suoi consigli*". Cfr, "L'Italia come alleato navale nei giudizi e nei calcoli della Kriegsmarine", *RID - Rivista Italiana Difesa*, settembre 1991.

[192] Eberhard Weichold, "*La guerra fatale dell'Asse nel Mediterraneo Contributo di una futura compilazione storica dal punto di vista della Strategia*", conservato in AUSMM, collezione V.

La *Littorio* in riparazione nell'arsenale di Taranto. Notare come la corazzata sia coperta da una copertura mimetizzata per nasconderla il più possibile all'avvistamento aereo nemico.

Il successivo disastro di Taranto, che seguiva all'insuccesso drammatico sul fronte greco – con il quale era aperta ai britannici la possibilità di affacciarsi allo Ionio e di minacciare anche il Canale d'Otranto - e, con la utilizzazione delle basi navali aeree di Creta, del Peloponneso e di Lemno, di conseguire il pieno controllo del Mediterraneo orientale – fu considerato a Berlino un grave contraccolpo dell'alleato; una ripercussione che portava alla rinuncia di puntare su Suez da parte dell'esercito del maresciallo Graziani, su cui la SKL aveva riposto le sue speranze per arrivare al controllo del Medio Oriente.

In particolare, fu messo in discussione il modo in cui la flotta italiana si era fatta sospendere nel porto di Taranto, e generarono preoccupazioni, sulla base di quanto avevano riferito nel suo rapporto l'ammiraglio Weichold, le conseguenze materiali e strategiche che potevano derivare da quell'inaspettato disastro. Elementi che la Seekriegsleitung aveva attentamente valutato, arrivando alle seguenti conclusioni, trascritte il 12 novembre 1940 nel suo Diario di guerra.[193]

CONDOTTA DELLA GUERRA NEL MEDITERRANEO

Un giorno nero per la Marina italiana.

Nell'attacco di 12 aerosiluranti inglesi contro le grandi unità presenti nel porto di Taranto sono state silurate e gravemente danneggiate le navi da battaglia LITTORIO, DUILIO e CAVOUR! Da comunicazioni dell'Addetto navale il danneggiamento della CAVOUR è particolarmente grave.

Il successo britannico va considerato come la più grande vittoria sul mare in questa guerra ed è in grado, in un sol colpo, di mutare in maniera decisiva a favore dell'Inghilterra la situazione strategica in tutto il Mediterraneo. La superiorità inglese in fatto di grandi navi nel Mediterraneo è ora così grande che ormai, dopo le trascorse esperienze, non ci si può affatto attendere alcun genere di attività da parte della flotta italiana. Più ancora di prima i movimenti del nemico avverranno lungo tutto il Mediterraneo senza riguardo alcuno per la flotta italiana. Va considerata la possibilità che il nemico ritiri delle grandi unità dal Mediterraneo e che le impieghi a rinforzo della flotta metropolitana e a difesa delle comunicazioni marittime minacciate da una nave corazzata (c.d. corazzata tascabile, n.d.t.) tedesca e da incrociatori ausiliari. La via passante per Gibilterra e il Mediterraneo occidentale verso Alessandria guadagna nuovamente notevole importanza, dato che il nemico, approfittando dello stato di debolezza e del forte senso d'inferiorità dell'Italia, proverà ora ad assicurarsi il proprio traffico verso Alessandria attraverso questa breve via. Ne discende l'ulteriore possibilità di un sostanziale e rapido rafforzamento delle posizioni britanniche in Egitto, nel Canale di Suez, in

---

[193] *Kriegstagebuch der Seekriegsleitung/Operationsabteilung 1939-1945*, parte A (K.T.B. 1. S.K.L. A), Mittler & Sohn, Herford-Bonn, 1988, ss., Vol. 15, 12.11.1940, p. 159-161, traduzione di Augusto De Toro.

Grecia e nelle isole greche. La prospettiva di una vittoriosa offensiva italiana in Egitto svanisce sempre più. La S.K.L. è, comunque, della opinione che già da ora da parte della Italia non esista la volontà di avanzare dalla Libia in Egitto, tanto più che la messa fuori combattimento delle 3 navi da battaglia influirà presumibilmente in maniera assai sfavorevole sulla sicurezza delle comunicazioni con la Libia.

Il risoluto attacco degli aerosiluranti britannici, condotto fino a 300 m di distanza dal bersaglio per lanciare all'interno della rete parasiluri, presenta un amaro conto finale ai responsabili della guerra navale italiana, per la così modesta attività, sin dall'inizio della guerra, svolta da una flotta indicata come l'arma più potente. Per la preoccupazione di eccessivi rischi e nel costante sforzo di risparmiare la flotta per il giorno – mai, però, seriamente atteso – della grande azione nel quadro dell'offensiva in Egitto, l'impiego delle grandi unità e, di conseguenza, delle efficienti squadre navali è mancato, finché gli inglesi, favoriti ormai dal considerevole miglioramento della loro posizione geo-strategica derivante dall'errata offensiva italiana contro la Grecia, poterono infliggere un così formidabile colpo, quale è la messa fuori combattimento delle tre navi da battaglia, tra le quali la più moderna unità della flotta italiana.

(Per il dettaglio degli avvenimenti dell'11/12.11 vedi situazione nel Mediterraneo).

Immagine del 13 marzo 1941. Si lavora per il sollevamento e il recupero della *Cavour*. Per diminuire il peso della nave, la torre trinata prodiera da 320 mm, come le altre torri, è stata in parte smontata. Il rimorchiatore *Teseo* si mantiene vicino alla corazzata.

Il 9 aprile ebbe inizio lo svuotamento della zona prodiera della *Cavour* con l'impiego di pompe elettriche e del vapore.

19 aprile 1941. Posizionamento dei cilindri di spinta a poppa della *Cavour*.

La *Cavour* risollevata e con parti delle torri e tutti i cannoni smontati.

12 luglio 1941. La *Cavour* viene messa in secco sul bacino galleggiante GO12 nel Mar Grande di Taranto, dietro le boe di sostegno delle reti parasiluri, All'estrema sinistra il vecchio sommergibile *Domenico Millelire* fornisce l'energia elettrica alla corazzata.

Il bacino galleggiante GO12, con la *Cavour* recuperata nel tardo autunno 1941 al termine del primo turno di lavori, è trainato dai rimorchiatori al centro del Mar Grande.

Queste preoccupazioni della Seekriegsleitung furono esposte al Führer dal Comandante in Capo della Marina germanica, grande ammiraglio Erich Raeder, con un memoriale che fu discusso il 14 novembre. In esso l'elemento di maggior valore fu rappresentato dalla richiesta di prevenire una reazione inglese contro l'Italia, che avrebbe potuto *"avere un effetto nocivo sull'ulteriore corso degli avvenimenti nel Mediterraneo orientale ed in Africa, e conseguentemente su tutto l'andamento avvenire della guerra"*.

Occorreva in primo luogo, *"cacciare la flotta britannica dal Mediterraneo"*, mare che doveva essere dominato dall'Asse anche con l'occupazione di Gibilterra, *"eliminando le basi inglesi e le possibilità operative nel Mediterraneo occidentale e orientale"*; e poiché le Forze Armate italiane non erano in grado di farlo, anche perché essendo mal guidate, occorreva, specificò l'ammiraglio Raeder, che la Germania non restasse *"spettatrice disinteressata degli sviluppi della situazione nel Mediterraneo orientale"*. Pertanto egli richiese ad Hitler di sollecitare l'Italia ad intraprendere un'offensiva decisiva verso il Canale di Suez, che la Germania avrebbe dovuto sostenere in tutti i modi possibili, inviando truppe ed unità aeree, ed assumendo anche la condotta delle operazioni.[194]

---

[194] *Führer Conference on Naval Affair (1939-1945)*, Admiralty W.S. 1, August 1947 - In AUSMM, (traduzione in italiano), *Marina Germanica in Italia*, b. 30. Il documento è stato riportato da Francesco Mattesini e Mario Cermelli in *"Le direttive tecnico-operative di Superaereo"*, aprile 1940 - dicembre 1941, Vol. I, Stato Maggiore Aeronautica Ufficio Storico, Roma 1992, Documento n. 139, p. 431-434.

Alla fine dell'esposizione del suo grande ammiraglio, il Führer, che due giorni avanti in seguito alla rinuncia di sbarcare in Inghilterra, aveva fissato, con la direttiva n. 12, quella che doveva essere la futura condotta della guerra tedesca – ossia di sconfiggere l'Unione Sovietica per poi occuparsi del Mediterraneo che sarebbe dovuto divenire il centro delle operazioni contro l'Impero britannico – precisò quanto la Germania avrebbe dovuto fare di strettamente essenziale per aiutare subito l'Italia, precisando:[195]

– occupazione di Gibilterra per chiudere l'accesso occidentale del Mediterraneo, operazione (denominata "Felix") che si sarebbe dovuta realizzare attraverso la Spagna;
– successiva occupazione dell'Africa nord – occidentale;
– offensiva tedesca contro la Grecia, da effettuare indipendentemente con dieci o dodici divisioni, per assicurarsi il possesso di tutto il territorio ellenico: offensiva che era prevista si svolgesse non prima di dieci o dodici settimane;
– minamento dal Canale di Suez da effettuarsi con aerei tedeschi.
– invio in Nord Africa, dopo la conquista da parte dell'Italia di Marsa Matruh, di un reparto da bombardamento tedesco per attaccare Alessandria e indebolire la flotta inglese;
- richiesta a Roma del ritiro dal Belgio del Corpo Aereo Italiano (CAI.), perché *"l'obiettivo principale dell'aviazione italiana era quello di indebolire la flotta inglese del Mediterraneo"*.[196]

---

[195] *Ibidem,*

[196] Quello stesso 11 novembre, dopo una lunga preparazione di oltre due mesi, in cui erano state effettuate pochissime missioni sugli obiettivi navali costieri dell'Inghilterra meridionale, il Corpo Aereo Italiano (CAI), dislocato in Belgio, aveva programmato una prima azione di certo rilievo contro il porto di Harwich, a cui presero parte dieci Br. 20 del 43° Stormo Bombardieri, e quaranta Cr. 42 del 56° Stormo Caccia. L'azione, effettuata con condizioni atmosferiche pessime, che resero difficile ai caccia di mantenere le migliori posizioni di scorta vicino ai bombardieri, si risolsero in un vero disastro. Localizzato dai radar britannici, e attaccato da trenta caccia Hurricane degli Squadroni 17°, 46° e 257°, il reparto da bombardamento perse tre Br. 20 e ne ebbe distrutti altri due in atterraggio di emergenza, mentre tra i caccia di scorta le perdite furono di tre Cr. 42 abbattuti in combattimento, mentre altri due, rimasti senza carburante, si sfasciarono in atterraggi di fortuna. Dopo questa dura lezione, e considerando che i mediocri velivoli italiani erano inadatti, anche per addestramento degli equipaggi; a combattere nei cieli dell'Inghilterra, i tedeschi, delusi dalle scadenti prestazioni fornite dal CAI, e prendendo a pretesto la necessità di impiegarlo con più profitto nel Mediterraneo, ove esistevano condizioni meteorologiche più favorevoli, ne chiesero il ritorno dal Belgio, che fu completamente all'inizio del 1941.

La corazzata *Cavour*, con tre caldaie di prora accese, pronto per trasferirsi coi suoi mezzi da Taranto a Trieste, per continuare le riparazioni nel cantiere San Marco. La navigazione ebbe inizio il 22 dicembre 1941. L'unità era stata mimetizzata e dotata di alcune mitragliere contraeree.

Questa decisione di Hitler di non impegnarsi a fondo nel Mediterraneo, se non dopo aver eliminato la Russia, era anche frenata da Mussolini che, avendo mire continentali opposte a quelle del Führer, poco tempo prima aveva rifiutato l'offerta tedesca di una divisione corazzata (3ª) da inviare in Africa, e con la quale marciare speditamente sul Canale di Suez. Il Duce era dell'idea di accettare l'aiuto tedesco sotto forma di reparti da bombardamento in picchiata, per scacciare la flotta britannica da Alessandria, ma solo dopo che gli italiani avessero conquistato Marsa Matruh. invece, secondo l'opinione della Seekriegsleitung, con l'aiuto tedesco si sarebbe dovuto "*iniziare subito altre operazioni offensive*".[197]

Il maresciallo Badoglio, che in parte condivideva il concetto della SKL, non riuscì a convincere il Duce ad accettare l'offerta tedesca di una più stretta collaborazione operativa. Infatti, quando il 15 novembre, in base ad una sua richiesta, egli s'incontrò a Innsbruck con il feldmaresciallo Wilhelm Keitel, Capo dell'OKW, l'argomento delle discussioni, improntato sulla situazione politica in atto, fu limitato soltanto alla guerra terrestre, che avrebbe dovuto portare al "*totale*

---

197 *Ibidem*

annientamento della Grecia" ed ad un attacco decisivo degli italiani in Egitto, pianificato per i primi di dicembre.[198]

Sulla base dei desideri di Mussolini, e dopo aver informato il conte Ciano dei suoi intendimenti, il 18 novembre Hitler emanò la Direttiva di guerra n. 18 in cui ordinava all'Esercito di tenere una divisione pronta a trasferirsi in Libia e alla Luftwaffe di preparare, dopo che gli italiani avessero raggiunto Marsa Matruh, l'attacco ad Alessandria e al Canale di Suez per interdirne l'uso al nemico.[199] Di questo suo progetto il Führer informò il Duce con lettera del 20 novembre, in cui offriva per il prosieguo delle operazioni in Egitto, reparti di Stuka.[200] Inoltre, volendo evitare il collasso navale dell'Italia per strangolamento delle sue rotte, che ormai apparivano seriamente minacciate dalla Marina britannica, Hitler espresse il desiderio di inviare in Italia anche reparti di bombardieri Junker Ju. 88, sostenuti da ricognitori e da velivoli da caccia. Con questa misura il Führer intendeva attuare quella che appariva "*la misura militare più importante*" da prendere: "*lo sbarramento del Mediterraneo*", che avrebbe dovuto divenire "*la tomba della flotta inglese*".[201]

Mussolini, ancora propenso a non permettere alla Germania di insediarsi nel Mediterraneo, non dette allora a Hitler una risposta affermativa. Tuttavia, essendo stato informato dal Comando Supremo che l'Addetto Militare italiano a Berlino, generale Efisio Marras, aveva riferito che l'OKW avrebbe mandato in Italia il feldmaresciallo Erhard Milch per prendere i relativi accordi per l'invio di reparti aerei della Luftwaffe, il Duce fece rispondere a Berlino che all'arrivo dell'Ufficiale sarebbero stati presi gli accordi per la richiesta partecipazione aerea tedesca alle operazioni nel Mediterraneo.[202]

Negli intendimenti del grande ammiraglio Raeder vi era anche la volontà di rivendicare alla Germania il comando delle operazioni e ciò per scarsa fiducia sui rappresentanti militari dell'Italia che, come ha scritto lo storico tedesco Gerhard Schreiber, doveva divenire "*in particolare dopo l'attacco dei velivoli britannici sulle sue navi a Taranto, una potenza di terza categoria, ancora meno importante della Francia sconfitta*".[203]

---

[198] ASMEUS, *Diario Storico del Comando Supremo*, Allegati del novembre 1940.

[199] *Hitler e Mussolini, Lettere e Documenti*, Rizzoli, Milano-Roma, 1946.

[200] F. Mattesini. *L'attività aerea italo-tedesca nel Mediterraneo, Il contributo del X Fliegerkorps, gennaio-maggio, 1941*, SMEUS, 2a Edizione, Roma 2055, p. 26-sg.

[201] *Führer Conferences on Naval Affairs (1939-1945)*, Admiralty W.S. 1, Agosto 1947 – In AUSMM (traduzione in italiano), *Marina Germanica in Italia*, b. 30.

[202] G. Schreiber, "*Sul teatro Mediterraneo nella seconda guerra mondiale – Inediti punti di vista della Marina germanica del tempo*", Rivista Marittima.

[203] *RID*, cit.

La *Cavour* nei primi giorni del 1942 ormeggiata a Trieste. In secondo piano si vedono i fumaioli, il torrione e le torri di tiro prodiere della nuova corazzata *Roma* in allestimento. La *Roma* raggiungerà Taranto, entrando in servizio nella Squadra Navale nella seconda metà di agosto, raggiungendo durante la navigazione la velocità di 29 nodi e mezzo. A bordo vi era il Capo di Stato Maggiore della Marina, ammiraglio Arturo Riccardi e altre autorità.

Naturalmente, questi concetti arroganti e psicologicamente controproducenti, che erano stati suggeriti dall'ammiraglio Weichold alla Seekriegsleitung, non furono presi in considerazione da Hitler per non fare un torto a Mussolini. Né potevano essere condivisi da Supermarina, la quale, tuttavia, come ha scritto Augusto De Toro, *"fece ben poco per meritare maggiore considerazione e impedire una caduta di prestigio e di peso politico con cui far valere con maggiore autorevolezza ed efficacia le proprie ragioni verso l'alleato"*.[204]

Fu ancora una volta Mussolini a sollecitare i capi della Regia Marina a cambiare la linea di condotta rinunciataria, che stava causando tante umiliazioni. Anche i responsabili della Regia Aeronautica, che nelle ultime settimane avevano dimostrato di non essere in grado di assicurare nel suo stesso cielo la tanto importante supremazia aerea, furono inviati ad assumere un atteggiamento più aggressivo.

Il 24 novembre 1940, diramando a Supermarina e a Superaereo la lettera n. 4083/Op., dall'oggetto *"Traffico inglese nel Mediterraneo"*, il maresciallo Badoglio comunicò:[205]

---

[204] *Ibidem*

[205] ASMAUS, *OP. 1*, b. 11.

> *Il traffico tra il Mediterraneo occidentale ed il Mediterraneo orientale continua talvolta ininterrotto.*
>
> *La presenza di numeroso naviglio nel porto di Gibilterra fa presumere prossimi avvenimenti.*
>
> *Il DUCE, richiamandosi anche alle sue direttive, di cui al telescritto 2656/op. del 22 settembre 1940, ordina che la chiusura del Canale di Sicilia sia garantita.*

Occorre però obiettivamente dire che in quel momento la situazione della flotta italiana era resa ancora più sfavorevole dal fatto che la corazzata *Doria*, non essendo ancora operativa, era stata inviata nell'alto Tirreno per lavori di messa a punto e per completare l'addestramento. Ne era conseguito che soltanto la *Vittorio Veneto* e la *Cesare* erano rimaste a Napoli. Il 16 novembre, esse salparono per una crociera di carattere dimostrativo a sud della Sardegna, essendo stata segnalata, a nord delle coste algerine la Forza H, con l'incrociatore da battaglia *Renowan* e la portaerei *Ark Royal*, dal cui punte di volo decollarono dodici caccia Hurricane diretti a Malta, e dei quali ben otto, perso l'orientamento, precipitarono in mare durante la rotta.

Nella nuova strategia di Supermarina, per conseguenza del disastro di Taranto, era tassativamente escluso il confronto con la Mediterranean Fleet, che disponendo quattro corazzate e due navi portaerei era, praticamente, padrona del Mediterraneo centro-orientale. Conseguentemente, le uniche possibilità d'azione della Regia Marina erano rivolte ad occidente, ove operava la Forza H di Gibilterra, il cui potenziale offensivo, limitato all'incrociatore da battaglia *Renown*, alla portaerei *Ark Royal* e a tre incrociatori leggeri, era nettamente inferiore a quello disponibile nella flotta italiana concentrata a Napoli.

All'incoraggiamento del Duce del 24 novembre, affinché la Marina aumentasse gli sforzi per attaccare il traffico britannico, seguì due giorni dopo la notizia che la Forza H stava muovendo nuovamente verso occidente per svolgere un'operazione dagli scopi non ancora definiti, ma che riguardava la scorta di un convoglio proveniente dall'Inghilterra e diretto a Malta. Ne conseguì che le corazzate *Vittorio Veneto* e *Cesare* e sei incrociatori pesanti ripresero il mare da Napoli, per cercare di sfruttare l'occasione favorevole. L'indomani 27, muovendo a sud di Capo Teulada, all'estremità sud-occidentale della Sardegna, le navi italiane si trovarono impegnate in combattimento con la Forza H, che nel frattempo era stata raggiunta dalla corazzata *Ramillies* e da due incrociatori, partiti da Alessandria, e transitati nella notte per il Canale di Sicilia.

L'ammiraglio Campioni, cui Supermarina aveva impartito l'ordine categorico di impegnarsi soltanto se vi fossero state condizioni veramente vantaggiose, non ritenne consigliabile affrontare il rischio di sostenere un combattimento alla pari, che avrebbe potuto comportare perdite di natura in quel momento inaccettabili. Pertanto preferì disimpegnarsi, proprio mentre il nemico entrava in contatto con gli incrociatori della 2ª Squadra, che procedevano le corazzate della 1ª Squadra. Queste intervennero soltanto nell'ultima fase del combattimento, facendo un ampio giro tondo per ridurre la distanza dagli incrociatori, e aprendo brevemente il fuoco con la torre poppiera della *Vittorio Veneto* quando la situazione delle unità dell'ammiraglio Iachino, ormai sotto il tiro della *Renown*, si stava facendo molto pericolosa.

Il fatto che la flotta italiana avesse combattuto mostrando la poppa al nemico, fu polemizzato acerbamente dalla propaganda britannica. Mussolini, cui era stato detto che, in definitiva, il combattimento di Capo Teulada si era risolto in modo soddisfacente, tanto che gli equipaggi delle due squadre navali furono apertamente elogiati dall'ammiraglio Cavagnari, non ne restò certamente molto contento.

Trieste, primavera 1943. La corazzata *Cavour*, il cui torrione appare modificato, così come modificato sarebbe stato l'armamento secondario rendendolo più efficace alla difesa contraerea se i lavori fossero stati ultimati.

Sebbene il Duce continuasse a designare dalla Marina un comportamento più aggressivo, convincere Cavagnari a rinunciare alla statica linea di condotta imposta alla flotta era un'impresa difficile. Il pensiero del Capo di Stato Maggiore della Marina, espresso in un promemoria datato 2 dicembre 1940, non lasciava alcun margine a un atteggiamento più accondiscendente ai voleri di Mussolini. Di fronte all'offensiva della flotta britannica che esercitava il pieno controllo del Mediterraneo, considerando che l'attività nemica creava numerose interruzioni del traffico dei rifornimenti alla Libia e nel trasporto di minerali dalla Tunisia, minacciando di bloccarli quasi per intero, anche perché la protezione dei convogli era ridotto al minimo per la necessità di assicurare i trasporti per l'Albania,

Cavagnari concluse che l'attacco inglese a Taranto aveva temporaneamente variato *"in maniera sensibile i rapporti di potenza tra la flotta italiana e quella britannica"*; e concluse affermando che, in tali condizioni, la Marina non poteva effettuare operazioni di sbarco sulle coste greche sollecitate dall'Esercito, perché il nemico dominava il Mare Ionio.

Le opposizioni di Cavagnari, ma soprattutto il comportamento imposto alla flotta nella battaglia di Capo Teulada, convinsero Mussolini a sostituirlo, nelle duplici cariche di Sottosegretario di Stato e Capo di Stato Maggiore della Marina, con l'ammiraglio Arturo Riccardi, che a quel momento era alla guida del Comando Difesa Traffico (Maricotraf). Fu anche sostituito l'ammiraglio Odoardo Somigli, che lasciò la carica di Sottocapo di Stato Maggiore all'ammiraglio Campioni, che a sua volta lasciava l'incarico di Comandante della flotta all'ammiraglio Iachino.

Un commento amaro, che denunciava molto bene il clima che si instaurò negli ambienti centrali e periferici della Regia Marina, dopo il disastro di Taranto e l'inconcludente combattimento di Capo Teulada, fu espresso nel dopoguerra dall'ammiraglio Alberto Da Zara che, dopo aver lamentato la scarsa vigilanza esercitata dalla Marina italiana ad ovest di Zante, da cui partì l'attacco degli aerei britannici contro Taranto, scrisse:[206]

In quel mese di novembre del 1940, doloroso e triste l'episodio negativo di Taranto, seguito a quindici giorni dalla inconcludente scaramuccia (sic) di capo Teulada, incise profondamente sugli spiriti dei marinai italiani: ufficiali ed equipaggi.

Dopo cinque mesi di guerra nessun successo era venuto a coronare le nostre fatiche, i gravi sacrifici, le lunghe vigilie, i molteplici rischi che la Marina, con mirabile disciplina e altissimo valore, aveva affrontato e sopportato. La lotta contro la più grande e più potente flotta del mondo diventava ogni giorno più dura e più difficile; nessuno parlava volentieri di Punta Stilo, di Creta, di Taranto, di Teulada, mentre un alone di fosco mistero circondava l'opera e le perdite dei sommergibili.

Altrettanto efficace, anche se, particolarmente pesante fu il commento sulla strategia di Mussolini espresse dal generale Quirino Armellini, generale Addetto al Comando Supremo presso il maresciallo Badoglio, che il 12 novembre 1940 scrisse nel suo Diario di Guerra:[207]

Una metà della nostra Marina è così posta fuori combattimento. Se fino ad ora la Marina nulla o poco nulla aveva potuto fare contro la flotta inglese, ora sarà completamente alla sua mercé. La guerra alla Grecia decisa e attuata con la

---

[206] A. Da Zara, *Pelle d'Ammiraglio*, Milano, Mondadori, 1949, p. 345.
[207] Q. Armellini, *Diario di guerra (nove mesi al Comando Supremo)*, Milano Garzanti, 1945, p. 148.

facioneria che sappiamo, ci ha dato questi risultati perfettamente previsti: le basi aeree e navali nemiche pressoché in casa nostra ...

Strategia pazzesca e criminale di un esaltato incompetente, guidato solo dal pensiero di emulare i tedeschi per soddisfare la sua personale ambizione, sordo ad ogni suggerimento, forte solo della sua forza dittatoriale. Sono cose che appaiono favole e invece sono cose vere che avvengono in questi giorni nell'Italia fascista cosiddetta guerriera. Guerriera a parole e a rodomontate che non possono che coprirci di ridicolo agli occhi del mondo.

Questa violenza verbale da parte del generale Armellini deve però essere vista anche sotto la luce di un marcato risentimento contro il Duce, espresso per il fatto che proprio in quei giorni le capacità strategiche del maresciallo Badoglio cominciavano ad essere messe in discussione da un deluso Mussolini. Il Duce, non solo scaricava sul suo massimo capo militare quelle che erano le proprie responsabilità per il disastro del fronte greco – albanese, ma nel contempo come ha scritto il conte Galeazzo Ciano nel suo Diario, aveva cominciato a diffidare di Badoglio; probabilmente perché vedeva in lui, in quel momento di difficoltà, un suo futuro antagonista, che il Re Vittorio Emanuele III avrebbe potuto scegliere per sostituirlo quale Capo del Governo.[208]

Naturalmente, coloro che avevano avuto una parte importante nella preparazione dell'avventura contro la Grecia, assunsero nei confronti di Badoglio un atteggiamento ostile, a cominciare dal Ministro degli Esteri italiano, il quale, tra l'altro, rimproverò al maresciallo di non aver provveduto a spostare la flotta in una base più sicura, lontana dal territorio ellenico.

Era però un'accusa gratuita. Il conte Ciano, che essendo un aviatore aveva, evidentemente, scarsa dimestichezza di problemi navali, dimenticava che per poter operare con le corazzate nello Ionio l'unico porto al momento disponibile era proprio quello di Taranto. Il porto di Napoli era troppo lontano, e inoltre spostandovi le navi da battaglia avrebbe significato di lasciare alla Mediterranean Fleet il possesso del Mediterraneo centro-orientale ove passavano le rotte per la Libia; i porti di Messina e di Brindisi risultavano insufficienti, mentre quello di Augusta, che possedeva i requisiti necessari per poter accogliere navi da battaglia, era stato evacuato dalla 2ª Squadra perché troppo soggetto agli attacchi dell'aviazione di Malta, che lo manteneva sotto costante minaccia.

Fatta questa puntualizzazione, necessaria ai fini storici, occorre dire che per eliminare Badoglio dalla sua alta carica era necessario convincere il maresciallo a mettersi da parte, e ciò allo scopo di evitare polemiche con il Quirinale e reazioni negative nell'ambito delle Forze Armate. Ebbe quindi inizio una campagna diffamatoria nei suoi confronti, aperta il 22 novembre sul giornale "*Il Regime Fascista*" dal Ministro di Stato e giornalista Roberto Farinacci, che si sarebbe

---

[208] G. Ciano, *Diario 1937-1943* (a cura di Renzo De Felice), Milano, Rizzoli, 1980, p. 478.

conclusa pochi giorni dopo con le dimissioni del maresciallo e con la sua sostituzione ai vertici del Comando Supremo con il generale d'armata Ugo Cavallero.

Benito Mussolini e Vittorio Emanuele III a bordo di una nave della Flotta italiana verso la fine degli anni '30.

Infine, occorre dire che anche la scorreria della Forza X dell'ammiraglio Pridham Wippell nel basso Adriatico, finì per rappresentare un successo strategico di grande effetto per i britannici.

In seguito all'attacco e alla distruzione del convoglio "Locatelli" Mussolini impartì due importantissime direttive per la difesa del Canale d'Otranto e per la protezione dei convogli da e per l'Albania. Direttive che, nei giorni 12 e 13 novembre, il Capo di Stato Maggiore Generale diramò, con lettere n. 3780/Op. e 8122/SRP, ai vertici della Regia Marina nella seguente forma:[209]

All'ammiraglio Cavagnari:

Il DUCE mi ha ordinato di fissarvi le seguenti direttive: blocco con sommergibili e siluranti del Canale di Otranto e Sicilia.

---
[209] *Ibidem*

Comando Supremo
Stato Maggiore Generale

RISERVATO PERSONALE

11,12 Novembre 1940/XIX

Prot. nr. 3780/op.

All. Ecc. Domenico CAVAGNARI
Capo Stato Maggiore R.Marina

Il DUCE mi ha ordinato di fissarvi le seguenti direttive : blocco con sommergibili e siluranti del Canale di Otranto e Sicilia.-

IL CAPO DI STATO MAGGIORE GENERALE

Allo Stato Maggiore della R. Marina:

D'ordine Superiore prego provvedere perché il traffico dei piroscafi con l'Albania sia protetto da incrociatori.

Le conseguenze di queste brevi ma tassative direttive furono che Supermarina fu costretta a pianificare tutta una serie di operazioni difensive, che si sarebbero prolungate per tutta la campagna balcanica, fino all'aprile 1941. Si rese infatti necessario predisporre, con i sommergibili, sbarramenti di vigilanza fissi nello Ionio, a sud del Canale d'Otranto, e crociere con gli incrociatori della 7ª e dell'8ª Divisione Navale, per la protezione dei convogli tra la Puglia e l'Albania.

Ne conseguì che una buona aliquota della flotta fu impiegata in questo compito protettivo, che comportò anche l'impiego, per la scorta agli incrociatori, delle rispettive squadriglie di cacciatorpediniere. Per non parlare poi del notevole consumo di preziosa nafta, che si verificò proprio nel momento in cui le scorte di combustibile, che all'inizio della guerra erano di oltre 1.700.000 tonnellate, stavano ormai scendendo a livelli preoccupanti.

CONCLUSIONE

Nell'immediato dopoguerra si sono accese molte discussioni, anche di carattere molto vivace, sul fatto che il disastro di Taranto poteva essere imputato a un tradimento, da ricercare negli organi della Regia Marina; ipotesi che trovò convinti sostenitori in larghi strati dell'opinione pubblica nazionale, ma che alla luce dei fatti deve essere respinta energicamente. Il motivo di quell'umiliazione militare, che seguiva di pochi giorni il disastroso inizio delle operazioni del Regio Esercito sul fronte dell'Epiro, in cui per gli italiani esisteva il rischio di essere ricacciati in mare dai male armati ma combattivi soldati ellenici, era da ricercare nella mentalità dei capi militari italiani, tendenti, per ingenuità, faciloneria ed insipienza, a decantare le proprie scarse doti e a sottovalutare quelle che erano le qualità e le possibilità combattive del nemico.

Soprattutto era stato tenuto scarsamente conto della spregiudicatezza dei britannici nell'inventare sempre nuove sorprese, frutto di una preparazione di addestramento e di tecnica perfetti, affinati in quattro secoli di storia navale ad alto livello, cui si aggiungeva un potenziale industriale notevole che permetteva l'uso di mezzi e di armi sempre più sofisticati. E ancora di più rimarchevole era che il successo dell'operazione "Judgment" fosse stato ottenuto da biplani antiquati e fatiscenti come gli Swordfish, che gli equipaggi avevano denominato *"grovigli di fili"* perché tenuti insieme da complessi tiranti. Si trattava di aerei particolarmente sgraziati e di aspetto ridicolo, capaci al massimo di volare a 180 chilometri all'ora,

li, 13 Novembre 1940/XIX

COMANDO SUPREMO
STATO MAGGIORE GENERALE

A UFFICIO STATO MAGGIORE
   DELLA R. MARINA

Ufficio Operazioni Sez. 2ª
Prot. N. 3790 op. Allegati

SUPERMARINA
N. 8122 S.R.P.
del 13-11-40

SEGRETO

Risposta al Foglio del
Div.   Sez.   N.

OGGETTO: Protezione traffico con l'Albania.-

URGENTISSIMO

D'ordine Superiore prego provvedere perchè il traffico dei piroscafi con l'Albania sia protetto con incrociatori da 10.000.-

IL CAPO DI STATO MAGGIORE GENERALE
Fto) BADOGLIO

P.C.C.

che a quell'epoca corrispondeva a quella che poteva raggiungere un elettrotreno, non certo quella di velivoli moderni.

Alle qualità combattive e alla determinazione dei britannici faceva, purtroppo, riscontro la leggerezza e la indecisione con cui da parte italiana era stata organizzata la sorveglianza e la difesa, non soltanto nella base di Taranto, ma, come abbiamo ampiamente dimostrato, anche nelle zone limitrofe dello Ionio e del Canale d'Otranto. In tali condizioni di pressapochismo e di ingenuità, l'attacco britannico si svolse con la più grande agevolazione e conseguì quel pieno successo che in esso avevano risposto i pianificatori dell'operazione "Judgment".

Se la permanenza delle quasi totalità della flotta a Taranto può essere, almeno in parte, giustificata, altre smagliature, riscontrabili nell'ambito dell'organizzazione difensiva della base, non lo sono certamente. I varchi nelle istruzioni, attraverso i quali gli aerosiluranti britannici scelsero la posizione di lancio; la mancata installazione di 2.900 metri di reti parasiluri già pronte nei depositi ma non sistemate per mancanza di ormeggi di boe, catene, ancore e gavitelli; la taratura delle reti a 10 metri di profondità; la mancanza dell'idrogeno che impedì la sostituzione dei palloni asportati dal vento; il difetto dei collegamenti con gli aerofoni che rendevano inefficace l'impiego dei proiettori; la intensa, ma scarsa di risultati, reazione contraerea di circa trecento fra cannoni e mitragliatrici della base, e delle centinaia di bocche da fuoco delle unità della flotta, sono circostanze che non giustificano. E questo perché mancano esse stesse di giustificazione, rientrando tutte nell'insieme di un'evidente incuria di preparazione e di mancanza di coordinamento, dovuta ad una generazione improvvidente riscontrabile a tutti i livelli, sia a Roma, che in periferia.

Queste lacune, è bene sottolinearlo, furono quindi le cause principale della tragedia di Taranto che però, lo ripetiamo, non si sarebbe verificata se non si fossero trattenute le navi agli ancoraggi, permettendo alla flotta nemica di scorrazzare in lungo e in largo nel Mediterraneo centrale, per poi concedergli il momento più opportuno per colpire.

Infine, occorre considerare che la lezione di Taranto costituì anche la base di studio per l'attuazione del micidiale attacco giapponese contro la flotta statunitense del Pacifico, all'ancora nella base di Pearl Harbour, nelle isole Haway. Operazione che la Marina nipponica, studiò e pianificò basandosi sulle informazioni ricevute nel maggio 1941, durante la visita a Taranto di una delegazione con a capo l'ammiraglio Asaka Nomura, e dagli addetti navali a Roma e a Londra, e che realizzò il mattino del 7 dicembre 1941, con l'impiego di ben trecentocinquanta aerei decollati da sei navi portaerei.

Tuttavia, dal punto di vista dell'economia delle forze aeree impiegate e dalla media dei colpi messi a segno, l'impresa di Taranto superò di gran lunga quella attuata dai giapponesi contro Pearl Harbour, e resta nella storia della guerra aeronavale come un episodio dai risultati bellici di effetto straordinario.

La vittoria di Taranto e quella di Pearl Harbour ebbero effetti strategici di grande portata per l'agevolazione e la riuscita delle operazioni sul mare e sui fronti terrestri da parte dei britannici e dei giapponesi. Tuttavia, mentre i nipponici poterono sfruttare interamente il vantaggio conseguito, con la menomazione della flotta statunitense, per raggiungere tutti gli obiettivi che si erano prefissati, arrivando in quattro mesi a dominare il Pacifico e a raggiungere i confini dell'India e dell'Australia, i britannici, dopo il successo dell'operazione "Judgment", non raggiunsero gli scopi che si erano prefissati.

Taranto maggio 1941. Da sinistra, sulla corazzata *Littorio*, l'ammiraglio Naukuni Nomura, Capo di una delegazione della Marina nipponica arrivata con l'incrociatore ausiliario *Asaka Maru*, l'ammiraglio Angelo Iachino, il capitano di vascello Giuseppe Sparzani comandante della *Littorio*. Nell'occasione Nomura chiese a Iachino di conoscere i dettagli sull'attacco a Taranto degli aerosiluranti britannici.

Infatti, pur avendo messo una seria ipoteca per il controllo del "*Mare Nostrum*", essi dovettero limitare l'estensione della loro travolgente avanzata in Libia e rimandare tutti i progetti operativi da attuare contro l'Italia, che riguardava la conquista di Pantelleria, di Rodi e, possibilmente, anche della Sicilia; impresa quest'ultima pianificata nel dicembre 1940 allo scopo di riaprire la loro navigazione commerciale attraverso il Mediterraneo. E ciò avvenne con le richieste di aiuto di Mussolini a Hitler, che avrebbe portato alla fine della formula della "*guerra parallela*".

Il Führer, dovette pertanto impegnare unità germaniche per tamponare le falle apertesi sui fronti dell'alleato meridionale. Iniziò la sua opera di soccorso nella seconda metà di dicembre inviando in Sicilia il 10° Corpo Aereo (X Fliegerkorps), una grande unità con circa duecentoventi velivoli particolarmente addestrati per la guerra sul mare, a cui seguì, a partire dal febbraio 1941, il trasferimento in Libia di reparti terrestri fortemente motorizzati (5ª Divisione Leggera), che poi avrebbero costituito la prima aliquota della famosa Afrika Korps del generale Erwin Rommel.[210]

L'ammiraglio Nomura, discute con il capitano di vascello Carlo Rogadeo, comandante dell'incrociatore *Duca d'Aosta*.

Frattanto un'intera armata della Wehrmacht (12ª), sostenuta adeguatamente da reparti della Luftwaffe (8° Fliegerkorps) aveva cominciato ad affluire in Bulgaria, in previsione di un'offensiva tedesca contro la Grecia, poi attuata, rapidamente, nell'aprile 1941.

Ma fu soprattutto l'impiego del X Fliegerkorps che permise alla Marina italiana di riprendere fiducia nelle proprie possibilità offensive, appannate dal disastro di Taranto, dal successivo inconcludente combattimento di Capo Teulada, e della ritirata del grosso della flotta nei porti del Mar Ligure, per tenerla lontana dalla minaccia aerea proveniente dall'Isola di Malta; minaccia che, determinando seri danni all'incrociatore *Pola* e alla corazzata *Cesare* causati dai bombardieri Wellington del 148° Squadron, aveva costretto le navi da battaglia ad abbandonare gli ancoraggi di Napoli per rifugiarsi in quelli ancora più lontani di La Spezia e di Genova.

---

[210] Per l'attività del *X Fliegerkorps* vedi: F. Mattesini, "*L'attività italo-tedesca nel Mediterraneo: Il contributo del X Fliegerkorps (gennaio-maggio 1941)*, Roma, USA, 1995.

Sempre sul *Duca d'Aosta* l'ammiraglio Nomura con l'ammiraglio Ferdinando Casardi, Comandante della VII Divisione Navale, all'epoca distaccata a Taranto.

Tuttavia l'intervento degli aerei tedeschi, che, con l'appoggio egli aerei italiani, nei giorni 10 e 11 gennaio 1941 inflissero alla Mediterranean Fleet una dura lezione, danneggiando gravemente con sei grosse bombe la portaerei *Illlustrious*, affondando l'incrociatore *Southampton* e colpendo il gemello *Gloucester*, servì a tener confinate nel bacino orientale del Mediterraneo le navi britanniche fino alla metà di aprile del 1941;[211] e ciò permise alla Regia Marina di riprendere fiducia nei propri mezzi e quindi di riassumere un certo controllo del Mediterraneo centrale, con grande beneficio per la sicurezza del traffico con la Libia, che nel corso dell'inverno, in particolare tra la metà di novembre e la metà di gennaio, erano apparse seriamente minacciate.[212]

Francesco MATTESINI

---

[211] Francesco Mattesini, *L'Operazione EXCESS. Il danneggiamento della portaerei britannica Illustrious da parte dei bombardieri in picchiata tedeschi e italiani (10 gennaio 1942*, in Internet, academia.edu.

[212] Alberto Santoni e Francesco Mattesini, *La partecipazione tedesca alla guerra Aeronavale nel Mediterraneo (1940-1945)*, Roma, Ateneo & Bizzarri, 1980..

Appendice 1

PERSONALE DELLA FLEET AIR ARM CHE HA PARTECIPATO ALL'ATTACCO A TARANTO

Prima ondata

Aereo e numero dello Squadron	Nome e Grado del pilota e dell'osservatore	Portaerei di appartenenza
L4A 815°	Capitano di Corvetta N. W. Williamson (1) Tenente di Vascello N.J. Scarlet (1)	*Illustrious*
L4C 815°	Sottotenente di Vascello P.D.J. Sparke Sottotenente di Vascello A.L.O. Neale	*Illustrious*
L4H 815°	Sottotenente di Vascello A.J. Forde Sottotenente di Vascello Mardel Ferreira	*Illustrious*
L4K 815°	Tenente di Vascello H. MeI. Kemp Sottotenente di Vascello R.A. Bailey	*Illustrious*
L4L 815°	Sottotenente di Vascello W.C. Sarra Guardiamarina J. Bowker	*Illustrious*
L4M 815°	Tenente di Vascello I.A. Swayne Sottotenente di Vascello A.J. Buxall	*Illustrious*
L4P 815°	Tenente di Vascello L.J. Kiggell Tenente di Vascello H.R.B. Janvrin	*Illustrious*
L4R 815°	Sottotenente di Vascello A.S.D. Macaulay Sottotenente di Vascello A.L.O. Wray	*Illustrious*
L5B 815°	Tenente di Vascello C.B. Lamb Tenente di Vascello K.G. Grieve	*Illustrious*
E4F 813°	Tenente di Vascello M.R. Maund Sottotenente di Vascello W.A. Bull	*Eagle*
E5A 824°	Capitano O. Patch Tenente di vascello D.G. Goodwin	*Eagle*
E5Q 824°	Tenente di Vascello J.B. Murray Sottotenente di Vascello S.M. Paine	*Eagle*

Seconda ondata

L5A 819°	Capitano di Corvetta J.W. Hale Tenente di Vascello G.A. Carline	*Illustrious*
L5B 819°	Tenente di Vascello R.W.V. Hamilton Sottotenente di Vascello J.R. Weekes	*Illustrious*
L5H 819°	Tenente di Vascello C.S.C. Lea Sottotenente di Vascello P.D. Jones	*Illustrious*
L5K 819°	Tenente di Vascello F.M.A. Torrens-Spence Tenente di Vascello A.F.W. Sutton	*Illustrious*
L5F 819°	Tenente di Vascello E.W. Clifford Tenente di Vascello G.R.M. Going	*Illustrious*

Aereo e numero dello Squadron		Nome e Grado del pilota e dell'osservatore	Portaerei di appartenenza
L5Q	819°	Tenente di Vascello W.D. Morford Sottotenente di Vascello R.A.F. Green	*Illustrious*
L4F	815°	Tenente di Vascello R.G. Skelton Sottotenente di Vascello E.A. Perkins	*Illustrious*
E4H	813°	Tenente di Vascello G.W. Bayley (2) Tenente di Vascello H.J. Slaughter (2)	*Eagle*
E5H	824°	Tenente di Vascello J.W.G. Welham Tenente di Vascello P. Humphreys	*Eagle*

(1) Fatto prigioniero
(2) Non tornò dall'attacco

INDICE

La notte di Taranto ... pag. 3

L'attività degli aerosiluarnti inglesi nel 1940 ... pag. 10

La strategia di Supermarina ... Pag. 21

La politica navale britannica nel Mediterraneo... pag. 43

Le misure italiane di contrasto ... pag. 48

La rinuncia di Supermarina a contrastare la flotta inglese ... pag. 67

Gli intendimenti di Superaereo e Supermarina ... pag. 74

L'operazione Coat ... pag. 84

Attività ricognizione aerea italiana ... pag. 108

L'incursione della forza X nel canale di Otranto ... pag. 113

Lo svolgimento delloperazione "Judgment" ... pag. 132

Il trasferimento della flotta italiana ... pag. 189

Il rientro ad Alessandria della Mediteranean Fleet ... pag. 194

Le considerazioni dei protagonisti ... pag. 201

Conclusione ... pag. 226

Appendice ... pag. 232

TITOLI PUBBLICATI - ALREADY PUBLISHING

BOOKS TO COLLECT

www.ingramcontent.com/pod-product-compliance
Lightning Source LLC
LaVergne TN
LVHW081540070526
838199LV00057B/3731